Deutsches Elektrizitäts-Recht

von

Dr. h. c. A. Steinhauser
rechtskundiger Stadtrat a. D.

Ludwig Steinhauser
Diplomingenieur.

1 9 2 8

München, Berlin und Leipzig
J. Schweitzer Verlag (Arthur Sellier).

Druck von Dr. F. P. Datterer & Cie., Freising-München

Vorwort.

Dieses Buch über Deutsches Elektrizitätsrecht nimmt zum Ausgang die Erfahrungen und Erinnerungen, die der mitunterzeichnete Verwaltungsjurist in einer nahezu zwanzigjährigen Tätigkeit im Dienste der Münchener städtischen Elektrizitätswerke in reger Zusammenarbeit mit ihren ersten Elektroingenieuren — darunter noch Baurat Uppenborn — gesammelt und in der Folgezeit weiter ausgebaut hat.

Wenn er heute im Verein mit einem ihm nahestehenden Angehörigen der gleichen technischen Disziplin die Herausgabe unternimmt, so leitet beide Verfasser zunächst der Wunsch, den jüngeren Kollegen beider Fakultäten einen Einblick in die Gebiete zu gewähren, in denen sich ihre Aufgabenbereiche berühren, teilweise überdecken und verschmelzen. Dazu kommt die Erwägung, daß gerade in unseren Tagen, in denen die seit der Nachkriegszeit spielenden Fragen der Elektrizitätswirtschafts- und Gesetzespolitik wieder lebhafter in Fluß gekommen sind, — auch allgemein eine orientierende Übersicht nicht unerwünscht sein möchte.

Dabei ließ es sich nicht umgehen, einzelnen Abschnitten, insbesondere den neueren Formen elektrischer Unternehmungen, den Zusammenschlüssen von solchen und der Einflußnahme des Staates auf sie einen breiteren Raum zu widmen, andere zurzeit weniger akute Materien aber mehr zurückzustellen oder nur kursorisch zu behandeln.

In formeller Beziehung sind wir in Text und Zitaten der Ausdrucksweise des Bürgerlichen Gesetzbuches und der Reichsgesetze gefolgt; demgemäß sind die in den Wassergesetzen und im Stromwegerecht häufig vorkommenden Wörter „Benutzung" und „benutzen" nur dort durch die der süddeutschen Rede vertrautere Umlautform „Benützung" und „benützen" ersetzt, wo es sich um die Wiedergabe des offiziellen Wortlautes der entsprechenden Gesetze und Verwaltungserlasse handelt.

Möge die Arbeit diesseits und jenseits dieser Sprachgrenze einer wohlwollenden Aufnahme begegnen. Allen Freunden und Fachgenossen, die uns fördernd zur Seite traten, sagen wir auch an dieser Stelle besonderen Dank. Vorschläge zu Berichtigungen und Ergänzungen werden uns allezeit willkommen sein.

München und Berlin, 29. August 1927.

Die Verfasser.

Abkürzungen.

Abänd.	=	Abänderung
Abschn.	=	Abschnitt
AG.	=	Aktiengesellschaft
Anl.	=	Anlage
Art.	=	Artikel
Ausf.	=	Ausführung
AusfG.	=	Ausführungsgesetz
AusfV.	=	Ausführungsverordnung
bad.	=	badisch
bayr.	=	bayrisch
Bb.	=	Bundesratsbeschluß
Bek.	=	Bekanntmachung
Beschl.	=	Beschluß
betr.	=	betreffend
BGB.	=	Bürgerliches Gesetzbuch
Best.	=	Bestimmung
EG.	=	Enteignungsgesetz
Einf.	=	Einführung
EinfB.	=	Einführungsbestimmung
EinfG.	=	Einführungsgesetz
El.	=	Elektrizität
elektr.	=	elektrisch
EW.	=	Elektrizitätswerk
Erg.	=	Ergänzung
Erl.	=	Erlaß
ETZ.	=	Elektrotechnische Zeitschrift
Fassg.	=	Fassung
G.	=	Gesetz
GB.	=	Gesetzbuch
GBl.	=	Gesetzblatt
GemO.	=	Gemeindeordnung
GewO.	=	Gewerbeordnung
GS.	=	Gesetzessammlung
GVBl.	=	Gesetz- und Verordnungsblatt
HGB.	=	Handelsgesetzbuch
KonkO.	=	Konkursordnung
LGO.	=	Landgemeindeordnung
LMBl.	=	MBl. des Landwirtschaftsministeriums
MBl.	=	Ministerialblatt
— HMBl.	=	preuß. Handelsministerialblatt
— MBlJ.	=	" Ministerialblatt des Innern
O.	=	Ordnung
PolStGB.	=	Polizeistrafgesetzbuch
preuß.	=	preußisch
RA	=	Deutscher Reichsanzeiger
RegBl.	=	Regierungsblatt
RGBl.	=	Reichsgesetzblatt
RG.	=	Reichsgerichtsentscheidung in Zivilsachen
RGSt.	=	Reichsgerichtsentscheidung in Strafsachen
RGewO.	=	Reichsgewerbeordnung

RMBl.	=	Reichsministerialblatt (Zentralblatt für das Deutsche Reich)
RPBl.	=	Amtsblatt des Reichspostministeriums
RStGB.	=	Strafgesetzbuch für das Deutsche Reich
RVerf.	=	Verfassung des Deutschen Reichs
RZBl.	=	Zentralblatt für das Deutsche Reich
sächs.	=	sächsisch
SozG.	=	Sozialisierungsgesetz
Stat.	=	Statuten
StPO.	=	Strafprozeßordnung
TelWG.	=	Telegraphenwegegesetz
VO.	=	Verordnung
VDE.	=	Verband deutscher Elektrotechniker
Vorschr.	=	Vorschriften
WaG.	=	Wassergesetz
ZPO.	=	Zivilprozeßordnung
ZwEG.	=	Zwangsenteignungsgesetz

Inhaltsübersicht.

Einleitung.

Ein Elektrizitätsrecht im Sinne einer zusammenfassenden und systematischen Kodifikation der einschlägigen Bestimmungen besitzen wir weder im Reiche noch in den Ländern. Die geltenden Normen sind vielmehr in einzelnen Spezialgesetzen des Reiches, so über das Telegraphenwesen, die Telegraphenwege, die elektr. Maßeinheiten, die Bestrafung der Entziehung elektr. Arbeit, die Sozialisierung der Elektrizitätswirtschaft u. a. niedergelegt; im übrigen sind sie aus sonstigen Gesetzgebungsakten und den Verwaltungs- und Vollzugsvorschriften der Reichsregierung und der Landesregierungen zu entnehmen.

Vielfach hat den Staaten auch das öffentliche Eigentum an Wasserläufen und Wegen dazu genügt, um der auf die Benutzung dieser Objekte angewiesenen Elektrizitätswirtschaft weitgehende Beschränkungen und Lasten aufzubürden und ihre künftige Entwicklung entscheidend zu beeinflussen.

Wenn im nachstehenden von dem hieraus hervorgehenden deutschen Elektrizitätsrecht gehandelt wird, so darf auch an den technischen Vorschriften nicht vorübergegangen werden, welche die altbewährte Institution des Verbandes deutscher Elektrotechniker seit ihrem Bestehen geschaffen hat und an Hand der Erfahrungen und der Fortschritte der Technik dauernd auf dem laufenden hält und weiter ausbaut. Diese Vorschriften sind teils in die Verordnungen und Verfügungen der Vollzugsbehörden unmittelbar aufgenommen, teils als Richtschnur für die Amtstätigkeit der nachgeordneten Stellen empfohlen. In zahllosen Vertragsabschlüssen als Vertragsgrundlage — lex contractus — direkt bezeichnet, spielen sie wie im Wirtschafts- so auch im Rechtsleben eine überaus wichtige Rolle.

A. Rechtsquellen.

I. Reichsrecht.

Verfassungsrecht:

Die Verfassung des Deutschen Reiches vom 11. Aug. 1919 (RGBl. 1383).

Bürgerliches Recht:

Bürgerliches Gesetzbuch vom 18. Aug. 1896 (RGBl. 195),
Einführungsgesetz hiezu vom 18. Aug. 1896 (RGBl. 604),
Gesetz betr. die Verbindlichkeit zum Schadensersatz für die beim Betrieb von Eisenbahnen, Bergwerken, Fabriken usw. herbeigeführten Tötungen oder Körperverletzungen vom 22. Mai 1910 (RGBl. 798),
Reichsbeamtengesetz, Fassung vom 18. Mai 1907 (RGBl. 245),
Kabelpfandgesetz vom 31. März 1925 (RGBl. I 37),
Zivilprozeßordnung, Fassung vom 13. Mai 1924 (RGBl. I 437).

Handelsrecht:

Handelsgesetzbuch vom 10. Mai 1897 (RGBl. 219),
Einführungsgesetz hiezu vom 10. Mai 1897 (RGBl. 437),
Gesetz betr. die Gesellschaften mit beschränkter Haftung vom 20. Mai 1898 (RGBl. 846) mit Nachtrag vom 28. Juni 1926 (RGBl. I 315),

Gesetz betr. die Erwerbs- und Wirtschaftsgenossenschaften in der Fassung vom 20. Mai 1898 (RGBl. 810) mit Nachträgen vom 1. Juli 1922 (RGBl. I 567), 12. Mai 1923 (RGBl. I 288), 4. Febr. 1925 (RGBl. I 9), 19. Jan. 1926 (RGBl. I 91).

Verkehrswesen:

Reichsbahngesetz vom 30. Aug. 1924 (RGBl. II 272),

Postgesetz vom 28. Okt. 1871 (RGBl. 347),

Gesetz über das Telegraphenwesen des Deutschen Reiches vom 6. April 1892 (RGBl. 467) bzw. 7. März 1908 (RGBl. 79),

Telegraphenwege-Gesetz vom 18. Dez. 1899 (RGBl. 705) in der Fassung der Verordnung vom 13. Febr. 1924 (RGBl. 118),

Gesetz vom 27. April 1920 zur Ausführung des Art. 170 der Reichsverfassung (RGBl. 643),

Gesetz über den Staatsvertrag betr. den Übergang der Wasserstraßen von den Ländern auf das Reich vom 29. Juli 1921 (RGBl. 961),

Verordnung zum Schutze des Funkverkehrs vom 8. März 1924 (RGBl. I 273, 380).

Urheber- und Erfinderrecht:

Patentgesetz vom 7. Dez. 1923 (RGBl. II 437).

Arbeitsrecht:

Betriebsrätegesetz vom 4. Febr. 1920 (RGBl. 147),

Gesetz über die Entsendung von Betriebsräten in den Aufsichtsrat vom 15. Febr. 1922 (RGBl. 209).

Verordnung vom 10. Nov. 1920 betr. Verbot der Stilllegung von Elektrizitätswerken (Spruch des Schlichtungsausschusses) — RGBl. 1865,

Tarifverordnung. V. über Tarifverträge, Arbeiter- und Angestelltenausschüsse und Schlichtung von Arbeitsstreitigkeiten vom 23. Dez. 1918 (RGBl. 1456),

—, hiezu Gesetz über die Erklärung der allgemeinen Verbindlichkeit von Tarifverträgen vom 23. Januar 1923 (RGBl. I, 67),

Verordnung über das Schlichtungswesen vom 30. Okt. 1923 in der Fassung vom 10. Aug. 1925 (RGBl. I, 254).

Wirtschaftsgesetzgebung:

Reichsgewerbeordnung vom 21. Juni 1869 in der Fassung vom 26. Juli 1900 (RGBl. 871) mit zahlreichen Ergänzungen und Änderungen;

dazu Verordnung des Bundesrats vom 17. Dez. 1908 (RGBl. 1909, 3 u. 51),

Reichssozialisierungsgesetz vom 23. März 1919 (RGBl. 341),

Reichsgesetz vom 31. Dez. 1919, betr. die Sozialisierung der Elektrizitätswirtschaft (RGBl. 1920, 19),

Verordnungen der Reichsregierung:

Kartellverordnung vom 2. Nov. 1923 gegen den Mißbrauch wirtschaftlicher Machtstellungen, erlassen auf Grund Ermächtigungsgesetzes vom 13. Okt. 1923 (RGBl. I 934 bzw. 1090),

Verordnung vom 1. Febr. 1919 in der Fassung vom 16. Juni 1922 (RGBl. I 510), betr. schiedsgerichtliche Erhöhung von Preisen bei Lieferung elektr. Arbeit usw., dazu Verordnung vom 9. und 16. Juni 1922 (RGBl. I 509, 510) und Bekanntmachung vom 7. Juni 1922 (Reichsanzeiger Nr. 148) betr. Richtlinien für den Vollzug; ferner Nachträge vom 24. Febr. 1923 und 28. Juli 1923 (RGBl. I 147 und 759), ferner 29. Sept. und 24. Okt. 1923 (RGBl. I 925, 997),

Verordnung vom 10. Nov. 1920 (RGBl. 1865), betr. das Verbot der Stillegung von Elektrizitätswerken,

Bekanntmachung über die Regelung des Verbrauchs elektr. Arbeit vom 27. Mai 1922 (RGBl. II 137).

Maßwesen.

Reichsgesetz vom 1. Juni 1898, betr. die elektr. Maßeinheiten (RGBl. 905),

hiezu Bekanntmachung des Reichskanzlers vom 6. Mai 1901 betr. die Ausführung des Gesetzes über die elektr. Maßeinheiten (RGBl. 127) nebst Erg.-Bek. vom 19. Aug. 1919 (RGBl. 931), 19. Dez. 1924 (RMBl. 25, 1), 3. Jan. 1925 (RMBl. 11), 19. Jan. 1925 (RMBl. 29), 14. Febr. 1925 (RMBl. 115) und 21. März 1925 (RMBl. 263), Prüfungsordnung für elektr. Meßgeräte vom 28. Dez. 1901 (RGBl. 1902 46).

Strafrecht:

Reichsstrafgesetzbuch vom 15. Mai 1871, neu 1876 (RGBl. 39) mit Nachträgen bis zum Gesetz vom 18. Mai 1926 (RGBl. 239),

Reichsgesetz, betr. die Bestrafung der Entziehung elektr. Arbeit vom 9. April 1900 (RGBl. 228),

Reichsgesetz vom 21. Dez. 1921 zur Erweiterung des Anwendungsgebietes der Geldstrafe und zur Einschränkung der kurzen Freiheitsstrafen (RGBl. 1604),

Reichsgesetz vom 11. Juni 1923 über den Verkehr mit unedlen Metallen (RGBl. 366).

2. Landesrechtliche Vorschriften.

Enteignungsgesetze:

Preußen: Enteignungsgesetz vom 11. Juni 1874 (GS. 221), mit Nachträgen vom 23. Juni 1920 u. a.

Gesetz betr. die Vereinfachung des Enteignungsverfahrens aus Gründen des öffentlichen Wohles vom 26. Juli 1922 (GS. 211).

Bayern: Zwangsabtretungsgesetz vom 17. Nov. 1837 (GBl. 109) mit Nachträgen vom 13. Aug. 1910 (GVBl. 621) und 9. Mai 1918 (GVBl. 289),

Flurbereinigungsgesetz vom 6. Aug. 1922, bzw. 27. Nov. 1924 (GVBl. 1922 S. 433 und 1924 S. 235),

Bekanntmachung, betr. Beschaffung von Arbeitsgelegenheit vom 23. Dez. 1918 (GVBl. 1280),

Sachsen: Enteignungsgesetz vom 24. Juni 1902 (GVBl. 153),

Württemberg: Enteignungsgesetz vom 20. Dez. 1888 (Reg.-Bl. 446), mit Abänderungen und Ergänzungen durch Art. 209 und 210 des AusfG. z. BGB.,

Baden: Enteignungsgesetz vom 26. Juni 1899, abgeändert durch Gesetz vom 5. Okt. 1908 (GVBl. 625) und neugefaßt 24. Dez. 1908 (GVBl. 703).

Wassergesetze:

Preußen: Wassergesetz vom 7. April 1913 (GS. 53) mit Nachtragsgesetzen vom 11. Mai 1916 — Fischereigesetz — (GS. 55), 27. April 1920 (GS. 123), 25. Juli 1923 (GS. 341), 16. Febr., 12. und 14. März 1924 (GS. 112, 130, 137) und Ausführungsanweisungen vom 26. April 1913 (LMBl. 161), Erlaß über den Ausbau der natürlichen Wasserläufe vom 22. Juli 1913 (LMBl. 156, 283) — Verleihungs- und Ausgleichsverfahren vom 29. April 1914 (LMBl. 139, HMBl. 272), — Wassergenossenschaften vom 24. April 1914 (LMBl. 174), — Einrichtung der Wasserbücher (LMBl. 163) u. a.,

Bayern: Wassergesetz vom 23. März 1907 (GVBl. 157) mit Abänderungsgesetzen vom 30. Dez. 1922 (GVBl. 13) u. 25. Juni 1926 (GVBl. 327) und Vollzugsvorschriften vom 3. Dez. 1907 (GVBl. 876),

Sachsen: Wassergesetz vom 12. März 1909 (GVBl. 227), Verordnung vom 21. Sept. 1909, die Ausführung des Wassergesetzes betr. (GVBl. 527),

Württemberg: Wassergesetz vom 1. Dez. 1900 (RegBl. 921),

Baden: Wassergesetz vom 26. Juni 1899 (GVBl. 309), abgeändert durch Gesetz vom 8. April 1913 (GVBl. 233).

Sonstige Landesgesetze:

Preußisches Gesetz vom 8. Juli 1905, betr. die Untersuchungskosten für elektr. Anlagen (GS. 317),

Preußisches Gesetz vom 24. Okt. 1923 betr. die Übertragung staatlicher Elektrizitätswerke an eine Aktiengesellschaft (GS. 475).

Thüringisches Notgesetz vom 20. Dez. 1923 und 20. Mai 1924 (GS. von Thüringen 1923 S. 820, 1924 S. 252).

Bayer. Polizeistraf-Gesetzbuch vom 26. Dez. 1871 (GBl. 1871/72 S. 9), mit Nachträgen vom 28. Febr. 1880, 20. März 1882, 5. Mai 1890, 9. Febr. 1892, 24. Mai 1894, 12. Mai 1898, AusfG. z. BGB., G. vom 22. Juni 1900 (GVBl. 483), 26. Juli 1908 (GVBl. 353) u. a.

B. Vorschriften und Vorschriftenbuch des Verbandes deutscher Elektrotechniker (VDE.)*).

Im Gegensatz zu manchem ausländischen Staat, wie England und Frankreich, war im Deutschen Reiche der freien Entfaltung der Elektrotechnik von Anfang an ein weiter Spielraum gelassen; sie durfte ihre technischen Normen und Vorschriften selbst aufstellen — ein Recht, welches ihr einzelne Reichsspezialgesetze, von denen Eingangs die Rede war, auch in der Folge nicht verkümmert haben.

So sind Bestimmungen entstanden, welche die Elektrizitätswerke der größeren Städte zunächst für die Sicherheit der eigenen Betriebe und eine ordnungsgemäße Installation, dann im Jahre 1892 der Verband deutscher Feuerversicherungsgesellschaften für eigene Zwecke festgelegt haben. Dem Beispiel Wiener Kollegen folgend, widmeten sich der Verband deutscher Elektrotechniker und der elektrotechnische Verein Berlin seit 1894 der gleichen Aufgabe und brachten zunächst Sicherheitsnormen für niedere Spannungen, dann für Hochspannungen von 5000 Volt und darüber, im Jahre 1900/01 auch solche für Bahnanlagen heraus.

---

*) Auszug aus Dr. Weber, Erläuterungen zu den Vorschr. für Einrichtung u. Betrieb von Starkstromanlagen, Berlin 1926.

Um das Jahr 1904 haben die größeren deutschen Bundesstaaten eine gesetzliche Regelung für die staatsaufsichtliche Überwachung elektrischer Anlagen in Aussicht genommen, — Erwägungen, welche zum Erlaß des allerdings nur formale Grundlagen und die Kostenfrage behandelnden preuß. Gesetzes vom 8. Juli 1905 (vgl. S. 130) geführt haben.

Eine technische Norm für diese Überwachung und Prüfung wurde dagegen vom Gesetzgeber nicht aufgestellt; vielmehr haben Preußen und Bayern, den dringenden Empfehlungen der Industrie und Elektrotechnik Folge leistend, die Arbeiten des VDE. zur Grundlage ihrer weiteren Sachbehandlung genommen und sich auf jene Anlagen beschränkt, bei denen wegen größerer Menschenansammlungen oder wegen der Betriebsart und der Höhe der verwendeten Spannungen die Verhütung besonderer Gefahren für Leben und Feuersicherheit in Frage kam.

Demnach wurden die Normen des Verbandes unter Mitwirkung des preuß. Handelsministeriums, der Reichspostverwaltung und der erfahrensten Sachverständigen auf zahlreichen Sondergebieten nach Form und Inhalt entsprechend überarbeitet und im Jahre 1907 veröffentlicht; seitdem sind sie auf Grund der fortschreitenden Erkenntnisse der Wissenschaft und der Erfahrungen der Praxis einer ständigen Verbesserung und Erweiterung unterworfen und in den Jahren 1914, 1922/23, 1925 und 1926 jeweils in ergänzter und revidierter Fassung bekannt gegeben worden.

Diese Vorschriften — im „Vorschriftenbuch des Verbandes deutscher Elektrotechniker" in nunmehr 14. Auflage zusammengefaßt — entbehren zwar eines eigentlichen Rechtscharakters, soweit sie nicht von der Staatsgewalt ausdrücklich mit einem solchen bekleidet werden, sie sind jedoch von zahlreichen Behörden, auch von Feuerversicherungsgesellschaften als maßgebend anerkannt und bereits im Jahre 1908 vom preuß. Ministerium für Handel und Gewerbe, sowie durch spätere Erlasse den Unterbehörden als technische Richtschnur empfohlen, vielfach auch durch förmliche Rechtsverordnungen der Behörden eingeführt; beispielsweise gelten sie in München für die Ausführung, Prüfung und Überwachung von Starkstromanlagen als ortspolizeiliche Vorschrift vom 7. März 1916.

Jedenfalls haben sie überall als der „Ausdruck dessen" zu gelten, „was die berufenen Vertreter der deutschen Elektrotechnik an Vorschriften zur sachgemäßen und sicheren Ausführung elektrischer Anlagen für hinreichend und notwendig erachten".

An diesen „Vorschriften" kann kein Gericht und keine Administrativbehörde vorübergehen.

Die Ausgestaltung der VDE.-Bestimmungen erfolgte nach diesen Grundsätzen; es werden unterschieden:

1. Vorschriften: Bestimmungen, die mit Rücksicht auf Lebens- und Feuergefahr aufgestellt sind und eingehalten werden müssen.

2. Regeln: sie sind entweder Angaben, wie die zugehörenden Vorschriften mit den üblichen Mitteln im allgemeinen auszuführen sind, oder Angaben, die wie Vorschriften zu erfüllen sind, wenn nicht im Einzelfalle besondere Gründe eine Abweichung rechtfertigen.

3. Normen: sie enthalten genaue Angaben in bezug auf Aufbau, Form und Maße, Werkstoffe, Gewichte, mechanische, elektrische oder magnetische Eigenschaften usw., die eingehalten werden sollen.

4. Leitsätze: sie sind Angaben, die nach Erprobung in Form von Normen, Regeln oder Vorschriften herausgegeben werden, deren Beachtung empfohlen wird.

Erstes Hauptstück:

Die Elektrizität.

I. Abschnitt:

Der Begriff des elektrischen Stromes und der elektrischen Arbeit.

Wohltat und Zerstörung bringend, aufbauend und vernichtend kreist und wirkt im unendlichen Weltall, wie in seinen kleinsten Teilen, in der organischen und der gemeinhin als leblos gedachten Natur, nicht zuletzt im Körper unserer Erde eine allgewaltige Kraft, deren Walten sich dem Menschen zuerst im Wetterstrahl, später in den Eigenschaften des Magneteisensteins und des schon in grauen Vorzeiten als Schmuck und Tauschware geschätzten Bernsteins, des Elektron der alten Griechen, geoffenbart hat. Ihre Erscheinungsformen sind im Laufe der letzten hundert Jahre in stetig steigender Zahl unseren Sinnen wahrnehmbar geworden; ihre Gesetzmäßigkeit wurde mit fortschreitender Forschung immer schärfer erkannt, die Verwendungsmöglichkeit ihrer Emanationen mehr und mehr auf allen Gebieten menschlicher Betätigung genutzt, ihre Gefährlichkeit mit wachsendem Erfolg zurückgedrängt und abgebogen.

Dennoch wird das innerste Wesen dieser Kraft unserem Geist und unseren Sinnen letzten Endes ebenso ein geheimnisvolles Rätsel bleiben, wie alles übrige Naturgeschehen; jedenfalls ist man in der Wissenschaft, welche die komplizierte physikalische Betrachtungsweise nicht zum Abschluß gebracht hat, und besonders im praktischen Leben darauf angewiesen, sich mit Vorstellungen zu behelfen, die im allgemeinen einer uns in Erscheinungs- und Wirkungsform vertrauteren Materie, — dem Wasser, entnommen sind.

Unter dieser Hilfsvorstellung vergleicht man den Träger der elektr. Manifestationen einem Fluidum, das sich auf die Erdoberfläche und alle Körper verteilt; ist dieses Fluidum in Bewegung, so nennt man es „elektrischen Strom". Wie das Fließen des Wassers, der Wasserstrom, durch einen Höhen- oder Druckunterschied (Gefälle) bedingt ist, ebenso ist auch der elektr. Strom ohne einen Spannungsunterschied, ein „Spannungsgefälle", nicht denkbar.

Um eine Wassermenge in die Höhe zu heben, bzw. das Gefälle zu überwinden, bedarf es eines mittels Pumpen zu leistenden Arbeitsaufwandes*); dagegen gibt das fallende Wasser in den Maschinenvorrichtungen der Wasserräder, Turbinen u. dgl. Arbeit (hydraulische Arbeit) ab. Ähnlich heben wir mittels der elektr. Generatoren (Dynamomaschinen) unter Aufwendung mechanischer Arbeit das elektr. Fluidum auf ein höheres Spannungsniveau, zwingen es beim Herunterfließen (Entspannen) in Motoren, Beleuchtungskörpern oder sonstigen Apparaten Arbeit (elektr. Arbeit) abzugeben und leiten es sodann — Kreislauf des elektr. Stromes — zum Ausgangspunkt, dem Generator, zurück.

Darnach wird der elektr. Strom nicht, etwa wie Leuchtgas, „erzeugt" und „verbraucht", vielmehr wird er vom Unternehmer (gemeinhin „Stromerzeuger" genannt) nur unter eine Spannung gesetzt, vermöge deren er imstande ist, beim Abnehmer (gemeinhin „Verbraucher" genannt) elektr. Arbeit zu leisten.

Bei einer Wasserkraftanlage kann das verfügbare Gefälle nicht vollständig ausgenutzt werden: ein Teil geht bei der Überwindung der Reibungswiderstände im Ober- und Unterwasserkanal verloren; diesem Beispiel ähnlich ergeben sich auch bei der elektr. Kraftübertragung Leitungswiderstände, zu deren Überwindung Spannungsverluste in Kauf genommen werden müssen. In diesem Sinne spricht man in der Hydrotechnik vom Verlustgefälle, in der Elektrotechnik vom Spannungsabfall.

Gewisse Analogien zum Wasser kommen schließlich auch für die Bemessung der abgegebenen Leistung d. h. der Arbeit pro Zeiteinheit in Betracht:

In der Hydraulik (überhaupt in der Mechanik) berechnet man die Leistung entweder nach Pferdekräften (PS) oder nach Meterkilogrammen in der Sekunde $\left(\frac{\mathrm{m \cdot kg}}{\mathrm{sec}}\right)$; diese Einheitsmaße werden aus dem Produkt des Gewichtes des fallenden Wassers in der Zeiteinheit $\left(\frac{\mathrm{kg}}{\mathrm{sec}}\right)$ und der Gefällshöhe (m) gewonnen; das Verhältnis beider Maßformen ist $1:75$ oder $1\ \mathrm{PS} = 75\ \frac{\mathrm{m \cdot kg}}{\mathrm{sec}}$.

In der Elektrotechnik entspricht dem Wassergewicht die Strommenge; die Strommenge in der Zeiteinheit nennt man Stromstärke (ausgedrückt in Ampere); das Produkt aus Stromstärke und Spannungsgefälle (in Volt) ergibt die elektr. Leistung (in Watt). Das Größenverhältnis der elektr. Leistungseinheit zu den beiden mechanischen Leistungseinheiten ergibt die Formel

$$1\ \text{Watt}\ \frac{1}{9{,}81} \cdot \frac{\mathrm{m \cdot kg}}{\mathrm{sec}} = \frac{1}{736}\ \mathrm{PS}.$$

*) Diesen Arbeitsaufwand leistet im natürlichen Kreislauf des Wassers — Quelle — Strom — Verdunstung — Wolkenbildung — Niederschlag — Quelle — die Sonnenwärme.

Nun ist die **Arbeit** gleich dem Produkt aus der Leistung und aus der Zeit, während welcher diese Leistung wirksam ist. Dementsprechend ist die Maßeinheit der **mechanischen Arbeit** das Meterkilogramm $\left(\frac{m \cdot kg}{sec} \times sec = mkg\right)$ oder die Pferdekraftsekunde (PS · sec) und die Maßeinheit der **elektr. Arbeit** die Wattsekunde. Das 3600-fache der Pferdekraftsekunde ist die Pferdekraftstunde, das 3600-fache der Wattsekunde ist die Wattstunde. Die gebräuchlichste Einheit (das Tausendfache) der letzteren ist die Kilowattstunde (kWh).

Neben dem Begriff „Arbeit" ist der Begriff **Energie**, d. i. **das Arbeitsvermögen oder die Fähigkeit Arbeit zu leisten** von Wichtigkeit: die Maßeinheit der Energie ist die gleiche, wie jene der Arbeit.

II. Abschnitt:

Die Anwendung der Elektrizität.

Die Bedeutung, welche die Elektrizität im heutigen Leben der Kulturvölker einnimmt, wird uns besser, als durch jede Ausführung, bei einem kurzen Rückblick auf die Zeiten klar, in denen wegen der Kriegsnotwendigkeiten und der Verhältnisse in der Kohlenförderung der ersten Nachkriegszeit oder aus anderen Gründen Beschränkungen und Störungen der Stromlieferung hingenommen werden mußten.

Die Gründe, die uns diese Energieform so unentbehrlich machen, liegen in der einfachen Übertragbarkeit auf größte Entfernungen, in der beliebigen Teilbarkeit und leichten Meßbarkeit und insbesondere in dem Umstande, daß jede uns bekannte Energieform in elektrische Energie verwandelt und aus ihr zurückgewonnen werden kann.

Aus diesen Eigenschaften erklären sich die beiden Hauptanwendungsgebiete der elektr. Energie als Kraftübertragungsmittel („Starkstromtechnik") und als Transportmittel für irgendwelche Zeichen, Signale, Töne oder Lichteindrücke („Schwachstromtechnik" oder „Fernmeldetechnik").

A. Starkstromtechnik.

Bei der elektrischen Kraftübertragung wird die in Wasserkraft-, Wärmekraft- oder sonstigen Maschinen gewonnene mechanische Energie in elektrische verwandelt, durch Leitungen übertragen*)

*) Als Grenzen der Übertragbarkeit elektr. Arbeit sind in der Zeitschrift Wasserkraft und Wasserwirtschaft Jahrgang 1927 S. 138 folgende Werte je unter Annahme einer Doppelleitung angegeben:

bei 10% Verlust	110 kV	Spannung	40 000	kW Leistung	auf	200	km
	220 kV		220 000			400	
bei 15% Verlust	380 kV	"	1 000 000	"	"	1 000	"

und — mittels Zählerautomaten gemessen — an beliebig viele Abnehmer verteilt; diese können die elektr. Energie ohne Zeitverlust und unter Beschränkung auf den Umfang und die Dauer des Bedarfes in Anspruch nehmen und aus ihr mit Hilfe von geeigneten Apparaten diejenige Energieform gewinnen, die sie jeweils benötigen: sei es mechanische zum Antrieb von Arbeitsmaschinen jeder Art, oder Wärme- und Lichtenergie zu Beheizungs- und Beleuchtungszwecken, chemische Energie für Aluminium- und Stickstoffgewinnung, Galvanoplastik und andere Verwendungsarten, oder Strahlungsenergie für elektromedizinische Zwecke.

B. Schwachstrom- oder Fernmeldetechnik.

Vorausgeschickt wird, daß die Bezeichnung „Schwachstromtechnik" der Praxis entstammt und nicht etwa im Gegensatz zum „Starkstrom" auf einem wissenschaftlich festgelegten Unterschied der Stromart oder auf einer exakten Abgrenzung höherer und niedrigerer Stromstärken beruht; der Ausdruck tritt in neuerer Zeit gegenüber der modernen Bezeichnung „Fernmeldetechnik" mehr in den Hintergrund.

In der Fernmelde-Technik*) übertragen wir in der Form von elektrischer Energie die Bewegungen einer Taste, eines Schreibapparates, die Schallschwingungen von Sprache oder Musik, ebenso Lichteindrücke auf größte Entfernungen, um sie am Bestimmungsort als Zeichen, Schrift, Sprachlaut, Musik oder Lichtbild zu empfangen (Telegraphie, Telephonie und Bildübertragung). Wir bedienen uns dazu neben dem an metallische Leiter gebundenen Strom auch einer anderen elektr. Energieform, nämlich der elektromagnetischen Schwingungen, welche — ihrer Natur nach den Lichtstrahlen nahe verwandt — sich mit Lichtgeschwindigkeit (zirka 300000 km in der Sekunde) wellenförmig im Raum ausbreiten; ihre Energie kann mit geeigneten Apparaten aufgefangen und zunächst in elektr. Strömungsenergie verwandelt werden, aus der dann die zu übertragenden Zeichen, Töne u. dgl. wieder gewonnen werden können — drahtlose Telegraphie, Telephonie und Bildübertragung.

Wie bereits erwähnt ermöglichen die in der Praxis üblichen Bezeichnungen „Starkstromtechnik, Schwachstromtechnik bzw. Fernmeldetechnik" eine scharfumrissene Begrenzung der einzelnen An-

---

*) Nach Vorschriftenbuch des VDE. 1927 S. 647 sind Fernmeldeanlagen solche, bei denen es sich um elektr. Fernmeldung (Übertragung) von Vorgängen, Wahrnehmungen, Willens- oder Gedankenäußerungen handelt. Das Wort „Fern" drückt hierbei nicht ein bestimmtes Maß aus, da die elektr. Fernmeldung auch auf ganz geringe Entfernungen stattfinden kann. Der früher verwendete Ausdruck „Schwachstrom" gestattet keine klare Abgrenzung gegenüber dem Begriff „Starkstrom", da eine Grenze zwischen den beiden Begriffen auf Grund von Spannungs- oder Stromangaben festzustellen unmöglich ist.

wendungsgebiete nicht; die Sache wird noch komplizierter durch die Einführung der Bezeichnung „Hochfrequenztechnik" (vgl. Seite 6). Einen annähernden Überblick über diese sich zum Teile schneidenden Begriffe versuchen wir mit folgendem Schema zu bieten:

	1. Niederspannungstechnik	Starkstromtechnik	
	2. Hochspannungstechnik		
	3. Signalanlagen	Fernmeldetechnik	Schwachstromtechnik
	4. Telegraphie, Telephonie und Bildübertragung mit Draht		
Hochfrequenztechnik	5. Telegraphie, Telephonie und Bildübertragung ohne Draht		
	6. Elektromedizinische Hochfrequenztechnik		

III. Abschnitt:

Stromarten.

Je nach den Bedürfnissen, um deren Befriedigung es sich handelt, bringt man in der Elektrotechnik verschiedene Stromarten zur Anwendung; in der Hauptsache unterscheidet man Gleichstrom und Wechselstrom.

A. Gleichstrom ist elektr. Strom von gleichbleibender Richtung; dabei wird angenommen, daß der Gleichstrom bei der Arbeitsabgabe von Punkten mit höherer Spannung (positiver oder Pluspol) zu Punkten mit niedrigerer Spannung (negativer oder Minuspol) abfließt. Positiv (+) und Negativ (—) wird auf die Vorstellung bezogen, daß — etwa vergleichbar dem Nullpunkt des Thermometers — das elektrische Spannungsniveau der Erdoberfläche das Nullniveau darstellt.

Als die zunächst bekannt gewordene Stromart hat der Gleichstrom in den älteren kleineren Anlagen der Starkstromtechnik, insbesondere in Beleuchtungsanlagen, die mit Akkumulatoren arbeiten, Verwendung gefunden; er eignet sich hiefür und für alle Arten elektromotorischer Zwecke auch noch nach der Einführung des Wechselstromes. Sein Hauptvorzug beruht auf der Möglichkeit, ihn in Akkumulatoren („Sammlern") in die Form von gebundener chemischer Energie zu bringen (Energiespeicherung), aus welcher bei Bedarf wieder Gleichstrom gewonnen werden kann; dagegen steht der Nachteil, daß er sich zur Übertragung auf größere Strecken wenig eignet, weil die Hervorrufung der dazu erforderlichen hohen Spannungen sich wesentlich schwieriger und kostspieliger vollzieht, als beim Wechselstrom. Gleichstrom kommt deshalb für die Versorgung des Landes überhaupt nicht in Frage und wird auch in den großen Städten zunehmend vom Wechselstrom verdrängt. Für jene Betriebe, in denen Gleichstrom vorteilhafter verwendet wird oder unentbehrlich ist (Straßenbahnen,

Ladung von Akkumulatoren, bestimmte chemische Zwecke), beschafft man ihn jetzt vornehmlich am Verwendungsort durch Umformen aus Wechselstrom.

B. Der Wechselstrom ist elektr. Strom von periodisch wechselnder Richtung; dabei versteht man unter „Periode" die Zeit von der Erreichung eines Maximums bis zur Erreichung des nächsten Maximums je mit gleichem (Plus, Minus) Vorzeichen; demnach wird in der Periode das Vorzeichen zweimal gewechselt. Voraussetzung für die Entstehung ist ein mit derselben Periode wechselndes Spannungsgefälle („Wechselspannung").

Der heute in Deutschland für die Starkstromtechnik übliche Wechselstrom ändert seine Richtung in jeder Sekunde hundertmal, erreicht daher in dieser Zeiteinheit das positive und das negative Maximum je fünfzigmal und hat damit „50 Perioden" oder die Frequenz 50 (50 Per/sec).

Für Eisenbahnzwecke wird in Deutschland Wechselstrom von geringerer Periodenzahl $^{50}/_3 = 16\,^2/_3$ Per/sec benutzt.

Die Textilindustrie benötigt zum Teil höhere Frequenzen; sie werden in der Regel durch Umformung des fünfzigperiodischen Wechselstromes in den Betrieben selbst erreicht.

Für manche Abnehmer — besonders für Elektrizitätswerke, die zur Ergänzung ihrer eigenen Leistung aus einem fremden Netz Strom beziehen — ist die genaue Einhaltung einer bestimmten Periodenzahl erforderlich, während im allgemeinen geringe Abweichungen nach oben oder unten keine Schädigung für den Kunden bedeuten.

Mit außerordentlich hohen Frequenzen (von einigen Hunderttausend bis zu mehreren Millionen Per/sec) arbeitet man in der Elektromedizin und in der drahtlosen Fernmeldetechnik; diese Gebiete werden daher auch unter dem Namen „Hochfrequenztechnik" zusammengefaßt. Die Gewinnung der hohen Frequenzen erfolgt am Orte des Bedarfs durch Umwandlung des zur Verfügung stehenden Gleich- oder Wechselstroms mit Hilfe von Induktoren, Hochfrequenzmaschinen, Röhrengeneratoren usw.

Wechselstromanlagen können einphasig sein, es können aber auch mehrere Wechselströme, die im Zeitpunkt der periodisch wiederkehrenden Vorgänge (Phase) voneinander verschieden sind, verwendet werden; man spricht dann von Zwei-, Drei- und Mehrphasenstrom. Von den mehrphasigen Wechselströmen hat vor allem der „verkettete Dreiphasenstrom" oder — wegen seiner Eigenschaft, ein rotierendes magnetisches Feld zu erzeugen — auch „Drehstrom" genannt, praktische Bedeutung erlangt. Er setzt sich aus drei miteinander verbundenen („verketteten") Wechselströmen zusammen, die in der Phase um 120 Grad gegeneinander verschoben sind.

Alle Wechselstromarten können in einfachster Weise auf alle wünschenswerten Spannungen gebracht (transformiert) werden —

eine Eigenschaft, die vom Standpunkte möglichster Wirtschaftlichkeit der Fernübertragung und Verteilung von größter Bedeutung ist; beim Drehstrom kommt hierzu noch eine besondere Eignung für den Motorenbetrieb, die ihm seine dominierende Stellung in der elektrischen Kraftübertragungstechnik verschafft.

IV. Abschnitt:

Spannungen.

Man unterscheidet „Niederspannungen" und „Hochspannungen", wobei als Grenze nach dem Vorschriftenbuch des VDE. der Wert von 250 Volt gegen Erde festgesetzt ist (siehe 14. Auflage 1927 S. 5). Diese Grenze wurde mit Rücksicht auf den Umstand gewählt, daß bei Spannungen über 250 Volt erhöhte Sicherheitsmaßnahmen zur Verhütung von Personen- und Sachschäden getroffen werden müssen. Es kann aber nicht genug vor dem weit verbreiteten Irrtum gewarnt werden, die sog. Niederspannungen seien nicht lebensgefährlich; erst von Spannungen unter 40 Volt kann dies mit einiger Sicherheit behauptet werden.

Besondere Sorgfalt müssen die Elektrizitätswerke darauf verwenden, daß die Belieferung der Abnehmer unter Einhaltung einer möglichst konstanten Spannung erfolgt. Die Apparate der letzteren sind stets für bestimmte Normalspannungen konstruiert; bei Überschreitung leidet in der Regel ihre Lebensdauer und bei Unterschreitung ihre Leistungsfähigkeit. Da aber — wie in Abschnitt I (Seite 2) ausgeführt wurde, in jeder Leitung Spannungsabfälle entstehen und da diese Spannungsabfälle von der stets schwankenden Belastung der Leitung abhängen, so ist es unmöglich, einerseits an allen Punkten eines Verteilungsnetzes genau die gleiche Spannung zu erreichen, andererseits an einem bestimmten Punkt des Netzes die Spannung zeitlich vollkommen konstant zu halten. Man nimmt deshalb gewisse Ungenauigkeitsgrenzen an, innerhalb welcher eine Abweichung von der Nennspannung eine merkbare Benachteiligung des Kunden nicht mit sich bringt; für Beleuchtungszwecke gelten Spannungsabweichungen von 2—3%, für motorische Betriebe von 5% nach oben oder unten als zulässig.

V. Abschnitt:

Das Gesetz über die elektrischen Maßeinheiten.

Maße, deren sich die Wissenschaft bedient, berühren den Gesetzgeber und die staatl. Verwaltung nicht; erst wenn das zu messende Objekt in den Kreis des Wirtschafts- und Rechtsverkehrs eintritt und damit zum Rechtsgut wird, unterliegt es der rechtlichen Beurteilung und Regelung seiner Beziehungen und damit auch einer gesetzlich vorgeschriebenen und autorisierten Maßbestimmung. Raummaße und die hierauf zurückzuführenden Gewichtsmaße können bei den elektrischen Manifestationen mangels der Körperlichkeit im Raum nicht herangezogen werden; darum stellt ein Sondergesetz, welches als erstes Reichsgesetz über Elektrizität unterm 1. Juni 1898 mit dem Betreff: „Die elektrischen Maßeinheiten" ergangen ist, für elektrische Messungen folgende anderweitige Maßstäbe auf: das Ohm als Einheit des elektr. Widerstandes, das Ampere als Einheit der elektr. Stromstärke, das Volt als Einheit der elektromotorischen Kraft (§§ 1 mit 4). Dabei ist Ampere als jene Stromstärke definiert, die beim Durchfluß durch ein Silbervoltameter in jeder Sekunde 1,1183 mg Silber an der Kathode abscheidet.

Im Gesetz wird der Bundesrat ermächtigt, Bezeichnungen für die Einheit der Elektrizitätsmenge, der elektr. Arbeit und Leistung, der elektr. Kapazität und der elektr. Induktion festzusetzen, ferner Bezeichnungen für die Vielfachen und Teile der elektr. Einheiten vorzuschreiben, endlich zu bestimmen, in welcher Weise die Stärke, die elektromotorische Kraft, die Arbeit und Leistung der Wechselströme zu berechnen ist.

Die Physikalisch-technische Reichsanstalt hat für die Ausgabe amtlich beglaubigter Widerstände und galvanischer Normalelemente zur Ermittelung der Stromstärken und Spannungen Sorge zu tragen (§ 8).

Bei der gewerbsmäßigen Abgabe elektr. Arbeit dürfen Meßgeräte, sofern sie nach den Lieferungsbedingungen zur Bestimmung der Vergütung (Tarif, Zähler) dienen sollen, nur verwendet werden, wenn ihre Angaben auf den gesetzlichen Einheiten beruhen, d. h. von diesen Einheiten ausgehen. Der Gebrauch unrichtiger Meßgeräte ist verboten. Der Bundesrat hat nach Anhörung der Physikalisch-Technischen Reichsanstalt die äußersten Grenzen der zu duldenden Abweichungen von der Richtigkeit festzusetzen; er ist ermächtigt, wegen der amtlichen Beglaubigung oder einer wiederkehrenden amtlichen Überwachung Vorschriften zu erlassen (§ 6).

Die amtliche Prüfung und Beglaubigung der Meßgeräte erfolgt durch die Physikalisch-Technische Reichsanstalt; der Reichskanzler kann die Befugnis hierzu auch anderen Stellen übertragen (§ 9). Befugnisse der genannten Reichsanstalt — Geltung der amtl. beglaubigten Meßgeräte im ganzen Reichsgebiet (§ 10).

In Ausführung dieses Gesetzes ist die Bekanntmachung des Reichskanzlers vom 6. Mai 1901 (RGBl. S. 127) ergangen; sie stellt zunächst die Bedingungen fest, unter denen bei der Darstellung des Ampere die Abscheidung von Silber stattzufinden hat und gibt sodann folgende Einheitsbezeichnungen:

a) Die Elektrizitätsmenge, welche bei einem Ampere in einer Sekunde durch den Querschnitt einer Leitung fließt, heißt eine

Amperesekunde (Coulomb), die in einer Stunde durchfließende Elektrizitätsmenge heißt eine Amperestunde.

b) Die Leistung eines Ampere in einem Leiter von einem Volt Endspannung heißt ein Watt.

c) Die Arbeit von einem Watt während einer Stunde heißt eine Wattstunde.

d) Die Kapazität eines Kondensators, welcher durch eine Amperesekunde auf ein Volt geladen wird, heißt ein Farad.

e) Der Induktionskoeffizient eines Leiters, in welchem ein Volt induziert wird durch die gleichmäßige Änderung der Stromstärke um einen Ampere in der Sekunde, heißt ein Henry.

Bezeichnung für die Vielfachen und die Teile elektr. Einheiten:

Als Vorsätze vor dem Namen einer Einheit bedeuten:
Kilo das Tausendfache,
Mega (Meg) das Millionfache,
Milli den tausendsten Teil,
Mikro (Mikr) den millionten Teil.

Berechnung der Stärke der elektromotorischen Kraft (Spannung) und der Leistung von Strömen wechselnder Stärke oder Richtung:

a) als wirksame (effektive) Stromstärke — oder wenn nichts anderes festgelegt ist, als Stromstärke schlechthin — gilt die Quadratwurzel aus dem zeitlichen Mittelwerte der Quadrate der Augenblicksstromstärken.

b) Als mittlere Stromstärke gilt der ohne Rücksicht auf die Richtung gebildete zeitliche Mittelwert der Augenblicksstromstärken.

c) Als elektrolytische Stromstärke gilt der mit Rücksicht auf die Richtung gebildete zeitliche Mittelwert der Augenblicksstromstärken.

d) Als Scheitelstromstärke periodisch veränderlicher Ströme gilt deren größter Augenblickswert.

e) Die unter a bis d für die Stromstärke festgesetzten Bezeichnungen und Berechnungen gelten ebenso für die elektromotorische Kraft oder die Spannung.

f) Als Leistung gilt der mit Rücksicht auf das Vorzeichen gebildete zeitliche Mittelwert der Augenblicksleistungen.

Die äußersten Grenzen der bei gewerbsmäßiger Abgabe elektrischer Arbeit zu duldenden Abweichungen der Elektrizitätszähler von der Richtigkeit — „**Verkehrsfehlergrenzen**“ — werden, wie folgt, bestimmt:

1. **Gleichstromzähler.**

a) Die Abweichung der Verbrauchsanzeige nach oben oder nach unten von dem wirklichen Verbrauche darf bei einer Belastung zwischen dem Höchstverbrauche, für welchen der Zähler bestimmt ist, und dem zehnten Teil desselben nirgends mehr betragen, als sechs Tausendtel dieses Höchstverbrauchs vermehrt um sechs Hundertel des jeweiligen Verbrauchs*) und ferner bei einer Belastung von ein Fünfundzwanzigstel des obigen Höchstverbrauchs nicht mehr als zwei Hundertel des letzteren.

Auf Zähler, die in Lichtanlagen verwendet werden, finden diese Bestimmungen nur insoweit Anwendung, als die anzuzeigende Leistung nicht unter 30 Watt sinkt.

b) Während einer Zeit, in welcher kein Verbrauch stattfindet, darf der Vorlauf oder der Rücklauf des Zählers nicht mehr betragen, als einem halben Hundertel seines oben bezeichneten Höchstverbrauchs entspricht.

2. Wechselstrom- und Mehrphasenstromzähler.

Für diese gelten dieselben Bestimmungen wie unter 1, jedoch mit der Maßgabe, daß, wenn in der Verbrauchsleitung zwischen Spannung und Stromstärke eine Verschiebung besteht, der nach 1a ermittelte Fehler in Hundertel des jeweiligen Verbrauches umgerechnet und der entstehenden Zahl des Hundertel die doppelte trigonometrische Tangente des Verschiebungswinkels hinzugefügt wird**). Dabei bedeutet der Verschiebungswinkel den Winkel, dessen Kosinus gleich dem Leistungsfaktor ist. Alle zur Berechnung des Fehlers dienenden Größen sind mit dem gleichen Vorzeichen zu nehmen.

Siehe dazu Bekm. des Präsidenten der Physikalisch-Technischen Reichsanstalt betr. elektr. Maßeinheiten vom 19. August 1919 (RZB. 931), ferner Bekm. vom 19. Dez. 1924 (RMBl. 1925 S. 1), 14. Febr. 1925 (RMBl. S. 115) und 31. März 1925 (RMBl. S. 263).

Zweites Hauptstück:

Der Unternehmer.

Die Übertragbarkeit des elektr. Stromes ermöglicht die Belieferung aus großen Zentralen; das Ziel tunlichster Wirtschaftlichkeit in der Versorgung zwingt dazu. Es handelt sich also fortan sowohl bei den Elektrizitätswerken, wie bei den Verteilungseinrichtungen um Daueranlagen, deren Bau, Unterhalt und Amortisation die Finanzkraft und Lebenszeit eines Einzelnen regelmäßig überschreitet.

Auch Vereinigungen, deren Bestand an die Lebensdauer oder Mitgliedschaft einzelner Personen geknüpft ist, wie etwa die offene

---

*) Die hiefür in der Technik übliche Formel ist $\pm (6+0{,}6\,n)$ v. H. für eine jeweilige Belastung von $\frac{1}{n}$ der Maximalbelastung.

**) Die hiefür in der Technik übliche Formel ist $\pm (6+0{,}6\,n+2\,\mathrm{tg}\,\varphi)$ v. H. für eine jeweilige Belastung von $\frac{1}{n}$ der Maximalbelastung und eine Phasenverschiebung von φ Grad.

Handelsgesellschaft, die Kommanditgesellschaft*), stille Gesellschaft und die Gesellschaft des bürgerlichen Rechtes (§§ 705 mit 740 BGB.) eignen sich für solche Unternehmungen nicht, können aber — insbesondere die letztere — für die Vorbereitung der Gründung als Gründungs-, Bau- oder Bankenkonsortium u. dgl. wichtige Dienste leisten.

Die gegebene Unternehmensform ist der Zusammenschluß der Beiträge Vieler zu einem Gesamtvermögen — Zweckvermögen —, dem die Gesetzgebung unter bestimmten Voraussetzungen teils mit, teils ohne Haftung der Beitragleistenden die Rechte einer fingierten Persönlichkeit — juristische Person — verleiht.

Als solche kommen für unserem Aufgabenbereich in Betracht:

I. Abschnitt:

Juristische Personen des Privatrechts.

A. Der Verein im Sinne der §§ 22 ff. BGB.

Ein Verein, dessen Zweck auf einen wirtschaftlichen Geschäftsbetrieb gerichtet ist, erlangt in Ermanglung besonderer reichsgesetzlicher Vorschriften (solche bestehen für Aktiengesellschaften, Aktienkommanditgesellschaften, Erwerbs- und Wirtschaftsgesellschaften, Gesellschaften mit beschränkter Haftung u. a.) die Rechtsfähigkeit durch staatliche Verleihung aus den Händen des für den Vereinssitz maßgebenden Bundesstaates (Landes).

B. Vereinigungen nach Handelsrecht.

1. Die Aktiengesellschaft (§§ 178 ff. HGB.), ein Zusammenschluß von Kapital mit einer im Voraus bestimmten Größe, das sich aus Geld- oder Sacheinlagen — letztere jeweils in Geld bewertet, — oder aus beiderlei Anlagen zusammensetzt (Grundkapital); das Grundkapital ist in Anteile — Aktien — zerlegt. Die Aktieninhaber (Aktionäre) haben während des Bestandes der Gesellschaft keinen Anspruch auf das Gesellschaftsvermögen, sondern nur auf die Verteilung des Reingewinns. Für die Schulden der Gesellschaft haften sie nicht.

Die Grundlage für die Aktiengesellschaft stellt der Gesellschaftsvertrag — Gesellschaftsstatut — dar; die Organe sind der Vorstand (eine oder mehrere Personen §§ 231 ff. HGB.), der Aufsichtsrat (außer den Betriebsratsdelegierten**) mindestens drei Personen — § 243 HGB.) und die Generalversammlung der Aktionäre (je mit Stimmberechtigung nach Maßgabe des Aktienbesitzes).

---

*) Ausnahme: Gesellschaften die nicht aus physischen Personen bestehen. Vgl. S. 12.

**) Gesetz über die Entsendung von Betriebsräten in den Aufsichtsrat vom 15. Februar 1922 (RGBl. I S. 209).

Die Aktiengesellschaft wird aufgelöst: durch Eröffnung des Konkursverfahrens über ihr Vermögen (§ 292 Abs. 1 Ziff. 3 HGB.), durch Ablauf der im Statut bestimmten Zeit, durch Beschluß der Generalversammlung unter der Voraussetzung einer durch Statut und Gesetz normierten, keinesfalls weniger als 3/4 des dort vertretenen Grundkapitals betragenden Mehrheit (§ 292 Abs. 1 Ziff. 2 HGB.).

Eine weitere in der Elektrowirtschaft nicht seltene Auflösungsform stellt die Fusion dar, d. h. der Übergang des Vermögens an eine andere Gesellschaft auf Grund eines Generalversammlungsbeschlusses, für den das gleiche Stimmenverhältnis, wie für den Auflösungsbeschluß vorgeschrieben ist (§ 305 f. HGB.).

Wegen des Verfahrens bei Auflösung einer Aktiengesellschaft unter Übertragung ihres Gesamtvermögens auf das Reich, einen Bundesstaat (Land) oder einen inländischen Kommunalverband siehe § 304 HGB.

2. Die Kommanditgesellschaft auf Aktien; sie geht zurück auf die Form der Kommanditgesellschaft als eines Zusammenschlusses zweier oder mehrerer Personen zum Betrieb eines Geschäftes, bei dem ein Teil (persönlich haftender Gesellschafter, Geschäftsführer oder Komplementar) unbeschränkt, ein Teil (Kommanditist) beschränkt für die Verbindlichkeiten der Gesellschaft haftet. Dabei ist der Komplementar nicht notwendig eine physische Person; es kann sich auch um eine AG. oder G.m.b.H. handeln; letztere Rechtsform tragen z. B. die Firmen

Osram, G.m.b.H. Kommanditgesellschaft Berlin,
Siemens-Bauunion G. m. b. H. Kommanditgesellschaft Berlin.

Bei der Kommanditgesellschaft auf Aktien oder Kommanditaktiengesellschaft ist das beschränkt haftende Kapital in Aktien zerlegt; sie besteht demnach aus einem oder mehreren Komplementaren und einer Anzahl von Kommandit-Aktionären. Das Rechtsverhältnis der persönlich haftenden Gesellschafter untereinander und gegenüber der Gesamtheit der Kommanditisten, sowie gegenüber Dritten, ihre Befugnis zur Geschäftsführung und zur Vertretung der Gesellschaft bestimmt sich nach den für Kommanditgesellschaften (§ 161 HGB.) geltenden Vorschriften; im übrigen sind im wesentlichen die Vorschriften über die Aktiengesellschaft maßgebend (§§ 320 mit 334 HGB.).

Organe: a) kein Vorstand, Geschäftsführer und Vertreter der Gesellschaft nach Außen sind die persönlich haftenden Gesellschafter; (ihre Haftung ist primär, solidarisch und unbeschränkt),

b) die Generalversammlung der Kommanditisten; (das Recht aus ihren Aktien ist das gleiche, wie bei der Aktiengesellschaft),

c) der Aufsichtsrat der Kommanditisten, in welchen auch Betriebsratsmitglieder entsendet werden, (Recht der Geschäftskontrolle, Prüfung der Bilanz und Jahresrechnung, Berichterstattung an die Generalversammlung siehe §§ 332 ff. HGB.).

C. Gesellschaft mit beschränkter Haftung (G.m.b.H.).

Sie ist nach RG. vom 20. April 1892 in der Fassung vom 20. Mai 1898 und ergänzt durch Gesetz vom 28. Juni 1926 der Zusammenschluß von mehreren Personen zu irgend einem gesetzlich zulässigen Zweck, wobei jeder Gesellschafter zu dem mindestens 20000 Reichsmark betragenden Stammkapital eine Stammeinlage in beliebiger Höhe, jedoch nicht unter 500 Reichsmark zu leisten hat; für die Verbindlichkeiten der Gesellschaft haftet nur das Gesellschaftsvermögen. Im Gesellschaftsvertrag kann eine Nachschußpflicht der Gesellschafter über den Betrag ihrer Stammeinlage hinaus mit oder ohne Beschränkung vorgesehen werden. Diesen Nachzahlungen kann sich der Gesellschafter gegebenen Falles dadurch entziehen, daß er seine Stammeinlage der Gesellschaft zur Verfügung stellt.

Der Gesellschafter hat während des Bestandes der Gesellschaft keinen Anspruch auf das zur Erhaltung des Stammkapitals erforderliche Vermögen, sondern nur auf den nach der jährlichen Bilanz sich ergebenden Reingewinn und zwar nach Verhältnis der Geschäftsanteile; der Gesellschaftsvertrag kann auch eine andere Verteilung vorsehen; Organe der Gesellschaft:

a) ein oder mehrere Geschäftsführer, befugt die Gesellschaft gerichtlich und außergerichtlich nach Außen zu vertreten, nach Innen aber den Beschränkungen unterworfen, die der Ges.-Vertrag oder die Beschlüsse der Gesellschafter verfügen,

b) die Gesellschafterversammlung, welche insbesondere für die Feststellung der Jahresbilanz und die Verteilung des Reingewinnes, die Einforderung von Einzahlungen auf die Stammeinlagen und von Nachschußleistungen, die Teilung und Einziehung von Geschäftsanteilen, die Bestellung, Abberufung und Entlastung der Geschäftsführer, die Prüfung und Überwachung der Geschäftsführung usw. zuständig ist; die Beschlußfassung erfolgt nach Stimmenmehrheit; je 100 Reichsmark gewähren eine Stimme;

c) der Aufsichtsrat hat — falls der Gesellschaftsvertrag einen solchen vorsieht — im wesentlichen die gleichen Rechte und Pflichten, wie jener von Aktiengesellschaften; wie bei diesen, zählen zu ihm die abgeordneten Betriebsratsmitglieder.

Die Auflösung der Gesellschaft erfolgt durch Eröffnung des Konkurses bei Zahlungsunfähigkeit und Überschuldung; wird das Verfahren durch Zwangsvergleich oder Einstellung auf Antrag des Gemeinschuldners aufgehoben, so kann die Fortsetzung der Gesellschaft durch die Gesellschafter beschlossen werden. Im übrigen endet sie mit Ablauf der statutenmäßigen Zeit, durch Beschluß der Gesellschafter, der — wenn das Statut nichts anderes bestimmt — mindestens drei Viertel der abgegebenen Stimmen erfordert, ferner durch gerichtliches Urteil, wenn die Erreichung des Gesellschaftszweckes unmöglich geworden ist oder wichtige, in den Verhältnissen der Gesellschaft liegende Gründe für die Auflösung sprechen, — endlich durch Entscheidung des Verwaltungsgerichts oder der Verwaltungsbehörde, wenn die Gesellschaft durch gesetzwidrige Beschlüsse oder durch wissentliche Duldung gesetzwidriger Handlungen der Geschäftsführer das Gemeinwohl gefährden würde.

D. Erwerbs- und Wirtschaftsgenossenschaften

nach Gesetz vom 1. Mai 1889 in der Fassung vom 20. Mai 1898 RGBl. S. 810 mit Nachträgen vom 12. Mai 1923 (RGBl. I S. 288), Verordnung der Reichsregierung vom 27. Dezember 1923 (RGBl. I S. 1252), Gesetz vom 4. Februar 1925 (RGBl. I S. 9), Gesetz vom 19. Januar 1926 (RGBl. I S. 91) — Zusammenschluß von Mitgliedern (Genossen) in nicht geschlossener Zahl, jedoch mindestens sieben, welche die Förderung des Erwerbes oder der Wirtschaft ihrer Mitglieder mittels gemeinsamen Geschäftsbetriebes bezwecken; es zählen hieher Vereine zur Beschaffung von Gegenständen des landwirtschaftlichen oder gewerblichen Betriebes und zur Benutzung derselben auf gemeinsame Rechnung z. B. Genossenschaft von Abnehmern elektr. Stromes zum Zwecke der Kleinverteilung, Installation und ähnliche Konsumgenossenschaften.

Eine Beteiligung an Gesellschaften und sonstigen Personenvereinigungen einschließlich der Körperschaften des öffentlichen Rechtes ist zulässig, wenn sie der Förderung der Wirtschaft der Genossen oder gemeinnützigen Bestrebungen der Genossenschaft zu dienen bestimmt sind*).

Varianten: eingetragene Genossenschaft mit unbeschränkter Haftpflicht der Genossen §§ 119 mit 125,
eingetragene Genossenschaft mit unbeschränkter Nachschußpflicht der Genossen §§ 126 mit 130,
eingetragene Genossenschaft mit beschränkter Haftpflicht der Genossen §§ 131 mit 142,

Organe: Vorstand, mindestens 2 Mitglieder; Aufsichtsrat, mindestens drei Mitglieder — jeweils gewählt aus der Zahl der Genossen —, die Generalversammlung.

Recht des Ausscheidens von Genossen §§ 65 ff., Auflösung und Nichtigkeit der Genossenschaft §§ 78 ff., Konkursverfahren §§ 98 des GenossenschGes. Umwandlung der Genossenschaftsformen §§ 143 mit 145.

---

*) Für die Errichtung und den Betrieb eines Elektrizitätswerkes ist eine Genossenschaft (Produktivgenossenschaft) eine rechtlich zwar denkbare, praktisch aber nicht empfehlenswerte Unternehmerform.

E. Zusammenschlüsse der Unternehmer: Interessengemeinschaft, Konzern, Kartell.

Im Aufgabenbereich dieses Buches ist der Unternehmer eines Elektrizitätswerkes, also der Stromerzeugung und Stromverteilung, von jenen Unternehmern zu unterscheiden, die sich mit der Erbauung und der technischen und maschinellen Ausstattung von Elektrizitätswerken, also mit der Belieferung des ersteren, gewerbs- und fabrikationsmäßig befassen. Im Wirtschaftsleben war dieser Unterschied namentlich in den Anfangszeiten nicht selten verwischt: als die junge Elektrotechnik ihren Siegeszug antrat und da und dort die ersten Bogenlampen zeigte, stand ihr, wie allem Neuen, die Allgemeinheit zunächst abwartend und zurückhaltend gegenüber; es war durchaus nicht leicht, die Gemeinden und andere als Abnehmer etwa in Betracht kommende Rechtssubjekte zum „Sprung ins Helle" und zur Übernahme der auch für kleinere Anlagen nicht unbeträchtlichen finanziellen Risiken zu bewegen. So mußten denn die neuen Firmen sich nicht bloß mit der Herstellung der elektr. Maschinen, Apparate und Leitungen befassen und gleichzeitig den sonst einschlägigen Fabrikationssparten (Dampfmaschinen- und Turbinenbau, Herstellung von Schaltanlagen, Transformatoren, Kabeln, Zählern, Beleuchtungskörpern, Installationen u. dgl.) widmen, bzw. mit Gesellschaften der einschlägigen Branchen zusammenzuarbeiten, vielmehr mußten sie auch den Bau, die Finanzierung und den Betrieb von Elektrizitätswerken selbst in die Hand nehmen und sich so ihren Abnehmer- und Kundenkreis mit eigenen Aufwendungen gewissermaßen selbst schaffen. Diese Verhältnisse führten zu mannigfach gestalteten wirtschaftlichen, technischen und administrativen Verflechtungen, zu Kapitalsbeteiligungen, Unterbeteiligungen und zur Gründung von Tochter- und Finanzierungsgesellschaften. Letztere sind mit der fortschreitenden Verselbständigung, Kommunalisierung und Verstaatlichung von Elektrizitätswerken zum Teil wieder gelöst; dafür haben die veränderten Wirtschaftsverhältnisse der Nachkriegszeit, insbesondere die Notwendigkeit tunlichster Rationalisierung hier und in anderen Branchen (vgl. z. B. die Farbenindustrie) wieder andere Zusammenschlüsse ins Leben gerufen. Die wichtigsten Rechtsformen für solche Verbindungen sind die Interessengemeinschaft — Konzern — und das Kartell.

1. Interessengemeinschaft: Darunter versteht man die Bildung einer Gesellschaft des bürgerlichen Rechts, deren Teilnehmer selbständige Rechtsträger bleiben, sich aber gegenseitig zur Zusammenlegung ihrer Gewinne und Verluste und zu deren Austeilung nach einem bestimmten Schlüssel verpflichten; daneben können kartellartige Vereinbarungen über die Zuteilung bestimmter Arbeitsaufgaben und Arbeitsgebiete, bestimmte Produktionsbeschrän-

kungen und Preissätze, den Ausschluß gegenseitigen Wettbewerbs und den Austausch geschäftlicher Erfahrungen einhergehen.

Die enge wechselseitige Verknüpfung findet neben den Kapitalsbeteiligungen ihren Ausdruck auch bei der Besetzung der Vorstands- und Aufsichtsratsstellen der so zu einer Gemeinschaft oder einem Konzern miteinander verbundenen Unternehmungen und Betriebe.

Die wichtigsten derartigen Verbindungen in der Elektrizitätsbranche stellen heute im Reich die Konzerne der Siemens-Werke, der AEG. und der Akkumulatorenfabriken dar.

2. Kartell ist die Vereinbarung mehrerer in ihrer Rechtspersönlichkeit selbständig bleibender Unternehmer derselben oder verwandter Branchen, womit sie unter Ausschaltung gegenseitiger Konkurrenz sich zur gemeinsamen Wahrung ihrer Geschäftsinteressen gegenüber Dritten verbinden; die Vereinbarung kann sich auf Verpflichtungen über die Handhabung der Erzeugung, des Absatzes, die Geschäftsbedingungen, die Art der Preisfestsetzung oder die Forderung bestimmter Preise beziehen. Auch die Namen Syndikat und Konvention sind für ein derartiges Zusammengehen gebräuchlich.

Eine Rechtsform dafür — Schriftlichkeit der Vereinbarung — ist durch die Kartellverordnung vom 2. Nov. 1923 gefordert (§ 1). Wenn das Kartell die Gesamtwirtschaft oder das Gemeinwohl, insbesondere durch Zurückhaltung in der Produktion und im Absatz oder in übermäßiger Verteuerung von wichtigen Produkten oder durch volkswirtschaftlich sonst nicht gerechtfertigte Maßnahmen — gefährden sollte, so kann es auf Antrag des Reichswirtschaftsministers durch das Kartellgericht für nichtig erklärt oder bestimmten Spezialverboten unterworfen oder sonst beschränkt werden (§ 4). Für Mitglieder, die sich durch das Kartell in ihrer wirtschaftlichen Bewegungsfreiheit beengt fühlen, besteht ein Recht zur Kündigung (§ 8); sonstige Beschränkungen siehe §§ 2, 5 mit 7, 9 ff.

Zweck der Kartellverordnung: „Sie soll eine Handhabe bieten, um schädliche Auswüchse des Kartellwesens mit aller Schärfe zu bekämpfen und will anderseits diese Organisationen durch ihre Reinigung dazu befähigen, der Anbahnung einer in der Inflationszeit teilweise vermißten lauteren Geschäftsgebahrung, der Verbreitung rationeller Produktionsmethoden und einer Vereinheitlichung der Preisbildung zu dienen". (Aus der amtlichen Begründung.) —

Die Kartellverordnung gilt, bis der Reichstag gemäß § 1 Abs. 3 des Ermächtigungsgesetzes beschlußmäßig die Aufhebung verlangt.

II. Abschnitt:

Juristische Personen des öffentlichen Rechts.

A. Das Deutsche Reich.

Trotz der Beeinträchtigung seiner Selbständigkeit durch den Versailler Vertrag vom Juli 1919 trägt das Reich unbestrittenermaßen die Rechtsnatur eines Staates an sich. Sein Vermögen wird im Gegensatz zum Staat, als einem politischen Wesen, vom Recht als eine Gesamtheit aufgefaßt, der unter der üblichen Bezeichnung „Reichsfiskus" juristische Persönlichkeit im Sinne des Bürgerlichen Rechts zukommt.

Ausgeschieden aus dem Reichsvermögen und mit selbständiger juristischer Persönlichkeit bedacht sind die für die Erzeugung und Verwertung von Elektrizität wichtigsten Regalbetriebe.

1. Die deutsche Reichspost.

Das Post- und Telegraphenwesen samt dem Fernsprechwesen ist nach Art. 188 der Reichsverfassung ausschließlich Sache des Reichs; im Vollzug des Art. 170 ebenda bestimmt das Gesetz vom 27. April 1920 (RGBl. S. 643) in § 1, daß dem Übergange der Post- und Telegraphenverwaltungen Bayerns und Württembergs an das Reich am 1. April 1920 unter den in den Staatsverträgen und Schlußprotokollen vorgesehenen Bedingungen zugestimmt wird.

Nach § 1 des Reichspostfinanzgesetzes vom 18. März 1924 (RGBl. I S. 287) in Fassung des Gesetzes vom 15. Juli 1926 (RGBl. I S. 410) ist das deutsche Post- und Telegraphenwesen als selbständiges Unternehmen unter der Bezeichnung „Deutsche Reichspost" vom Reichspostminister unter Mitwirkung eines Verwaltungsrates zu verwalten. Das Vermögen des Reichs, das dem Reichspost- und Telegraphenbetriebe gewidmet und in ihm erworben ist und alle öffentlichen wie privaten Rechte und Verbindlichkeiten der Reichspost- und Telegraphenverwaltung sind als Sondervermögen der deutschen Reichspost von dem übrigen Vermögen des Reichs, seinen Rechten und Verbindlichkeiten getrennt zu halten. Für die Verpflichtungen der deutschen Reichspost haftet nur das Sondervermögen; es haftet nicht für die sonstigen Verbindlichkeiten des Reichs. Bestimmungen internationaler Verträge bleiben unberührt.

2. Die deutsche Reichsbahn-Gesellschaft.

Die bisherigen Eisenbahnen der Länder sind auf Grund des Art. 89 ff. der Reichsverfassung durch Staatsvertrag vom 31. März 1920 (Gesetz vom 30. April 1920, RGBl. S. 733) mit Wirkung vom 1. April 1920 auf das Reich übergegangen.

Mit Reichsbahngesetz vom 30. August 1924 (RGBl. II S. 272) hat das Deutsche Reich zum Betriebe der Reichseisenbahnen eine Gesellschaft eigenen Rechts mit der Firma „Deutsche Reichsbahn-Gesellschaft" errichtet und gleichzeitig deren Gesellschaftssatzung festgelegt (§ 1).

Das Betriebsrecht umfaßt die Reichseisenbahnen mit allem Zubehör einschließlich der deutschen Bodenseedampfschiffahrt und der sonstigen Nebenbetriebe nach dem Stand am Tage des Betriebsübergangs auf die Gesellschaft (§ 5).

Die Reichsbahnen selbst einschließlich der Beteiligungen der Reichseisenbahnverwaltung und des Unternehmens „Deutsche Reichsbahn" an anderen Unternehmungen bleiben Eigentum des Reiches (Reichseisenbahnvermögen). Grundstücke und alle Zubehörstücke einschließlich der Fahrzeuge fallen, wenn die Gesellschaft sie für Zwecke der Reichseisenbahnen erwirbt, mit dem Erwerbe durch die Gesellschaft kraft Gesetzes in das Eigentum des Reichs (§ 6).

Das Grundkapital der Gesellschaft beträgt fünfzehn Milliarden Goldmark; es ist eingeteilt in zwei Milliarden Vorzugsaktien und dreizehn Milliarden Stammaktien. — Das Weitere, insbesondere die Reparationsverpflichtungen und Beschränkungen, siehe §§ 6 ff.

Organe der Gesellschaft: der Verwaltungsrat und der Vorstand (§ 18 des Ges., §§ 10 mit 20 des Statuts).

3. Die Beteiligung des Reiches an der Elektrizitätswirtschaft

geht von der Kriegsgründung der ursprünglich für Munitions- und Aluminiumherstellung bestimmten Elektrowerke A.-G. — Zschornewitz, Trattendorf und Lauta — aus, an welche sich sehr rege Expansionsbestrebungen der Nachkriegszeit schließen, die in dem an anderer Stelle zu erörternden Sozialisierungsgesetz einen Kulminationspunkt gefunden haben (vgl. Art. 7 Ziff. 13 und Art. 156 RVerf.).

In den „Vereinigten Industrieunternehmungen A.-G." (Viag) zusammengefaßt, stellt sie sich zu Ende des ersten Quartals 1927 in Reichsmark wie folgt dar:

Elektrizität	Kapital	Beteiligung der Viag
Elektrowerke AG.	60 000 000	60 000 000
Ostpreußenwerk AG.	18 000 000	7 416 000
Württemberg. Landeselektrizitätsgesellschaft G. m. b. H.	5 000 000	1 405 000
Rheinisch-Westfälisches Elektrizitätswerk AG.		
Stammaktien	135 600 000	12 500 000
Vorzugsaktien	4 400 000	160 000
Schlesische Elektrizitäts- und Gas-AG.	32 041 666	937 600
Aluminiumindustrie		
Vereinigte Aluminium-Werke AG.	24 000 000	20 800 000
Innwerk, Bayerische Aluminium-AG.	13 200 000	12 000 000
Kalkstickstoffwerke		
Mitteldeutsche Stickstoffwerke AG.	20 000 000	20 000 000
Bayerische Kraftwerke AG.	24 000 000	24 000 000
Alzwerke G. m. b. H.	3 000 000	1 500 000

Dazu kommt u. a. das Reichsbahnkraftwerk für die Berliner Stadtbahn, die Beteiligungen der Reichsbahnen an der Walchensee-

A.-G., Mittlere Isar-A.-G., des Reichsverkehrsministeriums an der Rhein-Main-Donau-A.-G. und der Neckar-A.-G.

B. Die Länder.

Die Länder (Preußen, Bayern, Sachsen, Württemberg, Baden, Thüringen, Hessen, Hamburg, Mecklenburg-Schwerin, Oldenburg, Braunschweig, Anhalt, Bremen, Lippe, Lübeck, Mecklenburg-Strelitz, Waldeck und Schaumburg-Lippe) sind durch die neue Reichsverfassung ihres Staatencharakters nicht entkleidet und darum auch selbständige Träger von Privatrechten geblieben. In der Elektrowirtschaft sind sie zum Teil mit Elektrizitätswerken oder Verteilungs- und Verbindungsleitungen — aufgezogen meist in der Form von Aktiengesellschaften — als selbständige Unternehmer aufgetreten oder sie haben sich an gemischtwirtschaftlichen Gründungen dieser Art oder durch den Erwerb von Aktienpaketen beteiligt.

Um einiges zu nennen: In Preußen ging die Beteiligung des Staates an elektr. Unternehmungen von dem Bau der Talsperren aus, die im Jahre 1913 für den Rhein-Weserkanal, sodann für die Regulierung des Maines notwendig wurden; das Gefälle wurde für Zwecke der elektr. Stromgewinnung ausgenutzt; es folgte die Errichtung von Dampfreserven auf staatseigenen Kohlenfeldern, der Erwerb von Aktien und Beteiligungen; derzeit besitzt Preußen als Staatsunternehmungen*) das „Großkraftwerk Hannover A.-G.", die „Preußischen Kraftwerke Oberweser A.-G." und die Gewerkschaft „Großkraftwerk Main-Weser"; das Land ist ferner beteiligt an den „Nordwestl. Wasserkräften A.-G.", der „Braunkohlen-Industrie A.-G. Zukunft", dem „Ostpreußenwerk A.-G.", dem „Überlandwerk Oberschlesien A.-G.", der „Rhein-Main-Donau A.-G.", dem „kommunalen Elektrizitätsverband Westfalen-Rheinland G. m. b. H.", den „Lahnkraftwerken A.-G.", den „Vereinigten Elektrizitätswerken Westfalen G. m. b. H.", der „Hessen-Nassauischen Überlandzentrale G. m. b. H.", dem „Großkraftwerk Erfurt A.-G.", der „Überlandwerke und Straßenbahn in Hannover A.-G.".

Die Zusammenfassung dieser staatlichen Elektrounternehmungen und Beteiligungen in eine selbständige Gesellschaft — Preußische Elektrizitäts-A.-G. — ist nun mit rückwirkender Kraft vom 1. April 1927 durch den preußischen Landtag am 13. Oktober 1927 genehmigt worden.

In Bayern sind — abgesehen von teilweisen Reichsbeteiligungen — die Großkraftwerke „Walchenseewerk A.-G.", „Mittlere Isar A.-G." und das Zusammenschluß- und Verteilungswerk „Bayernwerk A.-G." ganz in den Händen des Staates; von anderen Großkraftwerken besitzt er Aktienpakete, die z. B. beim Innwerk als Äquivalent für die Erlaubnis zur Benutzung des öffentlichen Flusses gegeben wurden.

*) Vergl. preuß. G. die Übertragung staatlicher Elektrizitätswerke an eine AG. vom 24. Okt. 1923 (GS. 475).

Für Baden sei das auf Grund des Gesetzes vom 5. Dezember 1912 gebaute Murgwerk genannt, welchem die Aufgabe zugewiesen ist, die „gewonnene elektr. Energie unbeschadet der Deckung der Selbstkosten zu tunlichst billigen Preisen an die Verkäufer abzugeben"; seither ist dieses Werk mit anderen — Baukraftwerk an der Raumünzach und Schwarzenbachwerk, badische Landessammelschiene — Bestandteil der Badischen Landesversorgung A.-G. (Badenwerk) geworden.

In Sachsen sind vom Freistaat zwei Elektrizitätswerke bei Hirschfelde und Böhlen nächst Leipzig auf den dortigen staatseigenen Braunkohlenfeldern gebaut (Staatliche Sächsische Kraftwerke A.-G.); daneben werden — durch ein über das ganze Land erstrecktes Hochspannungsnetz (Sammelschiene) mit diesen Zentralen verbunden — sonstige leistungsfähige Kraftwerke, ähnlich wie beim Bayernwerk, zur Stromlieferung herangezogen.

Für Württemberg und Thüringen seien noch Beteiligungen der Länder an gemischtwirtschaftlich aufgezogenen Unternehmungen — Württemberg. Landeselektrizitätswerk, Thüringer Landesversorgungs-A.-G., Thüringerwerk — erwähnt.

C. Provinzen, Kreise, Gemeinden und Gemeindeverbände.

Der Bestand, Umfang und Aufgabenkreis solcher öffentlichen Gebilde hängt von den Verfassungen und den sonstigen Gesetzen ab, nach denen sie in die Staatsordnungen der Länder jeweils eingegliedert sind; hiernach bemißt sich auch ihre Fähigkeit, eigenes Vermögen zu haben, als Unternehmer aufzutreten und die Frage, inwieweit sie dabei der Staatsaufsicht unterworfen sind.

Auf dem Gebiete des Elektrizitätsrechts und der Elektrizitätswirtschaft spielen sie als Eigentümer von Werken und Verteilungsanlagen, als Vertragspartner der Großkraft- und Überlandwerke, als Abnehmer und als Vertreter von Abnehmern eine wichtige Rolle.

Insonderheit sind es die Zusammenschlüsse von Gemeinden, denen die letztgenannte Aufgabe zufällt: nach Preuß. Zweckverbandsgesetz vom 19. Juli 1911 (GS. 115) können sich Städte, Landgemeinden, Bürgermeistereien, Ämter und Landräte zur Erfüllung einzelner kommunaler Aufgaben jeder Art zu einem Zweckverband zusammenschließen*); sind nicht alle Beteiligten einverstanden, so kann die Zustimmung — soweit es sich um gesetzliche Aufgaben handelt und die Verbandsbildung im öffentl. Interesse notwendig ist — auf Antrag von zwei Dritteln oder der Kommunalaufsichtsbehörde von der Staatsverwaltung ergänzt werden (§ 1). In Bayern ist gemäß Art. 139 der Gemeindeordnung von 1927 die Vereinigung von Körperschaften des öffentlichen Rechts zu einem Zweckverbande

*) Z. B. der „Verband Ruhrkohlenbezirk", dessen Satzungen durch die Preuß. Gesetze vom 5. Mai 1920 (GS. 286) und 4. Juni 1923 (GS. 275) festgelegt sind.

für Erfüllung gemeinsamer, dem öffentlichen Bedürfnisse dienender Aufgaben zulässig; auf Antrag von wenigstens zwei Dritteln der beteiligten Gemeinden kann die Zustimmung der übrigen durch Beschluß der zuständigen Kreisregierung ersetzt werden — Zwangszweckgenossenschaft —; im Beschwerdefall entscheidet der Verwaltungsgerichtshof endgültig nach billigem Ermessen.

Als größte einschlägige Unternehmung kann hier der „kommunale Elektrizitätsverband Rheinland-Westfalen" genannt werden, der sich, vor sechs Jahren gegründet, die gemeinsame Strombeschaffung, auch die gemeinsame Errichtung neuer Kraftanlagen zur Aufgabe gesetzt hat; ihm gehören das kommunale Elektrizitätswerk Westfalens, jenes von Dortmund, das westfälische Verbandselektrizitätswerk, das kommunale Werk Mark, die Werke von Siegerland, Gummersbach u. a. an. Andere Zusammenschlüsse: der Elektroverband Mitteldeutschlands G. m. b. H., gebildet von den Kommunalverbänden im Quellgebiet der Weser und angrenzender Bezirke zu dem besonderen Zweck der Ausnutzung der dort vorhandenen zahlreichen Wasserkräfte mit Unterstützung durch Steinkohlenwerke.

Beachtenswert ist schließlich noch die Tatsache, daß einzelne Gemeinden ihre Elektrizitätswerke nicht selbst betreiben, sondern einer Betriebsgesellschaft verpachten; so hat die Stadt Berlin mit Vertrag vom 21. Dez. 1923 an die von ihr gegründete „Berliner Städtische Elektrizitätswerke A.-G. (BEWAG.) ihre Elektrizitätswerke auf die Dauer von 50 Jahren mit Pachtvertrag unter Auflagen überlassen, welche den weiteren zeitgemäßen Ausbau und eine den Bedürfnissen der Bevölkerung entsprechende Betriebsführung sowie die Berücksichtigung aller wichtigen, besonders auch der finanziellen Belange der Stadtgemeinde gewährleisten.

D. Öffentliche Wassergenossenschaften.

Nach Art. 65 u. 218 des EinfG. z. BGB. bleiben landesgesetzliche Vorschriften unberührt und der weiteren landesgesetzlichen Regelung überlassen, welche dem Wasserrecht angehören und solche, die der Beförderung der Bewässerung, Entwässerung u. dgl. dienen. Soweit das Wasserrecht der Länder derartige Entwässerungsgenossenschaften auch mit der Befugnis zum Bau und Betrieb von Elektrizitätswerken und Verteilungsanlagen ausstattet und ihnen zu diesem Zwecke Rechtspersönlichkeit verleiht, kommen auch sie als Unternehmer öffentlich-rechtlicher Art hier in Betracht. So kann z. B. in Bayern nach Art. 110ff. des Wassergesetzes vom 23. März 1907 bzw. 30. Dezember 1922 und 25. Juni 1926 eine öffentlich-rechtliche Genossenschaft, nicht bloß für Bewässerung, Entwässerung, Instandhaltung von Gewässern gebildet werden, sondern sich auch der Gewinnung und Verwertung von Wasserkräften widmen. Es kann hiernach theoretisch sowohl die Produktion, wie der Absatz elektr. Arbeit

— jeweils beschränkt auf das Interessengebiet des Genossen — Gegenstand einer genossenschaftlichen Regelung sein; praktisch freilich würde diese Unternehmensform mit ihrem unverhältnismäßig großen finanziellen Risiko kaum allzuviel an Seide spinnen!

Organe der Wassergenossenschaft: Vorstand und Genossenschaftsversammlung.

Auch die Wassergenossenschaft nach preuß. Wasserrecht kann sich mit der Anlage der Unterhaltung und Ausnützung von Stauanlagen befassen, zu denen auch Talsperren und Staubecken gehören.

III. Abschnitt:

Gemischtwirtschaftliche Vereinigungen.

Das Bestreben der öffentlich-rechtlichen Körperschaften, Einfluß auf die Elektrizitätsversorgung ihrer Bezirke, insbesondere die Tarifgestaltung und Netzausdehnung, auch in steigendem Maße Anteil an den Reinerträgnissen zu erlangen, andrerseits die beweglichere Verwaltungsform privater Gesellschaften zu nutzen und das finanzielle Risiko auf mehrere Schultern zu verteilen, — hat in den letzten Dezennien zu Zusammenschlüssen juristischer Personen des öffentlichen Rechtes mit Privaten und Privatrechtssubjekten geführt, für welche zumeist die Form der Aktiengesellschaft gewählt wurde (gemischtwirtschaftliche Unternehmungen).

Im Reiche ist z. Zt. eine für diese Unternehmensart typische und zugleich größte Vereinigung das Rheinisch-Westfälische Elektrizitätswerk (RWE.), dessen Aktien überwiegend in der Hand der rheinischen und westfälischen Kommunalverbände, zum andern Teil auch der Privatindustrie liegen. Andere Beispiele: die Württembergische Landeselektrizitätsversorgung A.-G. (Beteiligung des Reichs — Viag —, des Landes Württemberg und von Privaten), die Hamburger Elektrizitätswerke A.-G., die Alzwerke G. m. b. H. (Beteiligung 50% der Viag, 50% „Wackergesellschaft für elektro-chemische Industrie"), die Betriebsgesellschaft „Kachlet-Franken G. m. b. H.", gebildet durch das „Großkraftwerk Franken A.-G." und die „Rhein-Main-Donau A.-G." mit Dampfkraftwerk in Stein bei Nürnberg und dem im Bau begriffenen Kachletwerk an der Donau (Gründung 1922).

Beispiele nachträglich kommunalisierter gemischtwirtschaftlicher Unternehmungen: Die Leitzachwerke A.-G., gegründet im Jahre 1911 von der mit 51% am Kapital beteiligten Stadtgemeinde München und einem Privatkonsortium (Gesellschaft des bürgerlichen Rechtes), das gleichzeitig die Oberbayerische Überlandzentrale — eine Stromabnehmerin des Leitzachwerks ins Leben rief; im Jahre 1917 hat die Stadt alle Aktien erworben und Ende 1919 unter Übernahme aller Rechte und Verbindlichkeiten das Unternehmen auch der Form nach in ein rein städtisches umgestaltet. Ähnlich ist am 1. April

1922 das zehn Jahre vorher von der AEG. Berlin und der Stadt Altona gegründete Elektrizitätswerk „Unterelbe A.-G." in den Alleinbesitz der Stadt überführt worden.

Drittes Hauptstück:

Rechtliche Beschränkungen des Unternehmers, Konzessionen und Monopolbestrebungen.

I. Abschnitt:

Gewerbe- und wasserrechtliche Beschränkungen.

Der Betrieb von Anlagen zur Erzeugung elektr. Arbeit ist ein Gewerbebetrieb und zwar ein fabrikmäßiger (RGZ. 67 S. 229 ff.), demnach gemäß § 1 der Reichsgewerbeordnung jedermann gestattet und nur solchen Beschränkungen oder Ausnahmen unterworfen, die dieses Gesetz vorschreibt oder zuläßt; Gleiches gilt auch von den Anlagen zur Verteilung und Verwertung der elektr. Arbeit und dem Betrieb von solchen. Diese Beschränkungen erstrecken sich indes nur auf die Maschinenanlagen, die zur Hervorbringung mechanischer Arbeit und deren Umsetzung in elektrische verwendet werden; sie umfassen die für den Großbetrieb fast ausschließlich in Betracht kommenden Wärme- und Wasserkraftwerke; nach §§ 16 mit 24 RGewO. wird zur Errichtung und zum gewerblichen Betriebe solcher Anlagen eine besondere Genehmigung verlangt; daneben können noch landesrechtliche Vorschriften, insbesondere solche der Bau-, Feuer- und Sicherheitspolizei in Geltung stehen.

Diese auf die Besonderheiten und Gefahren solcher Betriebe zurückzuführenden Schmälerungen einer absoluten Gewerbefreiheit bilden jedoch keine Grundlage für eine unmittelbare Einflußnahme des Staates und seiner Behörden auf die Elektrizitätswirtschaft. Beim Mangel eines eigenen Elektrizitätsgesetzes haben sie aber im öffentlichen Eigentum an staatlichen und kommunalen Grund-, insbesondere Verkehrsflächen, an staatlichen Wasserläufen, auch im staatlichen Aufsichtsrechte gegenüber den Gemeinden eine brauchbare Handhabe gefunden, um sich bei ihren Konzessionsverleihungen und Erlaubniserteilungen erfolgreich einzuschieben und in solchen privatrechtlichen Vereinbarungen einen positiven Regulierungsfaktor für die Wechselbeziehungen zwischen dem Stromabnehmer und dem Werk, und für die Wahrnehmung staatlicher Gegenwarts- und Zukunftsinteressen, insbesondere fiskalischer und administrativer Zwecke zu gewinnen; hierwegen wird im dritten Abschnitt das Nähere erörtert werden.

A. Wärmekraftanlagen.

Von den Wärmekraftanlagen — sie mögen mit größerer Gefährlichkeit behaftet sein oder nicht — bedürfen lediglich jene einer besonderen gewerbepolizeilichen Genehmigung, die mit Dampfkesseln arbeiten; zuständig hiefür ist gemäß §§ 16, 23 u. 24 RGewO. die nach den Landesgesetzen bestimmte Behörde; das Projekt ist nach den bau-, feuer- und gesundheitspolizeilichen Vorschriften, sowie den allgemeinen Bestimmungen zu beurteilen, die vom Bundesrat über die Anlegung von Dampfkesseln erlassen sind; diese sind zu ersehen aus den Bekanntmachungen des Reichskanzlers vom 17. Dez. 1908 (RGBl. 1909 S. 3 u. 51), 2. März 1912 (RGBl. S. 188), 5. April und 14. Dez. 1913 (RGBl. S. 249 u. 781), 15. Aug. 1914 (RGBl. S. 373), 27. April 1920 (RGBl. I S. 263), 25. April 1922 (RGBl. I S. 469), 14. Dez. 1923 (RGBl. I S. 1229) u. a., sowie den Vorschriften über die Prüfung und Revision von Dampfkesseln; dazu kommen die verschiedenen Vollzugsanordnungen der Länder. Überall handelt es sich um Sicherheitsnormen technischer Art, die ohne Rücksicht auf den Bestimmungszweck der Dampfkesselanlagen gelten. Rechtsvorschriften, die sich besonders auf die Elektrizitätserzeugung oder die Elektrowirtschaft beziehen würden, sind in ihnen nicht enthalten; auf eine Besprechung kann daher im Rahmen dieses Buches verzichtet werden.

B. Wasserkraftanlagen.

Vorbemerkung:

Nach § 16 RGewO. ist für die Stauanlagen von Wassertriebwerken die Genehmigung der nach Landesgesetz zuständigen Behörde erforderlich; das Verfahren ist in §§ 17 mit 22 ebenda geregelt, nach § 23 sind auch die bestehenden landesgesetzlichen Vorschriften anzuwenden — Vorschriften, welche die Errichtung solcher Anlagen weitergehenden Beschränkungen unterwerfen können. Die Genehmigungspflicht erstreckt sich (vgl. Landmann, Kommentar zur RGewO. zu § 16 Anmerkung 36) auf die ganze Wasserkraftanlage.

Die landesgesetzlichen Vorschriften des Wasserrechts sind nach Art. 65 EinfG. z. BGB. unberührt geblieben; sie können nach Art. 218 ebenda auch künftig geändert und erweitert werden; eine einheitliche Regelung durch Reichsrecht hätte in die in den verschiedenen Ländern verschieden entwickelten Rechtsverhältnisse viel zu tief eingegriffen, als daß die so ermöglichte Rechtseinheit nicht ohne Not zu teuer erkauft worden wäre.

Im einzelnen kann sich die Genehmigung von Wasserkraftanlagen erstrecken auf:

a) die behördliche Feststellung, daß an sich dem Unternehmen vom Standpunkt der öffentlichen und der nach dem Gesetze zu beachtenden privaten Interessen kein Bedenken entgegensteht und daß auch gegen die geplante Art der Wasserbenutzung nichts zu erinnern ist, — oder daneben auf

b) die Feststellung, daß der Staat das Unternehmen auch darauf geprüft hat, ob die Wasserläufe einer möglichst wirtschaftlichen, d. i. vollkommenen und dem allgemeinen Nutzen am meisten förderlichen Verwertung zugeführt werden. Befindet sich — wie häufig — der Wasserlauf im Eigentume des Landes oder als Gemeingut Aller wenigstens in dessen freier Verfügungsgewalt, so wird vielfach die Benutzungserlaubnis nicht bloß von einer „planmäßigen Verwendung der Naturschätze" und einer geregelten Versorgung der Bevölkerung abhängig gemacht, sondern die Landesbehörde bedingt sich darüber hinaus auch Gebührenzahlungen, Vorzugs-, Vorkaufs- und Heimfallrechte bei den Gesuchsgenehmigungen aus.

Die nachfolgende Zusammenstellung der einschlägigen Rechtssatzungen der Länder Preußen, Sachsen, Württemberg, Bayern und Baden sucht einen Überblick über die oft sehr einschneidenden Bedingungen zu geben, die an solche Konzessionen für Wasserkraftanlagen geknüpft werden können. Dabei ist vorauszuschicken, daß nach § 3 des Staatsvertrages zwischen dem Reich und den dort aufgeführten Ländern vom 31. März/26. Sept. 1921 GS. 519 RGBl. 961) betr. den Übergang der Wasserstraßen von den Ländern auf das Reich die Wasserkräfte, die aus diesen Wasserstraßen zu gewinnen sind, dem Reiche zufallen; jedoch bleiben die von den Ländern bereits erbauten oder im Bau begriffenen Kraftwerke im Eigentum der Länder; eine Vergütung für die Überlassung der in diesen Werken ausgenutzten Wasserkräfte im Rahmen des bisherigen Wasserverbrauches ist an das Reich nicht zu leisten. Erworbene Rechte Dritter an den Wasserstraßen bleiben unberührt; die Wasserzinse und sonstigen Abgaben fließen dem Reiche zu; fällt ein Kraftwerk nach Ablauf der behördlichen Erlaubnis an das Land, so hat es hiebei sein Bewenden. Das Land verfügt sodann über die daraus zu gewinnenden Einnahmen mit der Maßgabe, daß die für die weitere Überlassung der Wasserkräfte zu zahlende Vergütung zwischen Reich und Land neu vereinbart wird.

1. Das preuß. Wassergesetz vom 7. April 1913 mit Novellen vom 11. Mai 1916, 27. April 1920, 25. Juli 1923, 16. Febr., 12. und 14. März und 18. Juni 1924.

Die Wasserläufe erster Ordnung stehen im Eigentum des preuß. Staates (§ 7) oder können unter gewissen Voraussetzungen (§§ 9 u. 10) in dieses Eigentum überführt werden.

Die Wasserläufe zweiter und dritter Ordnung stehen in der Regel im Eigentum der Uferanlieger (§ 8).

Für die Schaffung von Triebwerksanlagen und Talsperren ist neben der gewerbepolizeilichen Genehmigung (§§ 16 ff. RGewO.) die Verleihung des Rechtes zur Wasserbenutzung erforderlich, d. i. das Recht, den Wasserspiegel zu senken oder zu heben und durch Hemmung des Wasserablaufes eine dauernde Ansammlung von Wasser herbeizuführen (§§ 40 Abs. 2 Ziff. 3, 46 preuß. WaG.).

Auf Antrag kann bei der Verleihung das Recht mit dem Eigentum an einem Grundstück verbunden werden (§ 46 Abs. 3).

Die Verleihung kann dauernd oder auf Zeit erteilt werden; letzteren Falls kann der Unternehmer die Verlängerung beanspruchen, wenn der Gewährung nicht überwiegende Rücksichten des öffentlichen Wohles oder von überwiegender wirtschaftlicher Bedeutung entgegenstehen (§ 47). Verleihung auf Widerruf ist unzulässig.

Eine Versagung der Verleihung darf nur aus den im Gesetze bezeichneten Gründen erfolgen; darnach ist sie zu verweigern oder nur unter entsprechenden Bedingungen zu erteilen, wenn der beabsichtigten Benutzung des Wasserlaufs überwiegende Rücksichten des öffentlichen Wohles entgegenstehen.

Bei Seen, aus denen nur natürliche Wasserläufe der zweiten und dritten Ordnung abfließen, bei künstlichen Wasserläufen und bei den durch Talsperren gebildeten Sammelbecken ist die Verleihung zur unmittelbaren Benutzung dieser Gewässer von der Zustimmung des jeweiligen Eigentümers abhängig.

Der Wasserpolizeibehörde steht ein Vetorecht zu

a) bei natürlichen Wasserläufen zweiter und dritter Ordnung, wenn durch die Ausübung des verliehenen Rechtes die Wirkung einer aus Gründen des öffentlichen Wohles errichteten Talsperre wesentlich beeinträchtigt würde, so darf die Verleihung nur mit Zustimmung des Landwirtschaftsministeriums oder unter den von ihm im öffentlichen Interesse gestellten besonderen Bedingungen erteilt werden;

b) bei natürlichen Wasserläufen erster Ordnung, die in der offiziellen Aufstellung (Anlage zum Gesetz) besonders bezeichnet sind; widerspricht hier die Wasserpolizeibehörde der Verleihung, weil dem Projekt überwiegende Rücksichten des öffentlichen Wohles entgegenstehen, so darf die Verleihung — abgesehen von den Reichswasserstraßen — nur mit Zustimmung des Handelsministeriums und des Landwirtschaftsministeriums oder unter den von ihnen aus solchen Rücksichten gestellten Bedingungen erteilt werden (§ 49).

Nachteilige Wirkungen der beabsichtigten Wasserbenutzung auf das Eigentum und die Rechte Dritter sind durch entsprechende Einrichtungen bzw. Bedingungen hintanzuhalten, eventuell ist den davon Betroffenen Entschädigung — unter Umständen auch in wiederkehrenden Leistungen — zu gewähren (§§ 50 f.). Die Versagung der Verleihung ist gegenüber dem Widerspruch eines beeinträchtigten, bzw. gefährdeten Berechtigten unter den im § 50 bezeichneten Voraussetzungen denkbar; sie hat jedoch dann nach Abs. 2

nicht zu erfolgen, wenn es sich um ein aus Gründen des öffentlichen Wohles zu förderndes Unternehmen handelt und dieses anders nicht zweckmäßig oder nur mit erheblichen (wirtschaftlich nicht gerechtfertigten) Mehrkosten durchgeführt werden könnte.

Konkurrenz von Unternehmungen: Ist über die Verleihung für mehrere Unternehmungen zu beschließen, die auch bei Teilung der verfügbaren Wassermenge — Ausgleichsverfahren —, Festsetzung verschiedener Benutzungszeiten oder geeigneter Betriebseinrichtungen nicht nebeneinander bestehen können, so entscheidet für die Erteilung zuerst die Bedeutung der Unternehmungen für das öffentliche Wohl, sodann ihre wirtschaftliche Bedeutung. Stehen sich hierin mehrere Unternehmungen gleich, so ist das bestehende vor dem neuen, das an einen bestimmten Ort gebundene vor dem auch anderwärts möglichen, das Unternehmen des Eigentümers am Wasserlauf vor dem der Anlieger oder Dritter zu bevorzugen (§ 61); wegen Zuständigkeitskonkurrenz verschiedener Verleihungsbehörden vgl. § 68, wegen Verleihung an ausländische Unternehmer § 62.

Rechtscharakter der Verleihung: Sie stellt einen öffentlich-rechtlichen Akt dar, der dem Unternehmer ein besonderes dingliches — analog den für Eigentumsansprüche geltenden Vorschriften verfolgbares Privatrecht einräumt. Dieses Recht kann von dem Unternehmen, für das es verliehen ist, nicht getrennt werden und geht mit ihm auf den Rechtsnachfolger über. Bei Verknüpfung mit dem Eigentum an einem Grundstück (§ 46 Abs. 3) kann es von diesem Eigentum und dem Unternehmen nicht getrennt werden (§ 81).

Zurücknahme der Verleihung:

a) gegen Entschädigung konform dem § 51 RGewO. wegen überwiegender Nachteile oder Gefahren für das öffentliche Wohl zulässig auf Antrag des Staates, eines Kommunalverbandes, einer anderen öffentlichen Körperschaft oder der Wasserpolizeibehörde (§ 84),

b) ohne Entschädigung auf Antrag der Wasserpolizeibehörde aus Verschulden des Unternehmers oder wenn das verliehene Recht für diesen unbrauchbar oder überflüssig geworden ist (§ 85).

Besondere Vorschriften für Stauanlagen (Staumarke, Festsetzung des einzuhaltenden Wasserstandes, Erhaltung und Heranziehung Dritter zu den Kosten der Stauanlage, sowie entsprechende Wasserwirtschaftsführung) siehe §§ 81 ff., Spezialvorschriften für Talsperren §§ 106 mit 112.

Beschränkungen aus Rücksichten des Heimatschutzes: § 58.

2. Das Sächsische Wassergesetz vom 12. März 1909.

Den Anliegern des Wasserlaufes steht das Eigentum an diesem jeweils bis zur Mitte zu, während die Elbe, die Freiberger, Zwickauer und die vereinigte Mulde sich im Eigentume des Staates befinden (§§ 3 mit 6). Die Erlaubnis der Verwaltungsbehörde ist erforderlich zur Errichtung von Stauanlagen für Wassertriebwerke, ferner zur Änderung solcher Anlagen in fließendem Wasser, wenn die Änderung auf den Verbrauch, die Art desselben, die Menge und das Gefälle oder die Höhe des Oberwassers von Einfluß ist, — außerdem zu jeder Änderung oder Auswechslung von Hauptteilen bestehender Stau- und Triebwerksanlagen (§ 23 Ziff. 3).

Grundsätze für die Erlaubniserteilung: nur für bestimmte, doch nicht zu engumrissene Zwecke — Umstellungen der Fabrikation sind nicht ausgeschlossen —, nur für wirtschaftlich und wasserwirtschaftlich entsprechende Anlagen (§ 26); die erteilte Erlaubnis haftet am Werk, geht also auf Besitznachfolger über und bleibt — abgesehen von der Widerruflichkeit bei Unternehmungen von vorübergehender oder untergeordneter Bedeutung — so lange in Kraft, als wesentliche Änderungen nicht beabsichtigt sind; gegebenen Falls ist ein neues Verfahren einzuleiten (§ 30). Die Erlaubnis erlischt durch Verzicht des Unternehmers, bei Widerruflichkeit oder Befristung durch Widerruf bzw. Zeitablauf, sonst bei Versäumnis des rechtzeitigen Baubeginns und bei einer dreijährigen, ununterbrochenen Betriebseinstellung (§ 36).

Anlagen, die zu einem öffentlichen Zweck unter Leitung einer technischen Staatsbehörde nach einem staatlich genehmigten Plan ausgeführt werden, bedürfen einer besonderen Erlaubnis nicht (§ 24).

3. Das Württembergische Wassergesetz vom 1. Dezember 1900.

Hier gelten die in einem natürlichen oder künstlichen Bett ständig fließenden Gewässer sowie die Seen mit ständig fließendem Ablauf als öffentliche Gewässer (Art. 1); sie sind als solche nach Maßgabe näherer Bestimmungen unter Staatsaufsicht dem Gemeingebrauch überlassen.

Das Recht zur Nutzung für Triebwerke kann nur durch Verleihung erworben werden. Über die Verleihung und die gewerbepolizeiliche Genehmigung der Anlage nach §§ 16, 25 RGewO. entscheidet die Kreisregierung, in der Beschwerdeinstanz das Ministerium des Innern.

Grundsätze für die Verleihung: Sie ist zu versagen, wenn von der Ausführung des Unternehmens eine erhebliche Schädigung des gemeinen Wohles (Rücksicht auf Schiffahrt, Flößerei, Uferschutzdämme, Feuersicherheit, Reinhaltung des Wassers, möglichst vollständige Auswertung der vorhandenen Wasserkräfte u. dgl.) — zu befürchten ist (Art. 32). Kollidieren mehrere Anträge auf Verleihung, so wird, wenn eine entsprechende Austeilung des Wassers, Gefälles oder der Gebrauchszeiten nicht möglich ist, jenes Unternehmen bevorzugt, von dem nach Lage der Verhältnisse der überwiegende gemeinwirtschaftliche Nutzen erwartet werden kann. Im übrigen entscheidet das freie Ermessen der Behörde; sie wird bei der Entscheidung den mutmaßlichen längeren Bestand des Werkes, die größere Gebundenheit der Konkurrenten an einen bestimmten Ort und die geringere Belästigungsgefahr gegenüber Dritten in Betracht ziehen.

In der Verleihungsurkunde ist der Zweck anzugeben, für den die Verleihung erfolgt; bei Triebwerksanlagen bildet eine solche Zweckbeschränkung zur Erleichterung von Umstellungen die Ausnahme. Unter besonderen Verhältnissen kann die Verleihung auch zeitlich beschränkt werden (Art. 35).

Die Vollzugsvorschriften vom 16. November 1901 (RegBl. S. 379) enthalten in § 94 folgende Bestimmungen:

„Die Wahrung der gemeinwirtschaftlichen Interessen kommt bei der Verleihung von Wassernutzungsrechten für Anlagen zur Erzeugung und Fernleitung elektr. Kraft besonders in Frage. Es handelt sich dabei darum, die aus der Verteilungsfähigkeit und Übertragbarkeit dieser Kraft sich ergebenden Vorteile einerseits möglichst weiten Kreisen zu möglichst billigen Sätzen zugänglich zu machen, andrerseits auf die wirtschaftlichen und steuerlichen Interessen der an der Belassung der Kraft am Erzeugungsort beteiligten Gemeinden und Korporationen die gebührende Rücksicht zu nehmen. Es können daher entsprechende Vorbehalte gemacht, insbesondere auch der Zweck der Verleihung begrenzt werden. Es ist jedoch hiebei nicht so weit zu gehen, daß eine volkswirtschaftlich nachteilige Niederhaltung von Unternehmungen dieser Art bewirkt würde."

4. Das Bayerische Wasserrecht vom 23. März 1907 mit Abänderungen vom 30. Dezember 1922 und 25. Juni 1926.

Hiernach gelten Flüsse und Flußteile, die zur Schiff- oder Floßfahrt dienen, samt ihren Nebenarmen — auch wenn letztere nicht diese Bestimmung haben —, dann die vom Staate errichteten und für die Schiff- oder Floßfahrt eröffneten Kanäle als öffentliche Flüsse bzw. als öffentliche Gewässer (Art. 1); sie stehen im Eigentum des Staates (Art. 2).

Die übrigen Wasserläufe sind Privatflüsse und Bäche; sie bilden — soweit nicht andere Rechtsverhältnisse bestehen — einen Bestandteil der Grundstücke, zwischen denen sie hindurchfließen; die Flußmitte bildet in der Regel die Eigentumsgrenze (Art. 21). Es gibt aber auch Privatflüsse im Eigentum des Staates (Art. 23), die in manchen Beziehungen (Ufer, Uferlinie, Verlandungen, Inselbildung, Laufänderungen) wie öffentliche Flüsse behandelt werden (Art. 23), und Privatflüsse im Eigentum Dritter (gewöhnliche Privatflüsse).

Die Errichtung und Änderung von Stauanlagen oder Triebwerksanlagen mit gespannter Wasserkraft an öffentlichen Gewässern oder Privatflüssen und Bächen bedarf in allen, auch den nicht in § 16 der RGewO. vorgesehenen Fällen der Genehmigung durch die Verwaltungsbehörden (Art. 50); bei öffentlichen Gewässern und bei im Eigentum des Staates stehenden Privatflüssen und Bächen ist außerdem die vorgängige Erlaubnis des Staates zur Wasserbenutzung erforderlich (Art. 42, 43, 46 und 51).

Grundsätze für die Erlaubniserteilung: Nach Durchführung der Erhebungen, ob und unter welchen technischen und sonstigen Bedingungen das Projekt zugelassen werden kann, macht sich das Staatsministerium des Innern, gegebenenfalls im Benehmen mit den übrigen beteiligten Staatsministerien über die Erteilung oder Versagung der Erlaubnis zur Wasserbenutzung schlüssig; wird die Erlaubnis abgelehnt, so ist damit auch das Gesuch um wasserpolizeiliche Genehmigung endgültig erledigt.

Die Erteilung der Erlaubnis erfolgt in der Regel nur auf eine bestimmte Zeit oder in widerruflicher Weise Art. 43 Abs. 1). Von der ersteren Form ist in jenen Fällen Gebrauch zu machen, in denen schon wegen der Bedeutung und des Umfanges des Unternehmens ein längerer ungestörter Besitz der Anlage aus wirtschaftlichen Gründen (Verzinsung und Tilgung des Aufwandes) erforderlich ist; in der Regel werden dabei durch Vereinbarung des Unternehmers mit dem Staate die Rechtsverhältnisse festgelegt, die beim Erlöschen der Erlaubnis maßgebend sein sollen und das weitere Schicksal der Anlage, das Einlösungsrecht des Staates sowie die im Einlösungsfalle zu beobachtenden Bedingungen bestimmen.

Beim Zusammentreffen mehrerer Projekte gebührt in der Regel jenem der Vorzug, von welchem ein überwiegender Nutzen für die Interessen des Gemeinwohles erwartet werden darf.

Die Einschränkung der Erlaubnis auf einen bestimmten Unternehmer ist aus dem Gesichtspunkt der Verhinderung einer spekulativen Veräußerung denkbar (§ 116 der VollzVorschr. z. B. WassG.).

Abgesehen von diesen Beschränkungen kann die Erlaubnis an beliebige sonstige Bedingungen geknüpft werden; im Gesetze (Art. 43) ist speziell der Berücksichtigung der Land- und Forstwirtschaft, der Landeskultur und der Fischerei, sowie der Industrie und des Gewerbebetriebes gedacht, auch die Möglichkeit der Einschränkung auf gewisse Betriebszwecke erwähnt — allein diese Bestimmungen enthalten keine Bindung; die Staatsregierung hat vielmehr in der Frage der Erlaubniserteilung völlig freie Hand, und es ist demgemäß auch wohl schon der ganze Komplex der Genehmigungsbedingungen, die im Instanzenzuge überprüft werden können, — in die Erlaubnisbedingungen aufgenommen und so praktisch der Anfechtung im Beschwerdewege entzogen worden.

Bei dieser sorgsamen Vorprüfung bildet sohin die wasserpolizeiliche Genehmigung in erlaubnispflichtigen Fällen mitunter nur eine rechtlich allerdings nicht zu umgehende Formalität; sie ist dagegen für Unternehmungen an gewöhnlichen Privatflüssen ein Erfordernis auch von besonderer materieller Wichtigkeit: die Behörde hat dabei u. A. darauf zu achten, daß die Genehmigung nicht einer ausgedehnteren wirtschaftlich besseren Ausnützung des Wasserlaufes vorgreift; gegebenenfalls ist der Gesuchsteller auf die Möglichkeit einer solchen Verbesserung hinzuweisen und ihr in den Bedingungen entsprechend Rechnung zu tragen; dabei kommt hauptsächlich die Ausnutzung einer größeren Wassermenge oder eines größeren Gefälls, z. B. durch Zusammenlegen mehrerer kleiner Stufen in eine einzige, die Fortführung eines Unterwasserkanals bis zu einem neuen Triebwerk und dergleichen in Frage. In Zweifelsfällen ist die Abteilung für Wasserkraft- und Elektrizitätsversorgung des Staatsministeriums des Innern um ein Gutachten anzugehen; bei gewöhnlichen Privatflüssen ist schließlich zu prüfen, ob die geplante Anlage nicht die Wasserstandsverhältnisse eines öffentlichen oder Staatsprivatflusses, insbesondere die Interessen der Schiffahrt, Floßfahrt oder Trift benachteiligt, wie derartigen Bedenken begegnet werden kann, und ob eine entsprechende Hochwasserabführung berücksichtigt ist (Art. 48, 49 des WassG. und §§ 120 f. der VollzV. hiezu).

Wasserbenutzungsgebühren können gemäß Art. 73 für die Gewährung besonderer Nutzungen an öffentlichen Gewässern und den im Staatseigentum stehenden Privatflüssen und Bächen nach Ministerialvorschrift festgesetzt und vom Staate erhoben werden.

Erlöschen der Erlaubnis oder Genehmigung: Maßgebend sind zunächst die Bestimmungen in §§ 49 und 50 RGewO. Die zeitlich beschränkte oder widerruflich erteilte Erlaubnis oder Genehmigung endet mit Zeitablauf oder Widerruf (Art. 61 mit 64).

5. Das badische Wassergesetz vom 26. Juni 1899 bzw. 8. April 1913.

Öffentliche Gewässer sind die zur Schiffahrt und Floßfahrt mit gebundenen Flößen tauglichen Wasserläufe; sie stehen im Eigentum des Staates (§ 1); die natürlichen, nichtöffentlichen Wasserläufe gehören den Gemeinden. Dieses Eigentum kann weder vom Staat noch von den Gemeinden durch Privatrechtsgeschäfte veräußert oder durch Belastungen beschränkt werden.

Das Recht zur Benutzung der Wasserläufe für Triebwerksanlagen wird nur durch Verleihung erworben (§ 40).

Grundsätze für die Verleihung: nur für Unternehmungen, denen ein bestimmter Plan und Zweck zugrunde liegt; die Verleihung kann an beschränkende Bedingungen geknüpft und von der Erfüllung gewisser Auflagen abhängig gemacht werden (§ 41); kollidieren mehrere Anträge auf Verleihung, so ist das Unternehmen zu bevorzugen, welches vom öffentlichen und gemeinwirtschaftlichen Standpunkte aus die größeren Vorteile bietet, dann jenes, dem die größere wirtschaftliche Bedeutung zukommt. Im Zweifel wird das bereits vorhandene Unternehmen den Vorzug vor einer Neugründung erhalten; sodann sind die Gebundenheit an einen bestimmten Ort, die geringere Belästigung und andere Qualitäten, auch die Aussichten des Unternehmens auf einen gedeihlichen Fortbestand in Rechnung zu ziehen (§ 42). In der Regel haben der Staat, die Kreise, Bezirksverbände und Gemeinden vor Privatrechtssubjekten den Vortritt.

Die Verleihung des Benutzungsrechtes und die wasserpolizeiliche Genehmigung erfolgt in einem einzigen Akt nach freiem Ermessen der Behörden (§ 40).

Für die Verleihung kann dem Unternehmer ein einmaliges oder in bestimmten Zeiträumen und Raten fortlaufend zu entrichtendes Entgelt zugunsten des Eigentümers des Wasserlaufes auferlegt werden; hievon kann ein etwa anstatt des Eigentümers zur Instandhaltung des Gewässers verpflichteter Dritte einen Anteil zugewiesen erhalten (§ 43).

Die Verleihung kann dauernd sein oder auf Zeit erfolgen (§ 46); sie kann aus Gründen des öffentlichen Wohles gegen eine vom Interessenten (Staat, Gemeinde, sonstige Körperschaft) zu leistende Entschädigung widerrufen werden; der Umfang der Entschädigung ist im Gesetze limitiert (§§ 47 f.).

Der Widerruf der Verleihung ohne Entschädigung kommt in Frage, wenn ein solcher von Anfang an bei der Verleihung bedungen ist, oder wenn der Unternehmer sich schuldhafterweise gegen die Verleihungsbedingungen verfehlt.

Die Auferlegung einer Kaution bleibt dem Ermessen der Behörden überlassen; sie hat für die Erfüllung der Bedingungen und Auflagen der Verleihungsentschließung, ferner für die Entrichtung des Entgelts, die ordnungsgemäße Unterhaltung des Werkes und die Kosten einer etwaigen späteren Beseitigung der Anlage zu haften (§ 45).

Soweit bei der Verleihung nichts anderes bestimmt ist, gilt sie für eine mittels besonderer Anlagen und Anstalten auszuübende Benutzung als an den jeweiligen Eigentümer des Unternehmens erteilt (§ 50).

Ende der Verleihung: Zeitablauf bei Befristung, Widerruf mit oder ohne Entschädigung (siehe oben), Stilliegen des Werkes während voller drei Jahre (Verlängerung nach § 49 Abs. 4 RGewO. ist möglich).

Der mit Novelle vom 8. April 1913 dem Badischen Wassergesetz eingefügte § 44 wird im folgenden Abschnitt noch besonders zur Sprache kommen.

II. Abschnitt:

Bindungen des Unternehmers durch Verträge mit öffentlichen Körperschaften.

Vorbemerkung:

Die nach Vorstehendem auf Grund öffentlichen Rechtes für Wasserkraftwerke zulässigen Beschränkungen lassen sich gegenüber diesen ebenso wie bei den mit anderer Triebkraft arbeitenden elektr. Unternehmungen auch im Verhandlungswege erreichen; ausgenommen bleiben dabei jene Betriebe, die ihre Stromerzeugung ohne Heranziehung fremder Grundflächen — sei es auf eigenem Areal, sei es als Kommunalunternehmungen — unter Benutzung des gemeindeeigenen Straßennetzes verwerten.

So oft aber für die Leitungen fremder Grund in Anspruch genommen werden muß, sind Vereinbarungen mit dem Verfügungsberechtigten, eventuell die Enteignung unerläßlich; so oft es sich für diesen Zweck um die Benutzung oder Kreuzung öffentlicher Verkehrsflächen handelt, ist das einschlägige öffentliche Rechtssubjekt (Reich, Land, Provinz, Kreis, Gemeindeverband oder Gemeinde) in der Lage, seine Bedingungen zu stellen. Dies ist um so mehr der Fall, als der Unternehmer sich regelmäßig nicht mit der Erlaubnis für einzelne Linien wird begnügen können, vielmehr aus wirtschaftlichen Gründen ein geschlossenes Absatzgebiet mit der Gewähr braucht, daß ihm innerhalb desselben eine Konkurrenz nicht gemacht wird.

Bei den Verhandlungen um diese einem faktischen Monopol gleichkommenden Berechtigungen nimmt die Gegenseite, vor allem der Staat, jeweils über rein technische Auflagen hinaus, die Gelegenheit wahr, neben der Verfolgung mehr oder minder fiskalischer Interessen (Gebühren, Vorzugs-, Vorkaufs-, Heimfallrechte) die Erfordernisse einer plan- und gleichmäßigen Versorgung seines Staatsgebiets, Bezirkes u. dgl. zu sichern und sich zugleich für seine Schutzbefohlenen entsprechende Lieferungsbedingungen gewährleisten zu lassen.

Auf diesem Wege ist etwa seit dem Jahre 1909 der Bayerische Staat der Erstellung eines allgemeinen Planes über die Landesversorgung näher getreten — ein Ziel, das seither unablässig bei allen, freilich besonders in der Vorkriegszeit darum oft verzögerten Konzessionsgesuchen im Auge behalten wurde: mit den Unternehmern, welche sich die Verteilung elektr. Arbeit in einem größeren Gebiete zur Aufgabe machen, schließt der Staat sogen. „Staatsverträge" ab, von denen ein Muster im Nachstehenden gebracht wird; die wichtigsten Auflagen sind in den §§ 8 mit 12 enthalten.

A. Schema eines „Staatsvertrages“

zwischen dem Staate Bayern und einem Unternehmer (im Nachfolgenden A.-G.) über das Recht zur Grundstücksbenutzung.

§ 1. Nutzungsrecht: Der Staat erteilt der AG. vorbehaltlich des Rechtes Dritter vom . . . an auf die Dauer von 75 Jahren die Erlaubnis zur Führung von Starkstromleitungen mit Zubehör auf, über und unter Staatsgrund, öffentlichen und Staatsprivatgewässern und staatseigenen Anlagen innerhalb eines in der Beilage planlich umrissenen Bezirkes.

Der Vertrag läuft nach Ablauf der 75 Jahre stillschweigend weiter, kann jedoch immer auf fünf Jahre — und zwar bei Beginn der fünfjährigen Frist — vom Staate gekündigt werden.

Kommt nach Ablauf des Vertrags eine Einigung über die Belassung der Anlagen der AG. auf Staatseigentum nicht zustande, so ist die AG. verpflichtet, ihre Anlagen auf, über und unter Staatsgrund, öffentlichen und Staatsprivatgewässern und staatseigenen Anlagen auf ihre Kosten gänzlich zu entfernen unter ordentlicher Instandsetzung der Straßen, Gebäude usw. Die Entfernung der Anlagen und die Instandsetzungsarbeiten haben innerhalb der vom Staate zu bestimmenden Frist zu erfolgen, widrigenfalls der Staat berechtigt ist, die Arbeiten auf Kosten der AG. vornehmen zu lassen.

Außerdem ist der Staat berechtigt, mit den Wirkungen des vorstehenden Absatzes die Erlaubnis zur Führung der Starkstromleitungen sofort ohne Einhaltung einer Kündigungsfrist zu widerrufen, wenn die AG. trotz Aufforderung die in diesem Vertrage übernommenen Verbindlichkeiten schuldhafter Weise verletzt.

Für dieses Nutzungsrecht werden außer einer Anerkennungsgebühr von jährlich . . . *RM* Vergütungen nicht beansprucht, soweit nicht durch die Benützung von staatlichem Eigentum ein Schaden verursacht wird.

§ 2. Ausschließlichkeitsrecht: Der Staat wird in den ersten 25 Jahren, vom . . . . an gerechnet, anderen Unternehmern ohne Zustimmung der AG. innerhalb des Vertragsgebietes eine Erlaubnis zur Benützung staatlichen Eigentums für Starkstromleitungen mit Zubehör nicht erteilen[1]).

— Vorbehalt einer Ausnahme für bereits bestehende Werke und Bewilligungen —.

Der Staat kann den in seinen eigenen Werken erzeugten Starkstrom ohne Einschränkung über Staatsgrund nach seinen staatl. Anstalten und Betrieben leiten. Die Stromabgabe aus solchen Leitungen an Dritte ist nur gestattet, soweit deren Anlagen und Betriebe dem Umschlag oder der Lagerung von Gütern im Anschluß an staatliche Verkehrsanstalten

---

[1]) Der Bayr. Staat hat — soweit die Gemeinden nicht etwa selbst die von der Regierung für die Elektrizitätsversorgung des Landes vertretenen Forderungen bei ihren Abschlüssen berücksichtigen — dieses Ziel noch dadurch gesichert, daß auch die Bezirke und (nach Verabredung) die Deutsche Reichsbahngesellschaft die Erlaubnis zur Überkreuzung ihres Eigentums (Bezirksstraßen, Bahngrund) nur erteilen, wenn feststeht, daß das Staatsministerium des Innern vom Standpunkte seiner Elektrowirtschafts-Politik Erinnerungen nicht erhebt.

dienen und unter der Voraussetzung, daß die AG. nicht bereit ist, dem Dritten den Strom unter den gleichen Bedingungen, wie das staatliche Werk, zu liefern.

Im übrigen wird der Staat mit der AG. durch Stromabgabe an Dritte nicht in Wettbewerb treten.

Die Beschränkung des Abs. I findet keine Anwendung, wenn die elektr. Leitungsanlagen für staatliche Verkehrsunternehmungen notwendig sind, oder wenn es sich nur um eine Durchleitung ohne Stromabgabe im Versorgungsgebiet handelt.

Der Staat behält sich schließlich vor, die Führung von Starkstromleitungen mit Zubehör zu gestatten, soweit diese zum Zweck einheitlicher Stromversorgung der Betriebsanlage eines und desselben Unternehmers auf, über oder unter Staatseigentum geführt werden, das diese Betriebsanlage durchschneidet.

§ 3. Bau- und Betriebsbedingungen: Die gesamten Anlagen der AG. sind nach Maßgabe der einschlägigen reichs- oder landesgesetzlichen Vorschriften und Verordnungen sowie der Vorschriften und Normalien des Verbandes deutscher Elektrotechniker auszuführen, zu unterhalten und zu betreiben. Die Anlagen sind so herzustellen, daß es technisch möglich ist, sämtliche Gemeinden des Vertragsgebietes mit Elektrizität zu versorgen. Die Anlagen müssen außerdem so hergestellt und betrieben werden, daß Nachteile, Gefahren und Belästigungen für die Besitzer oder die Bewohner der benachbarten Grundstücke, sowie für die Bevölkerung überhaupt vermieden werden.

Die besonderen Bedingungen für die Benützung des Staatseigentums bei der Ausführung der Starkstromleitungen mit Zubehör haben die zuständigen Staatsstellen zu bestimmen.

Der Staat ist jederzeit befugt, zu verlangen, daß Stromverteilungsanlagen, die Staatsgrund usw. berühren, auf Kosten der AG. innerhalb einer vom Staat zu bestimmenden Frist verändert oder verlegt werden, soweit er dies im eigenen Interesse für geboten erachtet.

Die Ausführung von Verteilungsanlagen, die nicht auf Kosten der AG. erstellt werden, der Hausinstallationen, sowie die Lieferung aller übrigen Materialien und Einrichtungsgegenstände für den Stromverbrauch müssen dem freien Wettbewerbe überlassen werden[1])

---

[1]) Diese Bestimmung richtet sich gegen die Monopolbestrebungen der Unternehmer, die sich vordem bei ihren Vertragsabschlüssen mit den Abnehmern und den Gemeinden gerne die Alleinlieferung der Hausinstallationen und des dafür erforderlichen Materials — in erster Linie aus Geschäftsrücksichten, teilweise aber auch zur Sicherstellung einer einwandfreien Ausführung — ausbedungen haben; der Kampf, den die Vereinigungen der Installateure gegen diese Bevorzugung geführt haben, war siegreich: in Preußen haben bereits unterm 18. Aug. 1910 die Ministerien für Handel, Inneres und Landwirtschaft und neuerlich das Handelsministerium unterm 1. Febr. 1912 (HMBl. 33) und 31. Jan. 1927 (HMBl. 51) für den Stromabnehmer die Freiheit der Wahl des Installateurs und des Bezuges der hinter den Stromübergabestellen zu verwendenden Materialien und Apparate gefordert und Beschränkungen nur da befürwortet, wo sie durch zwingende Rücksichten der Sicherheit und zum Schutz gegen unsachgemäße Ausführung nicht zu entbehren sind. Das Verlangen entsprechender Garantien für eine ordentliche Arbeit und eine gute Fachausbildung — Meisterprüfung § 133 GewO. oder sonstiger Befähigungsnachweis des Installateurs — wurde dabei vorbehalten. Ähnliche Erlasse ergingen in den anderen Ländern, so in Braunschweig Oktober 1911, in Württemberg Januar 1912, in Bayern Entschl. des M. des Innern vom 26. Febr. 1913 (MBl. 147). Vergl. S. 96 ff.

Die AG. ist auch verpflichtet, für Lieferungen und Arbeitsleistungen für den Bau und Betrieb der Anlagen soweit möglich und bei annähernd gleichwertigen Angeboten den inländischen Bewerbern vor den ausländischen, unter ersteren den Einheimischen und unter diesen jenen Bewerbern den Vorzug zu geben, die am Orte der Leistung oder in dessen Nähe wohnen, bzw. ihre gewerbliche Niederlassung oder Fabrikationsstätte haben.

Für eine entsprechende Sicherstellung der Stromlieferung an die Gemeinden sind die erforderlichen technischen Maßnahmen rechtzeitig vorzusehen. So muß zur Zeit des Höchstverbrauches in den Kraftwerken der Betrieb aufrecht erhalten werden können, auch wenn in dieser Zeit das größte Maschinenaggregat mit Zubehör außer Dienst ist. Die Speisung der Transformatorenstationen in den Gemeinden soll nach Möglichkeit von zwei Seiten aus erfolgen können. Auch ist ein entsprechendes Lager von Reserveteilen einschließlich normaler Transformatoren zu unterhalten, um Störungen raschestens beseitigen zu können.

Die AG. hat sich bei jedem Vertragsabschluß in ihrem Geschäftsbetriebe die Befugnis vorzubehalten, ihre Rechte aus den Verträgen auf einen Rechtsnachfolger zu übertragen.

§ 4. Ausbau des Unternehmens: Der Stromlieferung an die Gemeinde liegen zugrunde die beigehefteten, einen wesentlichen Bestandteil dieser Urkunde bildenden Formulare eines Zustimmungsvertrages mit Stromlieferungsbedingungen und Sonderbestimmungen. Wesentliche Änderungen an diesen Vertragsgrundlagen bedürfen der Genehmigung des Staatsministeriums des Innern.

Die Pläne über die Ausführung des Überlandwerkes sowie wesentliche Änderungen der Anlagen bedürfen der Genehmigung des gleichen Ministeriums oder der von ihm jeweils bestimmten Behörde.

Die AG. ist verpflichtet, die Gemeinden des Vertragsgebietes, die den Zustimmungsvertrag noch nicht abgeschlossen haben, auf Grund dieses Vertrages unter Berücksichtigung etwa in der Zwischenzeit dazu vereinbarter Änderungen und Ergänzungen mit Strom zu versorgen, wenn diese den Zustimmungsvertrag unterzeichnen und selbst oder der AG. genehme Dritte eine jährliche Einnahme aus Stromlieferung und Zählermiete garantieren, die 15 % der neuaufzuwendenden Anschlußkosten (Fernleitungsstrecke von der zunächst gelegenen Fernleitung ab gerechnet, Transformatorstationen und Niederspannungsverteilungsanlagen) entspricht. In die Stromlieferung sind alle Anschlüsse innerhalb des Gemeindebezirks einzurechnen, die aus der Anschlußleitung der AG. mit Strom versorgt werden, auch soweit sie auf Grund von Sonderverträgen Strom beziehen. Bei der Berechnung der Garantiesumme werden die Kosten für Blitzschutzanlagen, die nicht ausschließlich dem Schutze und Betriebe der für die Gemeinde allein erforderlichen Anlage dienen, nicht in die Anschlußkosten eingerechnet.

Die AG. ist, um den Anschluß von Gemeinden zu ermöglichen, auch verpflichtet, Sonderleistungen der Gemeinden, wie Beiträge zu den Anlagekosten, Stellung von brauchbaren Hilfsarbeitern und Fuhrwerken entgegenzunehmen. Macht die AG. den Anschluß einer Gemeinde oder einer Ortschaft von der Leistung einer Garantiesumme oder von der Entrichtung einer Sonderleistung abhängig, so hat sie der für die Gemeinde zuständigen Kreisregierung vorher die Notwendigkeit dieser Maßnahme rechnerisch nachzuweisen.

§ 5. Strombezug: Der Strombezug aus Stromquellen, die außerhalb des Staatsgebietes liegen, ist gestattet; doch ist der regelmäßige Betrieb so einzurichten, daß mindestens Dreiviertel des Elektrizitätsbedarfs für die gesamten Anlagen durch Kraftwerke im Staatsgebiet gedeckt wird.

§ 6. Haftung: Die AG. hat für alle Schäden, die dem Staat durch Herstellung, Bestand, Verlegung oder Beseitigung der Anlagen oder durch den Betrieb des Unternehmens erwachsen, allein einzustehen. Die Schäden sind von der AG. innerhalb einer vom Staate zu bestimmenden Frist auf ihre Kosten zu beseitigen, widrigenfalls der Staat befugt ist, den Schaden auf Kosten der AG. zu beheben.

Ist der Staat Dritten gegenüber für Nachteile entschädigungspflichtig, die durch die Anlagen oder den Betrieb des Unternehmens der AG. entstanden sind, so hat die AG. alle aus dieser Entschädigungspflicht sich ergebenden Leistungen zu übernehmen oder die erwachsenden Kosten dem Staat mit Einschluß der Kosten der Prozeßführung zu ersetzen. Wird ein solcher Anspruch gegen den Staat erhoben, so hat der Staat der AG. hievon Kenntnis zu geben und auf ihr Verlangen die Streitsache im Prozeßwege auszutragen.

§ 7. Vertragsstrafen: Die Gemeinden, die den Zustimmungsvertrag unterzeichnet haben, sind — soweit sie in den ersten Ausbau fallen — bis spätestens . . ., die übrigen bis . . . mit Elektrizität zu versorgen.

Verzögert sich durch nachweisbares Verschulden der AG. die Inbetriebsetzung der Anlagen in den Gemeinden über den im Zustimmungsvertrag vorgesehenen Zeitpunkt hinaus, so hat die AG. jeder dieser Gemeinden für jeden Monat der Verzögerung eine Verzugsstrafe von . . . *RM* zu bezahlen.

Sollte die Wasserkraft-, die Strombezugs- oder die Leitungsanlage durch Feuerschaden, Naturereignisse, Krieg oder Aufstand, Streik oder Aussperrung oder durch andere Umstände, deren Verhinderung nicht in der Macht der AG. stand, in der Erzeugung oder Fortleitung der Elektrizität verhindert oder wesentlich beeinträchtigt sein, so ruht die Verpflichtung zur Stromlieferung so lange, bis die Hindernisse und ihre Folgen beseitigt sind. Sollte die AG., ohne daß die vorstehend angegebenen Hinderungsgründe vorliegen oder ohne daß es sich nur um eine vorübergehende Unterbrechung handelt, gleichwohl einer Gemeinde oder einem oder mehreren anderen Abnehmern den erforderlichen Strom nicht liefern oder nicht in ausreichender Menge oder nicht in der vertragsmäßigen Beschaffenheit zur Verfügung stellen, und sollte sie solche Mängel nicht innerhalb einer angemessenen Frist beseitigen, so ist die AG. verpflichtet, dem Staate für jeden einzelnen örtlich oder zeitlich getrennten Fall eine Vertragsstrafe von täglich . . . *RM* zu bezahlen. Die Vertragsstrafen werden für jeden vollen Kalendertag, an dem der eingetretene Mangel fortbesteht, von neuem berechnet.

— Bestimmung der Einzahlungsstelle. —

Derartige „Staatsverträge" oder ähnliche Vereinbarungen beengen die Vertragsfreiheit der Elektrizitätsunternehmungen in einem bei sonstigen Geschäften und Rechtsgeschäften nicht erhörten Umfange; man spricht daher, da die weiteren Wirtschaftsvorgänge — Abschluß mit den Gemeinden — Lieferungsbedingungen und Lieferungszwang gegenüber dem Kunden — in solchen Übereinkommen zum Voraus festgelegt sind, von einem „Kontrahierungszwang"; ein solcher kann als Gegenleistung des Unternehmers gegenüber dem monopolistische Rechte verleihenden und eine Art Kundschaftszwang begründenden Staate oder sonstigem öffentlichen Rechtssubjekt zweifellos im Verwaltungs- und im Rechtsstreitverfahren durchgesetzt werden.

Über diese auf eine geordnete und gleichmäßige Regelung der Stromversorgung abzielenden Beschränkungen hinaus werden nun aber in den „Staatsverträgen" in der Regel auch Ablösungsbedingungen vorgesehen, die in den Verträgen mit den Gemeinden nachklingen, soweit dafür noch ein Spielraum bleibt (vgl. B dieses Abschnitts).

Das bayerische Muster enthält in dieser Richtung das Folgende:

§ 8. **Ablösungsrecht:** Der Staat hat das Recht, alle mit der Elektrizitätsversorgung zusammenhängenden Anlagen der AG. nebst sämtlichen damit verbundenen Rechten und Pflichten, insbesondere den bestehenden Verträgen und allen Zugehörungen käuflich zu erwerben. Bestehende elektr. Anlagen im Versorgungsgebiet, welche die AG. erwirbt, sind von diesem Rechte nicht ausgeschlossen.

Das Kaufsrecht kann erstmals am . . ., später je am . . . eines folgenden Jahres — immer jedoch nur unter Einhaltung einer vierjährigen Voraussage ausgeübt werden.

Verträge, in welchen Dritten das Recht zum Erwerbe von Teilen der Anlage[1]) eingeräumt wird, bedürfen der Genehmigung des Staatsministeriums.

§ 9. **Kaufpreis:** Der Kaufpreis setzt sich, soweit Sonderabmachungen nicht vorliegen, zusammen aus:

1. einer Vergütung für den Anlagenwert; dieser wird auf Grund der Geschäftsbücher berechnet und zwar je aus dem Herstellungspreise der ersten Anlage und demjenigen der späteren Erweiterungen. Von diesen Herstellungspreisen werden für jedes Jahr der Belastung des Kontos 2% abgezogen. Die Abzüge endigen jeweils mit dem 35. Jahre, so daß keiner der für die Berechnung des Anlagenwertes maßgebenden Ansätze unter 30% des ursprünglichen Herstellungspreises sinkt. Als Erweiterungen der Anlagen können nur solche Änderungen berücksichtigt werden, die eine Wertsmehrung darstellen.

   Zuschüsse der Stromabnehmer zu den Anschlußleitungen und etwaige Sonderleistungen der Gemeinden haben bei der Festsetzung des Herstellungspreises außer Ansatz zu bleiben;
2. einem Zuschlag für den Geschäftswert. Dieser Zuschlag wird berechnet aus einem vielfachen Betrage des durchschnittlichen Betriebsüberschusses der letzten vier Betriebsjahre vor der Übernahme der Anlagen.

Als Betriebsüberschuß gilt der Betrag, um welchen die Einnahmen die Ausgaben übersteigen. Zu den Einnahmen gehören nur die regelmäßigen, aus dem fortlaufenden Geschäftsbetrieb erzielten Einkünfte, nicht aber außerordentliche Gewinne; insbesondere gehören zu den Einnahmen die Stromlieferungsgebühren unter Berücksichtigung der Rabatte, die Zählermieten, Prüfungsgebühren, die Installationsgewinne und besondere Abgaben. Zu den Ausgaben gehören sämtliche Geschäftsunkosten, insbesondere die Aufwendungen für Betriebsmaterialien, Gehälter, Pensionen, Löhne, Gratifikationen, Tantiemen, Bürokosten, Beiträge auf Grund der Versicherungsgesetze, Unterhaltung der Betriebsanlagen, Gewinnbeteiligung, Mieten, Pachten, Steuern, Stempelbeträge, Feuerversicherungsbeträge, Versicherungen von Akkumulatoren, sonstige Versiche-

[1]) Z. B. den Gemeinden zur Erwerbung der Verteilungsleitungen innerhalb ihres Bezirks.

rungsprämien, Prozeßkosten, Aufwendung für Aquisition, Beaufsichtigung und Prüfung der Hauseinrichtungen, Strombezug von fremden Werken zu den Selbstkosten. Zu den Ausgaben sind dabei hinzuzurechnen 6½% der Herstellungspreise der ersten Anlage und ihrer Erweiterungen, als Beitrag für Verzinsung, Tilgung und Erneuerung.

Der Zuschlag für den Geschäftswert wird aus dem hiernach berechneten durchschnittlichen Betriebsüberschuß der letzten vier Jahre, wie folgt, bestimmt:

a) bei einem Erwerb bis einschließlich des 20. Jahres . . . aus dem ganzen Betriebsüberschuß vervielfacht mit der Zahl 25,

b) bei einem späteren Erwerb bis einschließlich des 30. Jahres . . . aus drei Vierteln des Betriebsüberschusses vervielfacht mit der Zahl 25,

c) bei einem Erwerb nach dem 30. Jahre aus der Hälfte des Betriebsüberschusses vervielfacht mit der Zahl 25.

Der hiernach bestimmte Zuschlag für den Geschäftswert darf jedoch für den Fall a nicht geringer als 50%, für den Fall b nicht geringer als 40%, und für den Fall c nicht geringer als 30% des Herstellungspreises derjenigen Anlagen sein, die nach den vorstehenden Bestimmungen zu übernehmen sind.

Schließlich darf aber auch für die nach den vorstehenden normalen Kaufbedingungen abzulösenden Anlagen der gesamte Kaufpreis nicht höher sein, als das Eindreiviertelfache des Herstellungspreises derjenigen Anlagen, die nach den vorstehenden Bestimmungen zu übernehmen sind.

Die angesammelten Fonds bleiben Eigentum der AG.

§ 10. Sonstige Kaufbedingungen: Neuanlagen und Erweiterungen irgendwelcher Art dürfen nach der Ankündigung des Ankaufs ohne Zustimmung des Staates nicht ausgeführt werden; ebenso sind dann Abänderungen an den Verträgen mit Großabnehmern und der Neuabschluß solcher Verträge ohne die Zustimmung des Staates nicht mehr zulässig.

Nach erfolgter Anzeige von der Absicht zur Übernahme darf die AG. hinsichtlich der aufgeführten Ausgaben keine Beschränkung gegenüber den Vorjahren eintreten lassen; sie ist vielmehr gehalten, den Betrieb in ebenso umsichtiger und gewissenhafter Weise zu versorgen und zu verwalten, wie es vor der Anzeige geschehen ist.

Die AG. ist verpflichtet, Anlageteile, die sich bei der Übernahme nicht mehr in betriebstüchtigem Zustande befinden, in kürzester Frist auf ihre Kosten durch Beseitigung der Mängel in einen brauchbaren Zustand zu bringen oder dafür Ersatz zu leisten.

Die AG. ist ferner verpflichtet, dem Staate während des ersten Jahres nach dem Übergangstag gegen Erstattung ihrer Selbstkosten mit einem angemessenen Aufschlag nach Möglichkeit jede gewünschte Unterstützung zu leisten, um eine glatte Abwickelung des Übergangs ohne Betriebsstörung möglich zu machen.

Schließlich hat die AG. kostenlos dem Staate die vorhandenen Zeichnungen über alle Teile der Anlage und die die Anlage betreffenden Schriftstücke und Akten oder deren Abschriften abzuliefern und die neuen Betriebsbeamten in allen Betriebszweigen sorgfältigst zu unterrichten.

Die Staatsregierung sichert dagegen zu, die Angestellten und Bediensteten der AG. nach Möglichkeit in ihren Dienst zu übernehmen.

§ 11. Staatskommissäre: Die AG. ist verpflichtet, die Anlagen in gutem und betriebstüchtigem Zustande zu erhalten und den Betrieb so zu führen, daß die Interessen des Staates im Hinblick auf seine Anwartschaft als Besitznachfolger gewahrt sind.

Die Staatsregierung wird ihrerseits zur Wahrung der öffentlichen und staatlichen Interessen einen rechtskundigen und einen technischen Staatskommissär für das Unternehmen der AG. aufstellen.

Die Kommissäre sind berechtigt, sich jederzeit über den Zustand der Anlagen und den Geschäftsbetrieb alle gewünschten Aufschlüsse zu erholen und Einsicht in die Geschäftsbücher und Belege zu nehmen. Die AG. ist daher verpflichtet, den Kommissären die Einsicht in die mit den Großabnehmern abgeschlossenen Verträge zu ermöglichen, den Kommissären oder ihren Beauftragten jederzeit nach vorheriger Benachrichtigung den Zutritt zu allen Teilen der Anlagen zu gestatten und bei Untersuchungen über den Zustand der Anlagen jede sachdienliche Unterstützung zu gewähren. Die AG. haftet nicht für Schäden, die den Kommissären oder ihren Beauftragten bei solchen Besichtigungen zustoßen.

Zu den Sitzungen des Aufsichtsrates und zu den Generalversammlungen sind die Kommissäre einzuladen. Sie sind in bezug auf die von ihnen wahrzunehmenden Interessen auf Wunsch zu hören. Ein Stimmrecht steht ihnen jedoch nicht zu.

§ 12. Besondere Buchführung:

Die AG. ist verpflichtet, für die Zwecke einer etwaigen käuflichen Übernahme der Anlagen durch den Staat eigene Geschäftsbücher zu führen und diese mit ihren Belegen den Beauftragten des Staates zur Einsicht bereit zu halten.

Gesondert und durch alle Jahre fortlaufend zu führen sind Aufstellungen

1. über die Herstellungsweise aller Teile der Anlagen ohne die Lager von Materialien, getrennt nach der Örtlichkeit und nach den verschiedenen Arten der Betriebsmittel; die Zuschüsse der Stromabnehmer zu den Anschlußleistungen und etwaige Sonderleistungen der Gemeinden sind besonders aufzuführen;
2. über die Einnahmen und Ausgaben, die zur Berechnung des Betriebsüberschusses in Betracht kommen,
3. über den Kaufpreis von Anlageteilen, für deren Erwerb Sonderabmachungen vereinbart sind.

Die Aufstellungen müssen jährlich spätestens bis zum 1. Mai für das am 31. Dezember abgelaufene Geschäftsjahr fertig vorliegen und so geführt sein, daß aus ihnen das Alter eines jeden Teiles der Anlage, sein Herstellungspreis und die nach § 9 Abs. I Ziff. I sich berechnenden Abzüge deutlich zu ersehen sind.

Der Staatsregierung ist jährlich spätestens bis 15. Mai der Geschäftsbericht der AG. und ein Auszug aus den vorgenannten jährlichen Aufstellungen zu übersenden.

§ 13 Schiedsverfahren — § 14 Vertragskosten —.

B. Die Verträge des Unternehmers mit den Gemeinden schließen sich regelmäßig an die von der Vertretung der übergeordneten Körperschaften (Staat, Provinz, Kreis) bewilligten Abkommen und den damit korrespondierenden Vertragszwang an; sie werden in Bayern im Gegensatz zum sogenannten Staatsvertrag als „Zustimmungsverträge für Elektrizitätswerke" bezeichnet.

Mitunter enthalten sie Bestimmungen, wornach mit dem Vertragsende, eventuell auch schon innerhalb einer früheren Frist die im Bezirke aufgestellte Verteilungsleitung nebst Zubehör zu vorher grundsätzlich vereinbarten Beträgen durch die Gemeinde übernommen werden kann; vgl. S. 38 und 114. Wesentliche sonstige Beschränkungen verbieten sich aber zumeist schon deshalb, weil sich der Staat in der Regel mit seinem eigenen Vertrage die „schönsten Rosinen aus dem Kuchen" bereits vorweg genommen hat.

C. Vertragsabschlüsse aus Anlaß der Verleihung von Wasserbenutzungsrechten.

Vorbemerkung:

Vom Standpunkt staatlicher Eingriffe kann die erste Entwicklungsperiode der Elektrizitätsanlagen als eine Art Schonzeit angesehen werden: kleine und mittlere Werke entstanden und arbeiteten teils in den Händen von Großfirmen, teils von Gemeinden oder von ad hoc gegründeten Gesellschaften nebeneinander; mit der Zeit legte der wirtschaftlich Stärkere den Schwächeren lahm und die Privatwerke interessierten sich mehr für die volkreicheren und damit lukrativeren Gebiete unter Vernachlässigung schwächer besiedelter oder ärmerer Bezirke.

Die Staatsaufsicht beschränkte sich zunächst auf die Sicherstellung der öffentlichen Telegraphen- und Fernsprechleitungen, sowie auf Vorschriften zur Verhütung sonstiger aus Starkstromanlagen drohenden Gefahren; allmählich gingen die Länder dazu über, die Verträge der Unternehmer mit den Gemeinden von Aufsichtswegen eingehender zu würdigen und auf eine den Bedürfnissen der Allgemeinheit entsprechende Versorgungspolitik Einfluß zu nehmen. Nach dem Kriege treten — nicht zuletzt im Interesse der Bekämpfung der Arbeitslosigkeit, dann aber auch auf Drängen der Parlamente die Länder und das Reich im wachsenden Maße in den Kreis der Unternehmer und Stromversorger ein; dabei ist die Absicht, den staatseigenen Werken Vorrangstellung zu verschaffen, die öffentlichen Wasserkräfte in höherem Maße in den Dienst der Allgemeinheit zu stellen, sie als Einnahmequelle zu nutzen und fortschreitend das ganze Geschäfte in die öffentliche Hand zu bringen ganz unverkennbar und schon in der im Jahre 1908 in Berlin erschienenen Monographie von Dr. Plenske wird einem Reichs-Elektrizitätsmonopol das Wort geredet[1]).

Solche Erwägungen, die in der Volksvertretung lauten Widerhall fanden, haben eine zunehmende Verschärfung der Auflagen und Beschränkungen gebracht, die in den Verträgen über die Grundbenutzung zu Leitungsführungen (vgl. die sogen. Staatsverträge in Bayern, die Verträge des Badischen Staates mit den Wasserkraftanlagen am Rhein u. dgl.), in den moderneren Wassergesetzen und ihrem Vollzug und in sonstigen Legislaturakten beredten Ausdruck gefunden haben.

---

[1]) Siehe auch Dr. Klingenberg, Berlin: Elektr. Großwirtschaft unter staatlicher Mitwirkung.

Es seien hervorgehoben:

1. Bayern: Mit dem Wassergesetze vom 23. März 1907 ist das alte, seit 28. Mai 1852 bestehende Wasserbenützungsgesetz außer Wirksamkeit getreten, die unwiderrufliche Genehmigung vorhandener Triebwerksanlagen an öffentlichen Flüssen zwar belassen, für künftige Werke aber ausgeschlossen, die Erlaubnispflicht zur Wasserbenützung und damit die Voraussetzung für widerrufliche, mit einer späteren Ablösungspflicht, ja sogar einem unentgeltlichen Heimfallrecht belastete Willigungen des Staates eingeführt worden.

Konzessionsauflagen des Bayerischen Staates.

Die heutige Praxis ergibt sich aus folgendem jüngsten Falle (1927):

Die Erlaubnis ist erteilt für Zwecke der Elektrizitätserzeugung und Verwertung, sie darf nur mit staatlicher Genehmigung auf einen Dritten übertragen werden, ist an eine jährliche Wasserbenützungsgebühr berechnet pro PS mittlere Jahresleistung[1]), geknüpft und neben den normalen wasserpolizeilichen Auflagen noch mit Sonderunterhaltspflichten in Ansehung der in Frage kommenden Flußstrecke, ihrer Ufer und Hochwasserdämme belastet. Sodann sind folgende Bedingungen gestellt:

a) die Erlaubnis gilt für einen Zeitraum von 75 Jahren, beginnend mit der Inbetriebnahme des Werks; hiervon sind 50 Jahre unwiderruflich; eine Entziehung ist während dieser Zeit nur nach Maßgabe der Vorschriften des Bayr. Wassergesetzes und des Zwangsenteignungsgesetzes — also gegen volle Entschädigung — denkbar.

b) Für die Restzeit kann der Staat aus Gründen des öffentlichen Interesses, insbesondere für wichtige staatliche Zwecke die Erlaubnis mit dreijähriger Frist für den Vollzug — erstmals also drei Jahre vor Ablauf der Teilfrist von 50 Jahren widerrufen.

c) Das Widerrufsrecht steht dem Staate auch schon früher und zwar jederzeit zu, wenn der Unternehmer, wiederholter Verwarnungen ungeachtet, wesentlichen Vertragsbestimmungen in gröblicher Weise entgegenhandeln sollte. Der Unternehmer haftet hierbei für die Handlungen seiner Vertreter und Angestellten. Über die Voraussetzungen des Widerrufs entscheidet das Staatsministerium des Innern unbedingt und unter Ausschluß des Rechtsweges.

d) Nach Ablauf der bewilligten Erlaubniszeit ist der Staat wieder zur freien Verfügung über die Wasserkraft berechtigt. Bei diesem Heimfall muß der Unternehmer, die wasserbautechnischen Anlagen (Wehr, Schleusen, Werkkanal, Speicherbecken, Regulierungsbauten, alles mit Zubehör), die Wasserkraftmaschinen mit allem Zubehör sowie die Gebäude für Kraftgewinnung und Kraftverteilung, ferner auch die zum Betrieb der gesamten Wasserkraftanlage dienenden Grundstücke und Dienstbarkeiten unentgeltlich und kostenlos an den Staat übertragen.

e) Auf Verlangen des Staates hat der Unternehmer die elektrischen Anlagen (wie elektrische Maschinen, Leitungen — diese bis zum Austritt aus den Gebäuden für die Kraftverteilung —, Schaltanlagen) in dem vom Staate als erforderlich erklärten Umfange an

---

[1]) Z. Z. 4—5 RM pro PS — Änderung nach 10 Jahren bleibt vorbehalten.

diesen abzutreten; hierfür ist eine Ablösungssumme zu gewähren, deren Höhe nach den erstmaligen Herstellungskosten, abzüglich einer 1%igen jährl. Abschreibung, oder nach dem Sachwert bemessen wird, sofern dieser geringer ist, als die um die Abschreibung gekürzten Herstellungskosten. Die Herstellungskosten werden auf Grund der Geschäftsbücher aus den Anlagekosten und denen der späteren Erweiterung berechnet; sie dürfen nicht mit den im Laufe des Jahres für Unterhalt und teilweise Erneuerung verausgabten Mitteln belastet werden. Als Erweiterung der Anlage haben nicht zu gelten Instandsetzungsarbeiten, ferner Erneuerungen, soweit sie weder eine Stoff- noch eine Wertsmehrung darstellen. Im Falle der Nichteinigung erfolgt die Ermittlung der Ablösungssumme durch eine dreigliedrige Sachverständigenkommission. Wird die Übertragung der Anlage vom Staate nicht verlangt, so muß sie vom Unternehmer auf seine Kosten beseitigt werden.

Die Verpflichtungen des Unternehmers zur Übertragung von Grundeigentum sind notariell zu verlautbaren.

f) Im Falle des Widerrufs nach c) (Vertragswidrigkeit des Unternehmers) finden die Bestimmungen unter d) und e) Anwendung.

g) Im Falle des Widerrufs nach b) (Ablauf von 50 Jahren) ist der Staat zur Ablösung der wasserbautechnischen Anlagen und der Gebäude für Kraftgewinnung und Kraftverteilung nebst den maschinen- und elektrotechnischen Einrichtungen verpflichtet.

Die Ablösungssumme für diese sämtlichen Anlagen bemißt sich nach den jeweiligen vom Inhaber nachzuweisenden erstmaligen Herstellungskosten abzüglich einer jährlichen Abschreibung, die für die ersten 25 Jahre 1 %, dann 1,5 % beträgt. — Festsetzung der Ablösungssumme im wesentlichen wie unter e) —; die Beträge für Grund und Boden und die Dienstbarkeiten sind in der nachweislichen Höhe zu tragen und die hiefür eingegangenen dauernden Verpflichtungen zu übernehmen.

2. Konzessionsauflagen in Baden. Nicht minder einschneidend und den Grundgedanken der Gewerbefreiheit fast völlig überlagernd sind die Bestimmungen des Badischen Wassergesetzes in der dem § 44 durch die Novelle vom 8. April 1913 gegebenen Fassung. Sie sind letzten Endes eine Auswirkung der Konzessionsbedingungen, die der Staat für den Bau der großen Rheinwerke bei Rheinfelden (in Betrieb seit 1898, im Stau gehöht in den Jahren 1902 und 1907), von Wylen-Augst (seit September 1912) und Laufenburg gestellt hat. Die Interessen der belieferten Landesteile wurden damals durch folgende Auflagen berücksichtigt:

a) wenn der Gewinn eine gewisse Höhe erreicht, so ist ein Teil des Überschusses den Stromabnehmern gutzuschreiben und der Strompreis weiterhin herabzusetzen,

b) es darf nicht die ganze Stromerzeugung der Großindustrie überlassen werden, Hausindustrie, Kleingewerbe und Landwirtschaft sind zu bedenken, der Bedarf des Staates und der öffentlichen Körperschaften ist vorweg unter besonderen Preisabschlägen zu berücksichtigen,

c) in den Aufsichtsrat der Gesellschaften wird ein Staatskommissar abgeordnet.

Im übrigen ist die Dauer der Genehmigung auf 80 Jahre beschränkt, für Rheinfelden überhaupt die Widerruflichkeit ausgesprochen worden.

Nun hat § 44 des Badischen Wassergesetzes diesen Wortlaut:

Besondere Bestimmungen für Wasserkraftwerke zur gewerbsmäßigen Verwertung der Nutzwirkungen.

I. Den Unternehmern von Wasserkraftwerken, welche die Nutzwirkungen (hydraulische und elektrische Energie) gewerbsmäßig an Andere abgeben wollen, können bei der Verleihung insbesondere folgende Verpflichtungen auferlegt werden:

1. daß sie — sowie die Zwischenhändler für den Absatz der Nutzwirkungen — über die Abgabe der Nutzwirkungen eine allgemein verbindliche Ordnung und einen Tarif aufzustellen haben, wornach unter gleichen Verhältnissen die gleichen Preise und Bedingungen zur Anwendung kommen sollen; ferner, daß diese Abgabenordnung nebst Tarif sowie nachträgliche Änderungen derselben zur Kenntnisnahme der Behörde vorzulegen sind, welche jederzeit die Herabsetzung unangemessener Preise und die Änderung unbilliger Bedingungen verlangen kann;
2. daß die Unternehmer innerhalb eines von der Behörde nach Maßgabe der Leistungsfähigkeit des Kraftwerkes abzugrenzenden Absatzgebietes für alle öffentlichen und privaten Bedürfnisse Nutzwirkungen zu liefern haben, so lange die Abnehmer ihrerseits den ihnen durch die Abgabenordnung auferlegten Verpflichtungen nachkommen, und nicht triftige Gründe die Auflösung des Vertrags rechtfertigen, ferner daß die Unternehmer zu diesem Zweck die erforderlichen Anlagen herzustellen und zu betreiben und bei der Abgabe der Nutzwirkungen in erster Linie die Nachfrage des Staates, der Kreise, der Gemeinden und sonstiger öffentlich rechtlicher Verbände, sowie von öffentlichen und gemeinnützigen Unternehmungen, Veranstaltungen und Genossenschaften zu berücksichtigen haben.
3. Ferner kann bestimmt werden;
   a) daß von den erstmals oder später ausgegebenen Aktien und Schuldverschreibungen der Gesellschaft ein gewisser Betrag zu einem ermäßigten Bezugspreis dem Staat und den unter Ziff. 2 bezeichneten Körperschaften vorbehalten werden muß,
   b) daß dem Staat und den in Ziff. 2 bezeichneten Körperschaften, Unternehmungen sowie Genossenschaften zum Bezug der Nutzwirkungen eine Ermäßigung der Preise zu bewilligen ist,
   c) daß die Preise der Nutzwirkungen gewisse Höchstbeträge nicht übersteigen dürfen,
   d) daß die Preise zu ermäßigen sind, wenn die Reingewinne des Unternehmens eine gewisse Höhe erreichen,
   e) daß der Staat, die Kreise oder Gemeinden nach Ablauf einer gewissen Anzahl von Jahren berechtigt sind, das Unternehmen zu erwerben. Die Bedingungen, unter denen die Erwerbung stattzufinden hat, insbesondere die Höhe und Berechnungsweise der zu leistenden Vergütungen sind in den Verleihungsbedingungen festzusetzen,
   f) daß im Falle des Erlöschens der Verleihung die Wasserwerksanlagen (Stauanlage mit Werkkanälen, Schleusen, Fischwegen, das Motorengebäude und die sonstigen zum eigentlichen Wasserwerk gehörigen Anlagen) in das Eigentum des Staates, eines Bezirks- oder Kreisverbandes oder einer Gemeinde unentgeltlich übergehen und daß auch Grund und Boden sowie die maschinellen

Einrichtungen und Leitungen auf Verlangen der Regierung gegen eine angemessene, den Sachwert nicht übersteigende Entschädigung abzutreten sind.

4. Weiter können die Unternehmer verpflichtet werden, der Behörde folgende Mitteilungen zu machen:
   a) über die Satzungen und jede Änderung derselben,
   b) über die Höhe des Grundkapitals, sowie die Höhe der Schulden, insbesondere der ausgegebenen Schuldverschreibungen,
   c) alljährlich nach Jahresschluß über die finanziellen Ergebnisse des Unternehmens,
   d) darüber wie und zu welchen Preisen der auf dem badischen oder außerbadischen Staatsgebiet verwertete Teil der Nutzwirkungen verwendet wird,
   e) über den Zustand der Wasserwerksanlagen und ihrer Zugehörden dadurch, daß die Abzeichnungen der Baupläne nach Vollendung der Anlagen und etwaiger Änderungen und Ergänzungsbauten eingereicht werden.

5. Endlich können die Unternehmer verpflichtet werden, die Bilanz sowie die Gewinn- und Verlustberechnung des Unternehmens alljährlich der Genehmigung durch die Generalversammlung in denjenigen Blättern, die von der Behörde bezeichnet werden, zu veröffentlichen und dem von der Behörde bezeichneten Beauftragten sowie den von ihm zugezogenen besonderen Sachverständigen jederzeit Einblick in die gesamte Geschäftsführung zu gestatten. In diesem Falle ist der Beauftragte zur Teilnahme an den Sitzungen des Aufsichtsrats und der Generalversammlung einzuladen. Den Anordnungen, die der Beauftragte in bezug auf Buchung der baulichen Anlagen und Anschaffungen, Abschreibungen und Zuschreibungen, Berechnung des Reingewinnes und der Selbstkosten nach Maßgabe der Verleihungsbedingungen trifft, hat der Unternehmer zu entsprechen. Im Falle von Meinungsverschiedenheiten entscheidet die Zentralbehörde, vorbehaltlich des etwa bei der Verleihung zugelassenen Schiedsspruchs.

II. Verträge des Unternehmers oder der Zwischenhändler mit den Abnehmern der Nutzwirkungen sind, insoweit dadurch die Preise oder Bedingungen entgegen den behördlichen Bestimmungen festgesetzt werden (Abs. 1 Ziff. 1 und 3 b—d) verboten.

III. Zur Abgabe der Nutzwirkungen an Abnehmer außerhalb des Großherzogtums bedürfen die Unternehmer und Zwischenhändler der Genehmigung der Behörde.

IV. Der Unternehmer oder Besitzer eines Wasserkraftwerkes der in Abs. I bezeichneten Art ist verpflichtet, das Werk zu betreiben, wenn die Wiederaufnahme des eingestellten Betriebs nach der Entscheidung der Behörde aus überwiegenden Gründen des öffentlichen Interesses geboten ist. Die Behörde hat in diesem Falle die Befugnis, den Besitzer zur Fortsetzung des unterbrochenen Betriebs binnen einer gewissen Frist aufzufordern und für den Fall der Nichtbefolgung dieser Aufforderung diejenigen Vorkehrungen zu treffen, die zur unverzüglichen Inbetriebsetzung des Werkes erforderlich sind.

Diese Gesetzesbestimmung schließt die Auferlegung weitergehender Verleihungsbedingungen nicht aus; sie nötigt aber auch nicht dazu die Gesuchsgenehmigung im Einzelfall von allen diesen Vorbehalten abhängig zu machen. Die Entschließungen stehen der Zentralbehörde (Ministerium des Innern) zu; Streitigkeiten über Ansprüche und

Verpflichtungen aus § 44 Abs. I Ziff. 2, 3 und Abs. IV entscheidet das Bezirksamt, in letzter Linie bleibt die Klage zum Verwaltungsgerichtshof offen.

III. Abschnitt:

Das Reichsgesetz vom 31. Dezember 1919 betr. die Sozialisierung der Elektrizitätswirtschaft.

Vorbemerkung:

Bezielen derartige Gesetzgebungsakte und Vertragsauflagen der Länder im Zusammenschluß mit dem Bau staatseigener Werke und Großverteileranlagen eine Vereinheitlichung der Stromversorgung wie in Baden und Sachsen oder die Vorbereitung einer solchen wie in den bisher statutengemäß gemeinnützig arbeitenden bayerischen Staatsaktiengesellschaften, ermöglichen sie auch gegenüber der Reichssteuergesetzgebung noch eine gewisse Selbständigkeit in der Befriedigung der einzelstaatlichen Finanzbedürfnisse, so ist der Vorstoß, der alsbald nach dem Krieg und noch vor Feststellung der neuen Reichsverfassung von der Nationalversammlung mit dem Sozialisierungsgesetz vom 23. März 1919 (RGBl. S. 76) gemacht wurde und zum Reichsgesetz vom 31. Dezember 1919, betr. die Sozialisierung der Elektrizitätswirtschaft geführt hat, direkt auf ein Reichselektrizitätsmonopol und zwar ein Finanzmonopol abgezielt. Die Basis für dieses Gesetz (Art. 7 der Reichsverfassung vom 11. August 1919 und Art. 156) verleiht dem Reich die fakultative Gesetzgebung über die Vergesellschaftung von Naturschätzen und wirtschaftlichen Unternehmungen, sowie über die Erzeugung, Herstellung, Verteilung und Preisgestaltung wirtschaftlicher Güter für die Gemeinwirtschaft, bzw. die Befugnis zur Gesetzgebung über die Vergesellschaftung einschlägiger privater Betriebe.

Unter einem Monopol aber ist nach Wirtschaftsrecht die von der Gesetzgebung dem Fiskus (Reich, Land) vorbehaltene oder von der Staatsgewalt einem Privaten verliehene ausschließliche Befugnis zu verstehen, innerhalb bestimmter örtlicher Grenzen gewisse Zweige der Erwerbstätigkeit auszuüben; vom Regal z. B. der Reichspost oder der deutschen Reichsbahnen unterscheidet sich dieses Sonderrecht dadurch, daß bei ihm der Zweck Staatseinnahmen zu schaffen, über die Absicht einer Regelung aus dem Gesichtspunkt der öffentlichen Ordnung, wirtschaftlichen Sicherheit u. dgl. überwiegt.

A. Der wesentliche Inhalt des Sozialisierungsgesetzes.

Die Ziele des Gesetzes sind:

a) eine Einteilung des Reichsgebietes in Versorgungsbezirke, die nach wirtschaftlichen Gesichtspunkten zur Verbesserung der Elektrizitätsbewirtschaftung bestimmt, also an die Grenzen der Länder nicht gebunden werden.

Für diese Bezirke sind unter Führung des Reiches Körperschaften oder Gesellschaften zu bilden, welche die der Erzeugung und Fortleitung elektrischer Arbeit dienenden Anlagen umfassen sollen; ausgenommen bleiben Unternehmungen, die selbsterzeugte elektrische Arbeit ausschließlich oder ganz überwiegend für eigene Betriebe verbrauchen (§ 1).

Ein bis zum 1. April 1921 einzubringendes Gesetz zur Regelung der Elektrizitätswirtschaft hat die näheren Bestimmungen zu treffen.

b) Enteignungsbefugnisse des Reichs: Das Reich wird ermächtigt, gegen angemessene Entschädigung zu übernehmen:

1. das Eigentum oder das Recht der Ausnutzung von Anlagen, welche zur Fortleitung von elektr. Arbeit in einer Spannung von 50000 Volt und mehr bestimmt sind und zur Verbindung mehrerer Kraftwerke dienen,

2. das Eigentum oder das Recht der Ausnutzung von Anlagen zur Erzeugung elektr. Arbeit (Elektrizitätswerke) mit einer installierten Maschinenleistung von 5000 Kilowatt und mehr, welche im Eigentum privater Unternehmer stehen und nicht ganz überwiegend zur Erzeugung elektr. Arbeit für eigene Betriebe dienen,

3. privaten Unternehmern zustehende Rechte zur Ausnutzung von Wasserkräften für die Erzeugung elektr. Arbeit mit einer Leistungsfähigkeit von 5000 Kilowatt und mehr, welche nicht ganz überwiegend zur Erzeugung elektr. Arbeit für eigene Betriebe bestimmt sind, einschließlich des Eigentums an den in Ausübung dieser Rechte errichteten Anlagen und des Rechtes auf Benutzung technischer Vorarbeiten (§ 2 Abs. 1).

Auf Antrag eines Landes ist das Reich verpflichtet, die beim Inkrafttreten dieses Gesetzes bestehenden oder auf Grund von Verträgen aus der Zeit vor dem 15. Oktober 1919, — im Bau begriffenen Leitungsanlagen des Landes (vgl. vorstehende Ziff. 1) zu übernehmen.

In § 2 Abs. 3 wird sodann der Umfang der Anlagen und Einrichtungen, die der Sozialisierung mit unterliegen können, und der Rechte der seitherigen Eigentümer auf Ablösung jener Teile näher bestimmt, die — vom ganzen Werk abgetrennt — mit Vorteil nicht mehr benutzt werden können.

Das Übernahmerecht des Reiches soll sich auch auf gemischtwirtschaftliche Unternehmungen erstrecken, in erster Linie auf solche mit einer Beteiligung des Privatkapitals von 25% und darüber, bei geringerer Beteiligung aber nur dann, wenn die Länder, Gemeindeverbände und Gemeinden nicht von den ihnen gewährten Vorrechten Gebrauch machen (§ 3 des Gesetzes und die nachfolgende lit. c Ziff. 2).

c) Übernahmsrechte der Länder, Gemeindeverbände und Gemeinden:

Den zuständigen Ländern, Gemeindeverbänden und Gemeinden wird das Recht eingeräumt

1. die zur wirtschaftlichen Einheit eines vom Reich übernommenen Elektrizitätswerks gehörenden Anlagen und Einrichtungen für die Stromverteilung — soweit das Reich auf die Übernahme verzichtet — selbst zu übernehmen, demnach die Unterverteilung der elektrischen Arbeit innerhalb ihrer Gebiete selbst zu besorgen (§ 2 Abs. 1),

2. bei gemischtwirtschaftlichen Unternehmungen mit Privatbeteiligung unter 25% im Vorzug vor dem Reich die oben (§ 2 Abs. 1 Ziff. 2 u. 3) genannten Anlagen und Ausnutzungsrechte zu übernehmen (§ 3 Abs. 1),

3. Übernahme und Heimfallrechte, die vor dem 1. Juli 1919 vereinbart sind, so lange geltend zu machen, als sich nicht das Reich durch Übernahme einschiebt (§ 5 Abs. 2).

Die Länder können verlangen, daß sie bei Gesellschaften innerhalb ihres Gebietes, an denen das Reich beteiligt ist, an dieser Beteiligung bis zu einem Drittel gegen Erstattung der vollen Aufwendungen beteiligt werden, soweit es sich nicht um Leitungsanlagen von 50000 Volt und darüber zur Verbindung mehrerer Kraftwerke handelt, und durch die Unterbeteiligung der Länder der Reichsanteil nicht unter 51% sinkt (§ 9).

Den Ländern können für das Versorgungsgebiet eines oder mehrerer von ihnen oder von Teilen desselben die dem Reiche nach diesem Gesetz zustehenden Befugnisse auf Antrag überlassen werden.

Das Reich hat vor der Ausführung eigener Leitungsanlagen innerhalb eines Landes die Landesbehörde zu hören; der Stromausgleich soll im Rahmen der vom Reiche erlassenen allgemeinen Anordnungen auf Verlangen der Landesbehörde unter deren Mitwirkung erfolgen. Die Länder können diese Befugnisse auf die Provinzen weiterübertragen (§ 17).

Die von Elektrizitätswerken der Länder in das Reichs-Leitungsnetz gelieferte elektrische Arbeit muß — im Rahmen des technisch Möglichen — gegen angemessene Entschädigung für die Übertragung auf Verlangen des Stromlieferers an zu vereinbarenden Stellen zurückgeliefert werden. Den gleichen Anspruch haben Gemeindeverbände und Gemeinden zur eigenen Versorgung aus ihren beim Inkrafttreten dieses Gesetzes bereits bestehenden und zu ihrer Stromversorgung dienenden Anlagen (§ 18).

Ansprüche der Länder auf die Vorteile ihrer eigenen Energiequellen (Wasserkräfte, Kohlenlager, Ölquellen) siehe § 19.

Endlich sind den Einzelgemeinden ihre Übernahme- und Heimfallrechte gegenüber jenen Elektrizitätswerken gewahrt, die ausschließlich oder ganz überwiegend der Stromversorgung der betreffenden Einzelgemeinde oder einzelner mit ihr unmittelbar zusammenhängender Gemeinden dienen; vorausgesetzt ist dabei, daß diese Rechte vor dem 1. Juli 1919 vereinbart und vor dem 1. April 1925 ausgeübt sind.

d) Die Entschädigungsverpflichtung und ihr Umfang wird in § 6 geregelt: Die Entschädigung besteht nach Wahl des Unternehmers entweder in den Gestehungskosten unter Berücksichtigung angemessener Abschreibungen oder in dem Ertragswert, berechnet nach dem Durchschnitt der Erträge, welche in den letzten drei vor dem 1. August 1919 liegenden Geschäftsjahren erzielt worden sind.

Die Art des Entschädigungsverfahrens ist in §§ 11 f. geregelt; die Erlassung von Ausführungsbestimmungen der Reichsregierung zum Sozialisierungsgesetz ist in § 21 vorbehalten.

e) Der Beirat zur beratenden Mitwirkung bei allen Angelegenheiten der Reichs-Elektrizitätswirtschaft wird vom Reich nach § 20 errichtet; er besteht aus je fünf Vertretern des Reichstags, des Reichsrats und der Arbeiter- und Angestelltenorganisationen, aus zwanzig Sachverständigen, von denen je vier von der Reichsregierung, den Ländern, den Vertretungen der Provinzen, Gemeindeverbänden und Gemeinden, der Zentralarbeitsgemeinschaft der industriellen und gewerblichen Arbeitgeber und Arbeitnehmer Deutschlands und dem deutschen Landwirtschaftsrate zu wählen sind, ferner aus je zwei Vertretern der gewerblichen Groß- und Kleinverbraucher, die vom deutschen Industrie- und Handelstag und vom deutschen Handwerks- und Gewerbekammertage zu benennen sind. Der Beirat tagt auf Einladung und unter dem Vorsitz des Reichsschatzministers oder dessen Stellvertreters, gibt sich selbst seine Geschäftsordnung, die der Genehmigung des Reichsrates unterliegt und wird u. a. einberufen, wenn neun seiner Mitglieder es verlangen.

B. Die Verhandlungen über den Vollzug des Sozialisierungsgesetzes.

Die Sozialisierung und Kommunalisierung der Elektrizitätsunternehmungen ist in der Nachkriegszeit als ein politischer Programmpunkt besonders betont worden; die ihm zugrunde liegenden doktrinären Erwägungen müssen als der Vater des Sozialisierungsgesetzes gelten; das Kind ist freilich unausgetragen, und die Sachverständigen haben ihm von Anfang an die Lebensfähigkeit abgesprochen. Einer technischen und wirtschaftlichen Notwendigkeit ist es jedenfalls nicht entsprungen; es ist denn auch — von einigen Enteignungen für Spezialzwecke (z. B. RGBl. 1920 S. 1456) und von der Berufung des Beirates abgesehen — unvollzogen geblieben: weder sind die Ausführungsbestimmungen dazu erlassen, noch ist auch nur das angekündigte Elektrizitätswirtschaftsgesetz über Referentenentwürfe und Beratungen im Schoße der Reichsregierung, des Beirats und von Ausschüssen hinaus gediehen. Unter mancher

Rücksichtnahme auf außenpolitische Verhältnisse haben die Entwürfe im wesentlichen folgende Fassung angenommen:

1. Formale Vorschriften:

a) Errichtung einer Zentralanstalt für Elektrizitätswirtschaft mit dem Sitze in Berlin unter Führung des Reiches, bestimmt „zur Förderung und wirtschaftlichen Leitung der Elektrizitätswirtschaft im Reichsgebiete"; sie ist als ein mit Rechtspersönlichkeit ausgestattetes Finanzierungsinstitut gedacht.

b) Die Organisation der Elektrizitätswirtschaft:

Das Reichsgebiet wird in Elektrizitätsversorgungsbezirke eingeteilt;

für jeden Bezirk wird ein Elektrizitätsverband gebildet; seine Organe: Verbandsvorstand und Verbandsversammlung; beigeordnete Stellen: der Bezirkselektrizitätsbeirat und das Schiedsgericht. An der Spitze der Elektrizitätsverbände steht der Hauptverband der deutschen Elektrizitätswirtschaft; seine Organe: Hauptverbandsvorstand und Hauptverbandsversammlung; beigeordnete Stellen: ein Elektrizitätswirtschaftskuratorium, ein Schiedsgericht und eine Zentraldarlehensanstalt.

Für jeden Elektrizitätsversorgungsbezirk wird ein Bezirkselektrizitätsamt geschaffen; als übergeordnete Stelle hat das Reichselektrizitätsamt zu fungieren.

2. An materiellen Vorschriften kommt nach den Entwürfen in Betracht:

a) Eine Genehmigungsordnung: die Errichtung neuer Kraftwerke, Hochspannungsleitungen und Großumspannwerke ist genehmigungspflichtig, Erweiterungen sind anzeigepflichtig. Die geplanten Maßnahmen können vom Bezirkselektrizitätsamt untersagt werden, wenn sie für die Verbesserung der Elektrizitätswirtschaft und der allgemeinen Energiewirtschaft des Bezirks und des Reiches unzweckmäßig sind; —

b) eine Grundbenutzungsordnung;

c) eine Wirtschaftsordnung: Verpflichtungen zur Auskunft, zum Betrieb, zur Lieferung, zum Ausbau usw.; das Bezirkselektrizitätsamt soll auch die Unternehmensform — A.-G., G. m. b. H., für ländliche Verteilungsunternehmungen: Erwerbs- und Wirtschaftsgenossenschaften — sowie die Umwandlung bestehender Unternehmungen in eine dieser Rechtsformen anordnen dürfen.

3. Der Finanzdienst wird durch Umlagen auf die Bruttoeinnahmen der Mitgliedswerke — direkt für die Bezirksverbände — indirekt für den Hauptverband geregelt.

Im Jahre 1923 wurde der vom Reichsschatzministerium erstellte Entwurf eines Reichselektrizitätsgesetzes vom Beirat einhellig abgelehnt; er kann — da er auch bei den Ländern keine Gegenliebe fand, und da seither durch den Bau und die fortschreitenden Zusammenschlüsse großer Werke und Anlagen die Versorgung des gesamten Reichsgebietes genugsamst in allen Teilen gesichert erscheint — wohl auch als dauernd abgetan angesehen werden. Jedenfalls ist er vom Beirat, der in seinen Verhandlungen vom Juli 1926 für eine weitere hoffnungsreiche Entwicklung der Elektriziätt und ihre Zusammenarbeit mit anderen Wirtschaftszweigen die größte Freiheit forderte, nicht wieder aufgenommen worden. Bei dieser Beratung kam eine Eingabe der Vereinigung der Elektrizitätswerke zur Sprache, die folgenden Standpunkt vertritt:

„Da die Ausdehnung der Großelektrizitätsversorgung den Austausch elektrischer Energie von Land zu Land bedingt, aber auch zu einem Austausch zwischen Deutschland und den benachbarten Staaten führen muß, wird eine überstaatliche Stelle, am besten in den Händen des Reichs nützlich sein, die — falls eine Einigung der Beteiligten nicht ohne weiteres zustande kommt — als oberste Schiedsstelle zu wirken hat. Diese Reichsstelle soll indessen selbst uninteressiert und neutral bleiben; sie soll wesentlich aus unparteiischen Sachverständigen zusammengesetzt sein und nur auf Anruf zusammentreten. Im übrigen dürfen der Erzeugung, wie der Verteilung von Elektrizität keine gesetzlichen Schranken irgendwelcher Art gezogen werden, nachdem die deutsche Elektrizitätswirtschaft bereits einen Stand erreicht hat, der in anderen Ländern[1]) erst durch die Gesetzgebung erstrebt werden soll."

Das Ergebnis dieser Beratungen des Beirats wurde in folgender Weise festgelegt: Der Fragenkomplex ist seit 1919 kleiner geworden; er beschränkt sich hauptsächlich nur mehr auf die Regelung der Stromwege für Höchstspannungen, sowie die Hoheitsrechte des Reiches und der Länder gegenüber der Elektrizitätswirtschaft. Demnach wurde ein Ausschuß gebildet, der die Pläne für eine zweckmäßige Gesamtversorgung überprüfen und sich mit den sonst zu erörternden Punkten, z. B. einem Generalplan für alle Höchstspannungs-Leitungen von einer zu normierenden Grenze an — eventuell unter Beteiligung von Vertretern der Länder — befassen soll.

Zusammen-fassend ist festzustellen: Die Organisationsvorschläge der Entwürfe zeigen allein schon, wohin die Reise gegangen wäre: die in ihrer Entwicklung auch heute noch keineswegs abgeschlossene Elektrotechnik kann der privaten Initiative, die sie groß

[1]) Dabei ist besonders an England gedacht: dort ist die Regierung bemüht, die außerordentliche Zersplitterung in der Elektrizitätsversorgung des Landes durch Rationalisierung auf Grund eines im Frühjahr 1926 eingebrachten Gesetzentwurfes zu beheben; angestrebt wird ein einheitliches Hochspannungsnetz, die Stillegung unrentabler Werke, die Errichtung von Großkraftwerken mit einheitlicher Spannung und Frequenz — alles unter Durchführung einer binnen fünfzehn Jahren zu beendenden Umstellung.

gemacht hat, und ihres Wagemutes nicht entbehren; sie muß Hemmungen, wie sie jede, insbesondere eine so tiefgreifende Bürokratisierung mit sich bringt, um so mehr ablehnen, als für derartige Maßregeln — richtiger vielleicht: Maßregelungen ausschlaggebende sachliche Gründe nicht sprechen. Fühlt sich doch auch der Abnehmer bei einer die individuellen Bedürfnisse seines Landesteils und seiner Wirtschaft berücksichtigenden Mannigfaltigkeit von Betriebsmitteln, Betriebsformen und Tarifbestimmungen entschieden wohler, als bei einem von fernher an ihn ergehenden uniformen Diktat; auch sieht er es lieber, wenn Reich und Land, als die höchste Vertretung des Volkswillens ihm gegenüber mehr die hoheitsrechtlichen Schutzbefugnisse hervorkehren[1]), wie wenn sie selbst in die Reihen der Unternehmer eintreten und bei allem Streben nach Gemeinnützigkeit sich schließlich von den oft getadelten „Allüren des Unternehmertums" doch nicht freihalten können, zumal da bei ihrer Privilegierung das Korrelat einer gesunden Konkurrenz wegfällt. Übrigens liegt es auch aus anderen Gründen im Interesse des Volksganzen, nicht alles in eine Hand zu legen und auf eine Karte zu setzen. Eine gewisse Selbstbeschränkung wird auch bei Schaffung neuer Gebilde der Reichswirtschaft den Meister zeigen. Vestigia terrent!

Rein rechtlich darf indes nicht übersehen werden, daß das Reichssozialisierungsgesetz sich noch in Geltung befindet und solange bestehen bleibt, bis es durch ein anderes Reichsgesetz aufgehoben sein wird, und daß bis dahin gemäß Art. 7, 12 und 13 RVerf. die einschlägige Materie der Gesetzgebungsbefugnis der Länder entrückt ist.

IV. Abschnitt:

Das Thüringische Notgesetz.

Das Thüringische Notgesetz — dessen Rechtsgültigkeit nicht unbestritten ist — vom 20. Dezember 1923, bestätigt vom Thüringischen Landtag am 20. Mai 1924 (GesSammlg. S. 252), macht die Errichtung von Leitungsanlagen für mehr als 3000 Volt Spannung und jede wesentliche Änderung an bestehenden Anlagen solcher Art neben der polizeilichen Genehmigung von einer besonderen Genehmigung des Wirtschaftsministeriums abhängig (§ 1). Dieses Ministerium kann die Genehmigung „aus

[1]) Im Grundgedanken ähnlich befürwortet, die seither erfolgte Vorlage der preuß. Regierung an den Landtag die Zusammenfassung der staatl. Beteiligungen an Elektrizitätsunternehmungen zu einer Aktiengesellschaft: es sei mißlich, daß das Reich und die Länder in Ansehung der Elektrizitätswirtschaft sowohl als oberste Beschützer und Wahrer der staatlichen Hoheitsbelange berufen sind, wie als Unternehmer eigener Konkurrenzwerke auftreten; schließlich seien jene Ministerialbeamten, welche in die Aufsichtsräte der einzelnen Gesellschaften abgeordnet sind, die gleichen Herren, welche die dem Gebiete der Allgemeinen Staatsverwaltung angehörigen Aufgaben der Elektrizitätswirtschaft wahrzunehmen haben.

Gründen des öffentlichen Wohles insbesondere dann versagen, wenn die Errichtung oder Änderung dem allgemeinen Interesse der Landeselektrizitätsversorgung widerspricht". Die Genehmigung kann auch unter Auflagen erteilt werden, wenn solche aus den genannten Gründen geboten erscheinen (§ 2).

Wohlverstanden handelt es sich bei dieser ministeriellen Genehmigung, die den Schutz der gemischtwirtschaftlichen (50% das Land, 50% Private) aufgezogenen „Thüringer Werk-Aktiengesellschaft" bezielt, nicht etwa um die Erlaubnis zur Benutzung staatlichen Grundeigentums für die Leitungsführung, sondern es werden der Spezialerlaubnis auch Starkstromleitungen unterworfen, bei denen vom Eigentümerstandpunkt aus Schwierigkeiten nicht bestehen. Dieser Forderung widerstrebt nach Ansicht der Opponenten (siehe Zeitschrift „Der Elektrische Betrieb" Jahrgang 1925 S. 26 f.) der Grundsatz der Gewerbefreiheit, der angesichts des Art. 151 ff. Reichsverfassung durch landesgesetzliche Sonderbestimmungen dieser Art nicht durchbrochen werden darf. Das Reichswirtschaftsministerium hat mit Entschließung vom 7. Januar 1925 I B Nr. 9354 (abgedruckt in der gleichen Zeitschrift S. 53) den entgegengesetzten Standpunkt eingenommen, ohne freilich den Einwendungen aus dem Gesichtspunkte der Gewerbefreiheit das u. E. verdiente Maß von Berücksichtigung zu schenken.

Viertes Hauptstück:

Förderung des Unternehmens durch das Recht.

Das Recht schützt die Interessenten der Allgemeinheit und des Einzelnen auch gegenüber elektr. Unternehmungen; umgekehrt setzt es einer zu engstirnigen und zu gewinnsüchtigen Ausnutzung solchen Schutzes wohlbemessene Schranken in der Absicht, die öffentliche Wohlfahrt und die Wirtschaft zu fördern.

I. Abschnitt:

Das Reichsrecht.

A. Das Bürgerliche Gesetzbuch.

1. Der Eigentümer kann gemäß § 903 BGB. mit seiner Sache in der Regel nach Belieben verfahren und andere von jeder Einwirkung ausschließen; bei Grundstücken erstreckt sich diese Befugnis (§ 905) auf den Erdkörper und den Raum über der Oberfläche; doch müssen Einwirkungen geduldet werden, die in solcher Höhe oder Tiefe vorgenommen werden, daß der Grundeigentümer an der Ausschließung kein Interesse hat.

Auf Grund dieser Bestimmungen können Druckstollen einer Wasserkraftanlage ohne Ablösung durchgeführt werden.

2. Der Grundeigentümer kann nach § 906 Einwirkungen Dritter ausschließen, die das Grundstück nur mittelbar beeinträchtigen; bestimmte Arten solcher Einwirkung sind jedoch mit der durch die Natur der Nachbargrundstücke gegebenen gewöhnlichen Benutzung, insbesondere dem Gewerbebetrieb unvermeidlich verknüpft, so die Zuführung von Gasen, Dämpfen, Gerüchen, Rauch, Ruß, Wärme, Geräusch, Erschütterungen u. dgl. Den Bedürfnissen des Lebens entsprechend, ist die Ausschließung solcher Einwirkungen dahin begrenzt, daß sie — sofern nicht die Zuführung durch eine besondere Leitung erfolgt — hingenommen werden müssen, wenn sie den Eigentümer in der Benutzung seines Grundstücks nicht oder nicht wesentlich beeinträchtigen oder wenn sie durch eine Benutzung des Nachbargrundstücks herbeigeführt werden, die nach den örtlichen Verhältnissen bei Grundstücken dieser Lage (Fabrikviertel — Villenviertel) gewöhnlich ist.

Darnach sind Urteile ergangen, die den Betrieb einer Umformerstation oder einer Akkumulatorenanlage nach den Umständen des Falles trotz gewisser Geräusche, Erschütterungen oder Säuregerüche als zulässig erklärt haben.

Die Benutzung des Erdkörpers zur Rückleitung von Strömen kann nach § 906 unter normalen Verhältnissen nicht verboten werden.

3. Grenzüberschreitungen bei Errichtung eines Gebäudes können bei Gutgläubigkeit des Unternehmers nach §§ 912 mit 916 durch Gewährung einer Geldrente an den beeinträchtigten Grundeigentümer ausgeglichen werden, ohne daß zu einer unwirtschaftlichen Zerstörung des Bauwerkes geschritten werden muß.

4. Die Verhältnisse des Notweges über ein fremdes Grundstück — hieher zählt der Weg für die Leitungsführungen höchstens mittelbar — sind durch §§ 917 f. geregelt.

B. Die Regalrechte der Reichsbetriebe.

In Betracht kommen und an den beigefügten Stellen sind in diesem Buche berücksichtigt:

1. die Rechtsstellung der deutschen Reichspost und der deutschen Reichsbahngesellschaft — 2. Hauptstück, 2. Abschnitt;
2. der Rechtsschutz der Regalrechte — 7. Hauptstück, 3. Abschnitt A mit C;
3. das Telegraphenwegegesetz, 5. Hauptstück, 1. Abschnitt;
4. das Rechtsverhältnis der elektr. Leitungen der Regalbetriebe zu den Leitungen anderer Unternehmer, 5. Hauptstück, 5. Abschnitt.

C. Das Enteignungsrecht nach dem Sozialisierungsgesetz.

Nach Art. 7 Ziff. 12 Reichsverfassung bleibt die Enteignungsgesetzgebung bei den Ländern, so lange und so weit das Reich nicht von seinem Gesetzgebungsrecht Gebrauch macht. Vorbehalten ist in jedem Falle das Verfassungsgrundrecht des Art. 153 Abs. II, wonach die Enteignung nur zum Wohle der Allgemeinheit und — soweit nicht ein Reichsgesetz anders bestimmt — nur gegen eine im Streitfall vom ordentlichen Gericht festzusetzende Entschädigung zugelassen wird.

Für das Gebiet des Elektrizitätsrechts kommt noch speziell Art. 7 Ziff. 13 in Betracht, wonach die fakultative Gesetzgebung des Reiches sich auch auf die Vergesellschaftung von Naturschätzen und wirtschaftlichen Unternehmungen, sowie die Erzeugung, Herstellung, Verteilung und Preisgestaltung wirtschaftlicher Güter erstreckt. Nach dem auf dieser Basis erlassenen, oben bereits erörterten Sozialisierungsgesetz (§ 15) kann das Reich (Reichsregierung) aus Gründen des öffentlichen Wohles das Recht zur Entziehung oder Beschränkung von Grundeigentum gegen vollständige Entschädigung für ein Unternehmen verleihen, das zur Erzeugung, Fortleitung oder Verteilung elektr. Arbeit bestimmt ist und an dem das Reich auf Grund dieses Gesetzes beteiligt ist oder bereits vor dem Inkrafttreten des Sozialisierungsgesetzes beteiligt war; auf das Verfahren sind bis zum Erlaß eines besonderen Reichsgesetzes die landesgesetzlichen Bestimmungen für die Durchführung der Enteignung anzuwenden. Das Reich kann die ihm zustehenden Befugnisse für das Versorgungsgebiet eines oder mehrerer Länder oder von Teilen solcher den Ländern auf Antrag überlassen (§ 17).

Der zum Vollzug des Sozialisierungsgesetzes vom Reichsschatzministerium vorbereitete, seit 1923 nicht weiter verfolgte Entwurf eines Reichselektrizitätsgesetzes wollte auch die Enteignung der für genehmigte öffentlichte elektr. Unternehmungen erforderlichen Grundstücke und Rechte regeln. Über den Umfang des Bedarfs und die Übertragung auf den Unternehmer sollte der Bezirkselektrizitätsausschuß entscheiden; auf Antrag des betr. Beteiligten sollte er auch die Höhe der im übrigen nach Landesrecht zu bemessenden Entschädigung in erster Instanz — zweite Instanz: Reichselektrizitätsausschuß — bestimmen können (3. Hauptstück, 3. Abschnitt B).

II. Abschnitt:

Landesrechtliche Vorschriften der Enteignungs- und Wassergesetzgebung.

Aus den einschlägigen Normen deutscher Länder seien als wichtigste die folgenden hervorgehoben:

A. Bayern:

1. Nach Zwangsenteignungsgesetz vom 17. November 1837 mit Nachträgen vom 13. August 1910 und 9. Mai 1918 Art. 1A Ziff. 16 können Eigentümer gegen vorgängige volle Entschädigung

angehalten werden, ihr unbewegliches Eigentum oder dem gleichgeachtete Rechte für öffentlich notwendige oder gemeinnützige Zwecke abzutreten, mit einem Erbbaurecht oder einer Dienstbarkeit belasten zu lassen „zur Errichtung und Änderung öffentlicher Elektrizitätswerke und sonstiger Anlagen zur Erzeugung von Licht, Kraft oder Wärme mit Einschluß der dazugehörigen Nebenanlagen, Reserveanlagen und Leitungen und zur Fortleitung der gewonnenen Kraft aus den unter Art. 153 des Wassergesetzes vom 23. März 1907 mit Nachträgen vom 30. Dezember 1922 und 25. Juni 1926 fallenden Anlagen"; letzteres sind entweder Anlagen des Staates oder eines genossenschaftlichen Unternehmens zur Herstellung und Unterhaltung von Triebwerken u. dgl. Die Enteignungsmöglichkeit ist damit für Unternehmungen, gleichviel mit welcher mechanischen Kraft sie arbeiten, gegeben; Voraussetzung ist nur, daß es sich nicht um ein rein privates, sondern ein öffentliches Werk im Sinne des Enteignungsgesetzes handelt. Unter „öffentlichem Werk" ist nach der Regierungsinterpretation im Bayer. Landtage eine Anlage zu verstehen, die dazu bestimmt ist, die Öffentlichkeit, z. B. öffentliche Straßen, öffentliche Unternehmungen, wie Fernbahnen, Kleinbahnen oder die Bewohner einer Gemeinde, eines größeren Bezirkes u. dgl. mit elektr. Arbeit zu versorgen; die Erfüllung dieser Aufgabe muß durch die zuständigen Organe eines öffentlichen Verbandes (Reich, Land, Kreis, Distrikt, Gemeinde) gewährleistet sein: entweder so, daß dieser Verband selbst der Unternehmer ist oder durch einen förmlichen Vertrag (z. B. Staatsvertrag S. 34 oder Zustimmungsvertrag einer Gemeinde S. 40 u. dgl. Abkommen), das von einem Dritten — also auch einem Privaten — ausgeführte oder betriebene Werk ganz oder teilweise für den öffentlichen Zweck sichert.

Die Frage, ob das Merkmal der Öffentlichkeit gegeben ist, erscheint als eine nach den Umständen des Falles zu beurteilende Tatfrage.

2. Die Ablösung von Wasserwerken.

Die Entschädigung wird im Enteignungsfalle durch Geldzahlung geleistet; dies gilt auch für die Zwangsverfügungen, die zugunsten der Durchführung einer Wasserkraftanlage nach dem Bayer. Wassergesetz von der Verwaltungsbehörde getroffen werden können, gleichviel, ob es sich um eine öffentliche oder private Unternehmung handelt.

Nach Art. 70 ff. kann die Behörde gegen Entschädigung verfügen:

a) die Zuweisung fremden Wassers, wenn der beabsichtigte Gebrauch einen erheblichen Nutzen für die Industrie mit hoher Wahrscheinlichkeit erwarten läßt (Art. 157 Ziff. 1),
b) den Anschluß einer Anlage an das gegenüberliegende Ufergrundstück (Art. 158),

c) die Mitbenützung einer Stauanlage für Zwecke der Landeskultur oder der Industrie (Art. 162).

Eine Ausnahme von der Entschädigung durch Geldzahlung enthält die wichtige Bestimmung des Art. 164 a des Wassergesetzes mit nachstehendem Wortlaut:

„Wird durch die Ausübung gesetzlicher Befugnisse zugunsten eines Unternehmens, das die Erzeugung elektrischer Arbeit bezweckt, die Wassernutzung bestehender Triebwerke derart beschränkt, daß diese ihre Triebkraft ganz oder teilweise einbüßen, so kann die Verwaltungsbehörde den Unternehmer für berechtigt und verpflichtet erklären, dem Triebwerksbesitzer statt oder neben einer Geldentschädigung gleichwertigen Ersatz für die durch die bisher genutzte Triebkraft erzielte Arbeitsleistung durch die Lieferung elektrischer Arbeit zu gewähren. Diese Erklärung soll in der Regel stattfinden, soferne nicht der Unternehmer und der Triebwerksbesitzer widersprechen oder sonst wichtige Gründe gegen eine solche Regelung vorliegen. Die Kosten der für diese Lieferung und für die Umstellung des Betriebes erforderlichen Einrichtungen hat der Unternehmer zu tragen. Mangels Einigung zwischen dem Unternehmer und dem Triebwerksbesitzer hat die Verwaltungsbehörde nach Anhörung von Sachverständigen die Bedingungen für die Entschädigung durch elektrische Arbeit im einzelnen festzusetzen. Vor Erlassung dieses Beschlusses sind die Beteiligten zu dem Sachverständigengutachten zu hören; auf Antrag ist darüber mündlich zu verhandeln. In dem Beschlusse kann dem Unternehmer die Befugnis zugesprochen werden, gegen Hinterlegung einer der Art und dem Umfang nach festzusetzenden Sicherheitsleistung die Umstellung des Betriebs zum Zwecke der Lieferung elektrischer Arbeit nach den festgesetzten Bedingungen alsbald vorzunehmen.

Gegen die Festsetzung der Bedingungen, unter denen die Entschädigung durch elektrische Arbeit zu erfolgen hat, steht die Betretung des Rechtsweges offen; die Anordnung der Verwaltungsbehörde, daß Entschädigung durch Lieferung elektrischer Arbeit zu leisten ist, unterliegt nicht der richterlichen Prüfung. Im übrigen gilt Art. 21 und Art. 23 des Gesetzes zur Ausführung der Reichszivilprozeßordnung und Konkursordnung entsprechend.

Der Triebwerksbesitzer, zu dessen Gunsten der Unternehmer zur Lieferung von elektrischer Arbeit für berechtigt oder für verpflichtet erklärt wird, kann zur Sicherung dieser Lieferung verlangen, daß die Grundstücke des Unternehmers, auf denen sich die zur Erzeugung der elektrischen Arbeit dienenden Anlagen befinden, innerhalb der ersten zwei Dritteile des Wertes dieser Grundstücke mit einer Reallast belastet werden und daß der Beschluß der Verwaltungsbehörde erst nach Eintragung der Reallast in das Grundbuch in Wirksamkeit tritt.“

Durch Bekanntmachung der Staatsregierung vom 23. Dez. 1918 ist eine Vereinfachung und Abkürzung des Enteignungsverfahrens zunächst im Interesse der Hintanhaltung von Störungen aus Anlaß der Demobilisierung und zur Durchführung von Notstandsarbeiten verfügt worden.

3. Förderung des Unternehmens durch Ergänzung des Bayer. Flurbereinigungsgesetzes.

Die Vielzahl von Durchschneidungen landwirtschaftlicher Grundstücke, welche die Triebwerkskanäle der vom Staate ins Leben gerufenen „Mittleren Isar A.-G." bewirkten, gab Veranlassung zu einer mit Gesetz vom 27. Nov. 1924 erlassenen Zusatzbestimmung zum Flurbereinigungsgesetz vom 5. Aug. 1922; darnach können (Art. 83 ff.) die Flurbereinigungsgenossenschaften neben der Arrondierung landwirtschaftlich verwertbaren Grundes auch andere gemeinnützige Aufgaben, insbesondere Bewässerungs-, Entwässerungs-, Stau- und Triebwerksanlagen (Art. 110 Bayer. Wassergesetz) in ihren Arbeitsbereich aufnehmen, wenn solche nur örtlich und zeitlich mit einem Flurbereinigungsunternehmen im engen, sachlichen Zusammenhang stehen, bzw. in solchen gebracht werden. In Widerspruchsfällen einzelner Beteiligten ist nach den Bestimmungen des Wassergesetzes zu verfahren.

B. In anderen Ländern

z. B. Preußen: Enteignungsgesetz vom 11. Juni 1874 (Ges. S. 271) mit Nachträgen; Württemberg: EG. vom 20. Dez. 1888 (RegBl. S. 446); Sachsen: EG. vom 24. Juni 1902 (GVBl. S. 153); Baden: EG. vom 26. Juni 1899 (GVBl. S. 359) — ist ohne Spezifikation der Einzelfälle die Entziehung sowie die Beschränkung von Eigentum und Rechten an Grundstücken für Unternehmungen „zu allgemeinen Staats- und Korporationszwecken", bzw. für „ein dem öffentlichen Nutzen[1]) gewidmetes Unternehmen" im Wege der Enteignung unter bestimmten Kautelen zugelassen; der Unternehmer — es können auch Private und Privatgesellschaften in Frage kommen — kann jeweils gegen volle Entschädigung die Grundstücke und Rechte, deren er für eine zweckmäßige Durchführung der Haupt- und Nebenanlagen bedarf, im Expropriationsweg in Anspruch nehmen; in Betracht kommen also Wasserkraftanlagen, Talsperren, Leitungsführungen, Schalt- und Trans-

[1]) Der Begriff „dem öffentlichen Nutzen gewidmetes Werk" ist analog zu beurteilen, wie „öffentliches Werk" im Sinne des Bayr. Enteignungsrechts (vergl. Seite 56); auch die Versorgung der Kleingewerbetreibenden, der Landwirte, der sonstigen Einwohnerschaft eines Bezirkes dient dem öffentlichen Nutzen, wenn diese Versorgung auch durch einen Privatunternehmer, aber unter Gewährleistung eines öffentlichen Verbandes erfolgt. Die Gemeinnützigkeit eines Elektrizitätswerkes muß objektiv, also nicht etwa bloß vom Standpunkt des Unternehmers aus gegeben sein.

formatorenräume, Anbringung von Haken und Rosetten als Aufhängevorrichtungen an Häusern, Wege zu den Anlagen, Wasserlaufregulierungen, kurz was für eine zweckmäßige Durchführung des Unternehmens erforderlich ist.

Wie in Bayern, so sind auch in anderen Ländern die formalen Abtretungsbestimmungen durch Vereinfachung und Abkürzung des Verfahrens erleichtert worden; so gibt das preuß. Gesetz vom 26. Juli 1922 (G. S. 211) für Unternehmungen, bei denen die Enteignung aus Gründen des öffentlichen Wohles, insbesondere zur Beseitigung und Abwendung größerer Arbeitslosigkeit oder aus sonstigen Umständen einer besonderen Beschleunigung bedarf, — die Möglichkeit —, durch öffentlich bekannt zu machenden Ministerialerlaß ein näher bestimmtes, vereinfachtes Verfahren zuzulassen.

Wenn die Voraussetzungen für die Zwangsenteignung vorliegen, so bedarf es nach preuß. Gesetz nicht etwa des Nachweises, daß die Erlaubnis zum nötigen Eingriff in die fremde Rechtssphäre in Güte nicht zu erlangen sei, vielmehr genügt die Tatsache des Bedarfs um die Verleihung des Rechts zur Expropriation erlangen zu **können**; einen **Anspruch** auf diese Verleihung hat indes niemand. Die Gewährung oder Versagung steht im freien Ermessen der entscheidenden Instanzen.

Im übrigen ist auch die Berechtigung zur Vornahme der Vorarbeiten und nach württembergischem und sächsischem Recht die vorübergehende, einen Zeitraum von drei Jahren nicht überschreitende Beschränkung der Eigentümernutzung (z. B. für Lagerplätze oder Barackenaufstellung während der Bauzeit, Anlage eines Bremsberges, Transportgleises und ähnlicher Maßnahmen) erzwingbar.

Aus den Wassergesetzen der einzelnen Länder sei Nachstehendes erwähnt:

1. Preuß. Wassergesetz vom 7. April 1913 mit Nachträgen:

Dieses Gesetz gewährleistet eine besondere Begünstigung von Wasserkraftwerken nach folgenden Gesichtspunkten:

a) Durch Verleihung eines **Rechtes** auf die Wasserbenutzung und durch den Ausschluß **widerruflicher** Verleihungen (§ 81). Wegen nachteiliger Wirkungen der Ausübung dieses Rechtes kann der davon Betroffene nicht die Unterlassung der Ausübung oder die Beseitigung der errichteten Anlage verlangen; er kann dagegen fordern (§§ 50 mit 55), daß Einrichtungen hergestellt und unterhalten werden, welche die nachteilige Wirkung ausschließen; wo solche Einrichtungen mit dem Unternehmen nicht vereinbar oder wirtschaftlich nicht gerechtfertigt sind, kann er Entschädigung verlangen; siehe hiewegen und wegen der Beschränkung und Verjährung solcher Forderungen § 82.

b) Wie anderwärts so kann auch nach preuß. WaG. dem Unternehmer die Verpflichtung als Bedingung auferlegt werden, sich an den Kosten für Sammelbecken, Talsperren u. a. zu beteiligen, einen Wasserlauf oder seine Ufer zu unterhalten und die eventuellen Kosten der staatlichen Beaufsichtigung zu tragen; die Forderung eines Entgelts für die Benutzung des Wasserlaufes ist nach § 54 ausgeschlossen.

c) Wird der Unternehmer durch den Verleihungsbeschluß verpflichtet, ein Grundstück . . . zum Ausgleich drohender Schäden zu erwerben, so hat die Verleihungsbehörde unverzüglich das Grundbuchamt um Eintragung eines Vermerks über die Verpflichtung zu ersuchen; Wirkung des Grundbucheintrags zugunsten der Sicherung des Anspruchs des Unternehmers auf Eigentumsübertragung — siehe § 74.

d) Ausgleichsverfahren: §§ 87 mit 90.

e) Zwangsrechte: Bei Durchführung der Unternehmung können Eingriffe in die Rechts- und Interessenkreise Anderer nicht immer vermieden werden; die Einzelbelange müssen auch hier — entsprechende Entschädigung vorausgesetzt — hinter die öffentlichen Rücksichten zurücktreten. Das preuß. WaG. gewährt demgemäß in den §§ 330 mit 341 verschiedene Zwangsrechte: so kann der Unternehmer, der die bessere Ausnützung einer Triebwerksanlage anstrebt, von den Eigentümern des Wasserlaufes bzw. der zur Durchführung des Projektes erforderlichen Grundstücke verlangen, daß sie die zur Bewirkung eines besseren Wasserabflusses notwendigen oder zweckmäßigen Veränderungen gegen Entschädigung dulden (§ 331).

Will der Eigentümer eines Ufergrundstückes oder der hieran Nutzungsberechtigte auf Grund eines ihm verliehenen Rechtes eine Stauanlage errichten, so kann er von den Eigentümern des gegenüberliegenden Ufergrundstückes die Duldung des Anschlusses gegen Entschädigung verlangen (§ 334); umgekehrt sind diese Ufergrundeigentümer berechtigt, statt der Benutzungserlaubnis vom Unternehmer die Ablösung des Eigentums an den benötigten Flächen — einschließlich eines etwa nach der seitherigen Bestimmung nun nicht mehr zweckmäßig nutzbaren Rechtes gegen Entschädigung zu verlangen (§ 336). Für die Durchführung dieser Zwangsrechte gilt ein vereinfachtes Verfahren (§§ 340, 341).

f) Vereinfachung und Beschleunigung des Verfahrens: Nach der Ausführungsanweisung vom 29. April 1914 (LMBl. 139) Ziff. 29 ff. kann das Verleihungsverfahren mit dem gewerbepolizeilichen Genehmigungsverfahren verbunden werden; nach Ziff. 1 ebenda und nach § 64 Abs. 2 des Gesetzes selbst sind Anträge auf Verleihung schleunig zu behandeln.

2. Württemberg: Wassergesetz vom 1. Dezember 1900.

Vorgesehen sind für die Durchführung von Wasserkraftanlagen Zwangsberechtigungen des Unternehmers (Art. 55 ff.) und Zwangsverpflichtungen Dritter (Art. 63 ff.); so kann auch gemäß Art. 63 die Entziehung des Wasserbezugs, der einer bisher zu Recht bestehenden Anlage zukommt, auf Antrag zugunsten einer neuen Anlage gegen den Willen des Berechtigten dann verfügt werden, wenn das neue Unternehmen wegen Zweck und Ausdehnung einen wesentlichen Nutzen von gemeinwirtschaftlicher Bedeutung (z. B. Verbesserung und Werterhöhung landwirtschaftlichen Grundbesitzes, Schaffung von Arbeitsgelegenheit, Verbesserung von Erwerbsmöglichkeiten) verspricht und eine möglichst vollständige und nutzbringende Verwendung der Wasserkräfte gewährleistet, die bei Aufrechterhaltung des Betriebs der alten Anlage nicht erreichbar wäre; Voraussetzung ist noch, daß die alte Anlage im Verhältnis zum gemeinwirtschaftlichen Nutzen des neuen Unternehmens nur untergeordnete wirtschaftliche Vorteile geboten hat. Ist die bisherige Anlage ohne den Wasserbezug nicht mehr zweckmäßig zu benützen und so für den Berechtigten entwertet, so muß sie vom neuen Unternehmer miterworben werden.

3. Sachsen: Wassergesetz vom 12. März 1909 (GVBl. S. 227).

Unter den für die Enteignung geltenden Voraussetzungen (Notwendigkeit für ein dem öffentlichen Nutzen gewidmetes Unternehmen) können Wasserbenutzungsrechte entzogen, aufgehoben, geändert oder beschränkt werden; wenn während des Verfahrens die Erlaubnis zur Errichtung von Stauanlagen für ein Wassertriebwerk an einem fließenden Gewässer (§ 23) begehrt wird, ist zur Erteilung die Enteignungsbehörde zuständig.

4. Baden: Wassergesetz vom 26. Juni 1899 und Nachtrag vom 8. März 1913.

Für die Durchführung eines Unternehmens, das dem öffentl. Interesse oder einem überwiegenden Interesse der Landeskultur dient, ist in § 35 vorgesehen:

1. Wenn zur zweckmäßigen Ausführung, Erweiterung oder Verbesserung eines mit Stauanlagen oder Sammelbecken arbeitenden Wasserwerks die Benutzung von Grundstücken oder Gewässern erforderlich ist, an denen anderen ein Eigentums- oder Benutzungsrecht zusteht, so können diese Berechtigten auf Antrag des Unternehmers für verpflichtet erklärt werden, die Benutzung ihrer Grundstücke und Gewässer zur Wasserzu- und Ableitung, sowie zur Herstellung und Unterhaltung der sonstigen Anlagen gegen Entschädigung zu dulden; der Eigentümer der beeinträchtigten bestehenden Anlage kann nach § 36 statt Entschädigung auch volle Ablösung verlangen.

2. Werden durch ein Unternehmen der vorbezeichneten Art, welches die Erzeugung von elektrischer Energie bezweckt, die Wassernutzungsrechte von Besitzern bestehender Wassertriebwerke

so beschränkt, daß sie ihre Triebkraft ganz oder teilweise einbüßen, so kann der Unternehmer für verpflichtet und berechtigt erklärt werden, diesen Wasserwerksbesitzern statt einer Geldentschädigung gleichwertigen Ersatz an Triebkraft durch Zuleitung elektrischer Energie zu leisten. Die hierzu erforderlichen Einrichtungen sind von dem Unternehmer herzustellen oder zu vergüten (§ 32 Abs. III).

Fünftes Hauptstück:

Das Recht der Leitungen und Leitungswege.

Es handelt sich hier hauptsächlich um die Leitungen der Fernmeldeeinrichtungen der Reichspost und die Starkstromleitungen der Elektrizitätswerke. Bei beiden kommen sowohl Freileitungen wie Kabel zur Verwendung; erstere sind oberirdisch auf Masten von Holz, Eisen oder Beton verlegte Leitungen aus Draht oder Seil (meist aus Kupfer oder Aluminium, seltener aus Eisen); die Kabel sind isolierte Leitungen mit Schutzumhüllung, zumeist zur Verlegung in die Erde bestimmt; erstere sind weniger betriebssicher (Gefahr des Reißens bei Sturm, Schnee, Rauhreif, Blitzgefahr, atmosphärische Überspannungen, Beschädigung von Isolatoren, Kurzschluß durch durchstreichende Vögel, durch Unfugtreibende u. dgl.); die Kabel sind — wenigstens für Starkstromführung — wesentlich teuerer, und ihre Anwendung bei sehr hohen Spannungen bereitet vorläufig noch technische Schwierigkeiten.

I. Abschnitt:

Das Telegraphenwegegesetz vom 6. April 1892.

Die deutsche Reichspost (Telegraphenverwaltung) ist befugt für ihre öffentlichen Zwecken dienenden Telegraphen- und Fernsprechlinien sowie ihre Funkanlagen die Verkehrswege ober- und unterirdisch benutzen, soweit nicht dadurch deren Gemeingebrauch dauernd beschränkt wird; als Verkehrswege gelten mit Einschluß des Erdkörpers und des darüber befindlichen Luftraums: öffentliche Wege, Plätze, Brücken und die öffentlichen Gewässer nebst deren dem öffentlichen Gebrauche dienenden Ufern (§§ 1, 16 TelWG.).

Die Telegraphenverwaltung ist außerdem befugt, die genannten Linien durch den Luftraum über Grundstücken, die nicht Verkehrswege sind, zu führen, soweit nicht dadurch die Benutzung des Grundstücks nach den zur Zeit der Herstellung der Anlage bestehenden Verhältnissen wesentlich beeinträchtigt wird. Tritt später eine solche Beeinträchtigung ein, so hat die Telegraphenverwaltung auf ihre Kosten die Leitungen zu beseitigen. Beeinträchtigungen in der Benutzung eines Grundstücks, welche ihrer Natur nach lediglich vorübergehend sind, stehen der Führung der Leitungen durch den Luftraum nicht entgegen; der entstehende Schaden ist zu ersetzen. Ebenso muß für Beschädigungen des Grundstücks und seines Zubehörs, die infolge der Linienführung durch den Luftraum eintreten, Ersatz geleistet werden.

Die Beamten und Beauftragten der Telegraphenverwaltung, welche sich als solche ausweisen, dürfen zur Vornahme notwendiger Arbeiten an den Linien, insbesondere zur Verhütung und Beseitigung von Störungen die Grundstücke nebst den darauf befindlichen Baulichkeiten und deren Dächer mit Ausnahme der abgeschlossenen Wohnräume während der Tagesstunden nach vorheriger schriftlicher Ankündigung betreten. Der dadurch entstehende Schaden ist zu ersetzen (§ 12 TelWG.).

Die Sonderberechtigungen nach diesem Gesetz begreifen die Befugnis auf Privatgrundstücken Leitungsmasten und Ständer aufzustellen, nicht in sich; wo durch Landesgesetzgebung weitergehende Rechte eingeräumt sind, hat es dabei sein Bewenden; so kann in Bayern die Telegraphenverwaltung auf Grund des TelWG. Leitungen über Privatgrund ohne Vergütung führen, für Stützpunkte aber mit Enteignung gegen Entschädigung vorgehen (bayer. ZwangsEG. vom 17. Nov. 1837 und 15. Aug. 1910).

Die Bestimmungen des TelWG. über das Verhältnis der Anlagen der Reichspost zu fremden elektr. Anlagen werden im V. Abschnitt (S. 73 ff.) besprochen.

Nach Art. 6 der Reichsverfassung vom 11. Aug. 1919 steht nunmehr dem Reich das ausschließliche Gesetzgebungsrecht über das Post-, Telegraphen- und Fernsprechwesen zu.

II. Abschnitt:

Das projektierte Starkstromwegegesetz.

Die Einführung von Zwangsberechtigungen — ähnlich jenen der Reichspost für die Fernmeldeeinrichtungen — erwies sich auch auf dem Gebiete der Starkstromtechnik mit der wachsenden Entwicklung und Ausdehnung der Fernversorgung und der Überlandwerke bald als ein lebhaftes Bedürfnis, insbesondere da, wo jede gesetzliche Handhabe, auch die Enteignungsmöglichkeit fehlte; so war, als die Stadtgemeinde München im Jahre 1905 beim Bau des Uppenbornkraftwerks an die Anlage der zugehörigen, ca. 52 Kilometer langen 50000 Volt-Freileitung herantrat, der städtische Dezernent — Mitverfasser dieses Buches —, insoweit nicht Staatsgrund zur Verfügung stand, lediglich auf Verhandlungen mit den beteiligten Grundbesitzern angewiesen; bei der Neuheit der Sache und der alsbald rege werdenden Gewinnsucht konnte er nicht überall so viel Entgegenkommen und Verständnis finden, daß nicht wenigstens für den Anfang unerwünschte Abweichungen von einer schlanken Trassenführung hätten in Kauf genommen werden müssen.

Wo heute ein Unternehmer mit vielen Grundeigentümern abzuschließen hat, ergeben sich je nach Individualität der Beteiligten und nach Lage der Verhältnisse verschiedenartige Vereinbarungen; auch erweist sich, namentlich bei Einhaltung des umständlichen — nicht abgekürzten — Verfahrens die Enteignung durchaus nicht als ein rasch zum Ziele führendes Behelfsmittel.

Nach Vorgängen in der Schweiz und Anläufen in Österreich haben die Vereinigung der Elektrizitätswerke und der Verband deutscher Elektrotechniker bereits im Jahre 1906 den Entwurf eines Starkstromwegegesetzes erstellt und um das Jahr 1909 dem Reichsamte des Innern eingereicht. Darin war eine Regelung auf folgende dem Telegraphenwege-Gesetz nachgebildeter Grundlage angestrebt:

1. Zweck des Gesetzes ist die Regelung der Rechtsverhältnisse für die Benutzung der Verkehrswege und des Privateigentums durch die Leitungen öffentlicher Starkstromanlagen, soferne keine anderweitigen Vereinbarungen vorliegen.

   Öffentliche Starkstromanlagen im Sinne des Entwurfs sind alle Anlagen zur Erzeugung, Verteilung und Verwendung elektr. Energie, welche dem öffentlichen Interesse dienen. Auf Antrag wird von den Behörden geprüft, ob dem Unternehmen die Eigenschaft einer „öffentl. Starkstromanlage" zukommt und bejahendenfalls amtlich zu veröffentlichende Bestätigung erteilt.

2. Der Unternehmer öffentl. Starkstromanlagen soll das Recht erhalten

   a) die öffentlichen Verkehrswege für die Leitungen seiner Anlagen sowie für die erforderlichen Umformer und Schaltstationen unentgeltlich zu benutzen;

   b) Leitungsanlagen über Grundstücke, die nicht Verkehrswege sind, ober- oder unterirdisch hinzuführen und auf diesen Grundstücken und an den darauf befindlichen Gebäuden Stützpunkte für die Leitungsanlagen, Masten, Streben, Anker, Konsolen und Rosetten anzubringen — je soweit nicht dadurch erhebliche Beeinträchtigungen der Interessen des Eigentümers bewirkt werden; entstehender Schaden ist zu ersetzen.

3. Die Befugnis zur Ausübung dieser Rechte ist von der Erteilung eines Feststellungsbeschlusses der zuständigen Behörde abhängig, die nach Ablauf der Einspruchsfrist entscheidet. Berufung gegen diesen Beschluß ist zulässig; in dringenden Fällen kann die Behörde auf Antrag des Unternehmers ihren Beschluß eventuell gegen Sicherheitsleistung für vorläufig vollstreckbar erklären. — Schadensersatzpflicht des Unternehmers im Falle der Aufhebung des Beschlusses.

4. Das Verfahren ist durchwegs zu vereinfachen und zu beschleunigen.

Dieser Entwurf ist beim Deutschen Städtetag auf entschiedenen Widerstand gestoßen: in einer Vorstellung vom 17. März 1910 wehrten sich die Städte gegen den geplanten Eingriff in ihr Verfügungsrecht über den öffentlichen Verkehrsgrund und in die davon abhängigen Monopolrechte für ihre eigenen Werke, sodann gegen die Beeinträchtigung der Eigentumsrechte ihrer Einwohnerschaft und gegen die Konsequenzen, die aus einem solchen Gesetze für andere, nicht minder wichtige Unternehmungen — Straßenbahnen, Gasanstalten, Fernheizwerke, Rohrpostanlagen u. dgl. — mit der Zeit gezogen werden könnten. Es wurde ausgeführt, daß die seitherige Entwicklung der Elektrizitätswerke und Überlandzentralen genugsam die Entbehrlichkeit und Unzulässigkeit eines derartigen Gesetzgebungsaktes beweise und daß mindestens die Expropriationsgesetze der Länder als völlig zureichend gelten müßten; schließlich wurde im Interesse der gemeindlichen Werke auch gegen die aus dem Entwurf herausgelesene Möglichkeit Verwahrung eingelegt, daß etwa ein Industrieller versuchen könnte, seine im Stadtgebiet zerstreuten Betriebe — unter Umgehung der städt. Stromversorgung aber unter Benutzung des städt. Straßengrundes aus einer eigenen Zentrale zu beliefern.

Ein Verbesserungs-, nach anderer Auffassung: Verwässerungsvorschlag der Vereinigung der Elektrizitätswerke hat auf der Tagung des Jahres 1911 zu Magdeburg eine überwiegende Majorität in folgender Fassung gefunden:

I. Die Durchführung von Starkstromleitungen durch einen Gemeindebezirk unter Benutzung von öffentlichen Wegen und privaten Grundstücken bedarf der Genehmigung der Wegeunterhaltspflichtigen (Gemeinde) und der Grundstückseigentümer.

Diese Genehmigung kann im Falle der Verweigerung durch ein Zwangsverfahren ersetzt werden, welches folgenden Anforderungen zu genügen hat:

a) es soll — etwa nach Art des abgekürzten Enteignungsverfahrens, wie es damals Sachsen schon kannte — schnell zum Ziele führen;

b) den zu Belastenden die gleichen Rechtsgarantien bieten, welche die Enteignungsgesetze für das Enteignungsverfahren vorsehen; insbesondere soll die Genehmigung nur ersetzt werden, wenn ein öffentliches Interesse vorliegt, und wenn ohne die Durchführung der Leitungen durch einen bestimmten öffentlichen Verkehrsraum oder durch ein Privatgrundstück die Anlage oder der Ausbau (Erweiterung, Änderung) des betreffenden Starkstromunternehmens nicht oder nur mit unverhältnismäßig großen Opfern möglich wäre;

c) durch das Zwangsverfahren soll dem Unternehmer die Befugnis zur Durchführung von Leitungen nicht allgemein, sondern nur von Fall zu Fall für bestimmte Wegstrecken und bestimmte Grundstücke eingeräumt werden;

d) das Zwangsverfahren soll die Gewährung einer Entschädigung an den Wegeunterhaltspflichtigen bzw. Grundstückseigentümer vorsehen und für die Festsetzung der Höhe den Rechtsweg offen lassen.

II. Die Befugnis des Starkstromunternehmers hat zu erlöschen, sobald der Verkehrsweg eingezogen wird.

III. Eine Stromabgabe an Dritte aus einem nicht der Gemeinde gehörigen Starkstromunternehmen ist im Gemeindegebiet ohne Genehmigung der betreffenden Gemeinde nicht zulässig; es sei denn, daß dafür Verkehrswege oder sonstige Grundstücke der Gemeinde nicht in Anspruch genommen werden. Diese Genehmigung kann durch ein Zwangsverfahren nicht ersetzt werden. Als Stromabgabe an Dritte gilt auch die Verteilung von Strom an verschiedene im Gemeindegebiet getrennt liegende Betriebe desselben Unternehmers.

Kritik: Ein in dieser Form modifiziertes Starkstromwegegesetz würde im wesentlichen nur einer reichsrechtlichen Sanktionierung der in den Ländern ohnehin bereits bestehenden Bestimmungen gleichkommen: Der ursprünglich für Bayern bestehende Mangel einer Enteignungsmöglichkeit ist seit dem Jahre 1910 behoben und war in anderen Ländern — Preußen, Sachsen, Württemberg, Baden, Hessen, Oldenburg — schon damals nicht vorhanden; auch ist seither die Elektrizitätsversorgung im ausgedehntesten Maße dem Verständnis und dem Bedarf der Allgemeinheit näher gerückt worden, so daß sich heute die Verhandlungen mit den Grundeigentümern — oft unter fördernder Mitwirkung der Behörden — leichter in Güte abwickeln. Andrerseits darf nicht verkannt werden, daß die Durchführung der einem Reichsregal dienstbaren Fernmeldeleitungen durch die Straßen einer dadurch nicht konkurrenzierten Stadt und die Aufhängung von Schwachstromdrähten an nur wenig Bodenfläche beanspruchenden Masten oder Dachständern, die Überquerung bebauter oder unbebauter Grundstücke — erforderlichenfalls mit der Pflicht zur Verlegung — doch ganz erheblich geringere Eingriffe in fremde Rechtssphären und in die Interessen der Gemeinden darstellt, als eine analoge Berechtigung bei Hochspannungsanlagen bedeuten würde; man denke z. B. bei bebautem Gelände an die Nachteile für die unterliegenden Gebäude, an die Beschränkung der nachträglichen Aufstockung, die Gefahren, die in einem Brandfall für die Leitung selbst und die Löschmannschaft eintreten können, sodann bei Ortsstraßen an die größeren Hausabstände, die wegen des seitlichen Ausschlags der Seile vorgesehen werden müssen, die Sicherungen, die für kreuzende andere Leitungen (Feuertelegraphen u. dgl.) notwendig werden, endlich bei weitausgreifenden Trägerfundamenten auf Ackergrundstücken auch an eine gewisse Erschwerung der Feldarbeiten.

Gegen solche Beeinträchtigungen kann ein Gesetzgeber gewisse Sicherheiten oder Entschädigungen billigerweise so wenig versagen, wie er unverständigen und unbegründeten Ansprüchen der Eigentümer den Rechtsschutz gewähren darf.

Damit bleibt in der Hauptsache das Verlangen nach einer möglichsten Vereinfachung und Beschleunigung des Verfahrens übrig: eine diesbezügliche Vorschrift läßt sich, was die Entschädigung anlangt, im Rahmen des Art. 153 Abs. II der Reichsverfassung ermöglichen; sie wird im Streitfall die Festsetzung durch die ordentlichen Gerichte vorbehalten; doch kann im Wege eines Reichsgesetzes von solcher Erschwerung auch abgesehen werden.

Im übrigen wäre der Streit, ob die Expropriation überhaupt im Einzelfall zulässig ist — er kann z. B. in Bayern durch drei Instanzen geführt werden! — von vorneherein auszuschalten. Die Anerkennung der geplanten Trasse, etwa nach Eröffnung einer knappen Einspruchsfrist, und im Anschluß hieran die Erlaubnis zum alsbaldigen Leitungsbau, eventuell gegen eine mäßige Sicherheit sollten u. E. von den zuständigen Verwaltungsbehörden, die heute über genügend ausgebildete technische Berater verfügen, — alsbald endgültig ausgesprochen werden. Derartige Erleichterungen sind auch ohne ein Reichsgesetz denkbar; Novellen zu den Enteignungsgesetzen der Länder — womöglich einheitlich ausgestaltet — sollten schließlich genügen können. Wenn man sich aber zu einem Starkstromwegegesetz des Reiches entschließt, so möchten wir aus den erörterten Gesichtspunkten den im Reichsschatzministerium (XII 1920) erstellten Referentenentwurf eines im Vollzug des SozG. damals geplanten Reichselektrizitäts-Gesetzes (§§ 130 mit 165 betr. die Benutzung von Grundstücken für Leitungsanlagen) mutatis mutandis für die beste und gerechtste Grundlage ansehen.

III. Abschnitt:

Vertragsmäßige Berechtigung zum Leitungsbau.

Maßgebend sind die Bestimmungen des BGB.

A. Obligatorische Verträge.

a) Mit Rechtssubjekten des öffentlichen Rechtes und juristischen Personen des Privatrechts — bei letzteren, wenn der Bestand genügend gewährleistet erscheint — schließt der Unternehmer zweckmäßigerweise obligatorische Verträge; sie haben zum Inhalt die Erlaubnis zur Benutzung des Grundstücks für ober- und unterirdische Leitungsführung und Aufstellen der Nebenanlagen (Masten, Ständer, Schalt- und Transformatorenanlagen usw.), sowie das Recht zur Änderung, Verlegung, Unterhaltung und zur Revision durch beauftragte Angestellte und Arbeiter; ferner die Befugnis zur Ausästung von Alleen, Freihaltung von Waldschneißen u. dgl.

Im Interesse des Ausschlusses von Zweifeln[1]) empfiehlt es sich auszubedingen:

1. daß der Unternehmer Eigentümer der auf das Grundstück gebrachten Gegenstände aller Art bleibt, daß also die Leitung samt Nebenanlagen nicht Bestandteil des für den Leitungsbau benutzten Grundstücks wird,

2. daß der Unternehmer befugt bleibt, bei Veräußerung oder Verpachtung seines Werkes diese Berechtigungen auf seinen Nachfolger im Eigentum oder Betrieb mit zu übertragen.

Derartige Abschlüsse enthalten auch die „Staatsverträge" und Konzessions- bzw. Zustimmungsverträge, welche der Unternehmer mit Ländern, Provinzen, Gemeindeverbänden oder Gemeinden abschließt (vgl. Seite 34 und 40).

B e i s p i e l: Das von der Wasserkraftabteilung des Bayerischen Staatsministeriums d. J. im Einvernehmen mit der Vereinigung Bayerischer Elektrizitätswerke erstellte Musterschema für einen „Zustimmungsvertrag zwischen Gemeinden und Unternehmern" enthält in § 2 folgende Bestimmungen:

§ 2. Benützung gemeindlichen Eigentums: Die Gemeinde räumt dem Unternehmer das ausschließliche Recht ein, die ihr gehörenden Grundstücke und Gebäude für die Verlegung von elektr. Leitungen samt ihren Stützpunkten und die zur Transformierung, Schaltung und Verteilung des Stromes nötigen Einrichtungen sowohl zur Versorgung innerhalb der Gemeinde, wie zur Weiterführung unentgeltlich zu benützen.

Die bloße Durchführung von Leitungen darf die Gemeinde einem Dritten unter der Auflage gestatten, daß er innerhalb der Gemeinde keinen Strom abgibt. Die Gemeinde kann auch Privaten gestatten, den auf eigenen Grundstücken erzeugten Strom über gemeindliches Eigentum zu anderen Grundstücken, jedoch nur für den eigenen Gebrauch, zu leiten.

Ohne weiteres gestattet sind Leitungen Dritter zur Stromversorgung elektr. Bahnen, Treideleien und staatlicher Anstalten[2]). Nach Kündigung

[1]) Nach § 95 Abs. I Satz 1 BGB. gehören zu den Grundstücksbestandteilen solche Sachen nicht, die n u r z u v o r ü b e r g e h e n d e m Z w e c k (hieher zählt Miete und Pacht) mit dem Grund und Boden verbunden sind.

[2]) Die a u s s c h l i e ß l i c h e Erlaubnis, im Gemeindebezirk Leitungen zu haben und elektr. Arbeit für Licht- und Kraftversorgung zu liefern, begreift, wenn nicht, wie im Bayer. Vertragsschema, eine Ausnahme vorgesehen ist, auch die monopolartige Vorzugsstellung des Unternehmers für den Kleinbahnstrom in sich. Der Vertrag stellt eine schuldrechtliche Verpflichtung der Gemeinde nur gegenüber dem Unternehmer dar; wenn sie nun gleichwohl — wie in dem (RG. 91, S. 170) behandelten Fall — einem Dritten vertragswidrig das Recht zum Leitungsbau und zur Stromversorgung für eine Klein-

des Vertrages darf die Gemeinde Einrichtungen für ihre spätere Stromversorgung erstellen, aber vor Ablauf des Vertrages nicht in regelrechten Betrieb nehmen.

Nach Ablauf des Vertrages ist der Unternehmer berechtigt und auf Verlangen der Gemeinde verpflichtet, die von ihm zur Stromversorgung der Gemeinde geschaffenen Einrichtungen auf eigene Kosten innerhalb sechs Monaten unter ordentlicher Instandsetzung der Straßen, Gebäude usw. zu entfernen.

Die Gemeinde gestattet ihm auch nach Ablauf des Vertrages die Benützung des gemeindlichen Eigentums zur Belassung und Legung von Durchgangsleitungen und der zugehörigen Einrichtungen ohne Stromabgabe im Gemeindegebiet auf weitere . . . Jahre. Für jeden Kilometer Durchgangsleitung und für jede Transformatoren- und Schaltstation ist eine jährliche Entschädigung von . . . Mk. zu zahlen.

Das faktische Monopol für den Unternehmer ist in § 1 dieses Schemas so festgelegt:

„Die Gemeinde verpflichtet sich, eine Anlage zur Erzeugung oder Verteilung des von ihr oder ihren Einwohnern benötigten Stromes weder selbst, noch durch einen Dritten zu errichten oder zu betreiben, noch Strom anderweitig zu beziehen. —

b) Denkbar ist auch die Form einer langjährigen Grundstücksmiete oder Pachtung (§§ 335 ff. BGB.), die — soll sie rechtsgültig über ein Jahr dauern — der schriftlichen Form bedarf (§ 566), auf 30 Jahre erstreckt werden kann (§ 567) und auch bei Veräußerung des Grundstücks durch den Vermieter gegenüber dem neuen Erwerber Geltung hat (§ 571).

Wegen des Fortbestandes im Falle der Zwangsveräußerung siehe Zwangsvollstreckungsgesetz vom 24. März 1897 §§ 9 Abs. II, 21 Abs. II, 24, 57, 57a, b, 152 und Konkursordnung § 21.

c) Rein verstattungsweise und jederzeit widerruflich erfolgt die Erlaubniserteilung (Beleihung) für Benützung und Querung des Grundes der Reichseisenbahnen; der Widerruf (Aufhebung) wird bei Starkstromanlagen für die allgemeine Elektrizitätswirtschaft nur mit Ermächtigung des Reichsverkehrsministers ausgesprochen (vgl. S. 71 f.).

B. Dingliche Verträge:

Diese bieten insbesondere beim Abschluß mit Einzelpersonen oder Personenvereinigungen von wenig gesichertem Dauerbestand größere Gewähr; sie unterliegen nach § 873 BGB. dem Formenzwang der gerichtlichen oder notariellen Vereinbarung und der Eintragung in das Grundbuch.

a) In Betracht kommt die Form der Grunddienstbarkeit §§ 1018 ff. oder der beschränkten persönlichen Dienstbarkeit §§ 1090 ff., letztere unter dem Vorbehalt der Überlassung der Aus-

---

bahn einräumt, so gewährt das Gesetz dem Unternehmer nicht ein Klagerecht gegen den zu Unrecht zugelassenen Konkurrenten, sondern nur ein solches gegen die ihm gegenüber verpflichtete und vertragsuntreu gewordene Gemeinde.

übung (§ 1092). Der Inhalt der Vereinbarung ist im wesentlichen der gleiche wie beim obligatorischen Vertrag (siehe oben A a), auf die Bedingungen unter Ziff. 1 und 2 ebendort kann im Hinblick auf § 95 Abs. I Satz 2 verzichtet werden; die auf Grund dinglichen Rechts auf ein fremdes Grundstück gebrachten Leitungen und Nebenanlagen werden — abgesehen vom Erbbaurecht (siehe nachfolgenden Absatz b) — nicht Bestandteile des fremden Grundstücks.

b) Vor der Revision des Erbbaurechts durch die Verordnung vom 15. Jan. 1919 (RGBl. 72) ist wohl auch in der Literatur[1]) die Frage der Bestellung eines Erbbaurechts erörtert worden; für Schalt- und Transformatorenanlagen, allenfalls auch für größere mit dem Boden fest verankerte oder solid fundierte Mastkonstruktionen mag der vom Erbbaurecht geforderte Begriff des „Bauwerks" gegeben sein; ob auch Kabelführungen und insbesondere Freileitungen und einfache Gestänge unter diese Bezeichnung subsummiert werden können, erscheint aber mehr als zweifelhaft. Die Anwendung dieser Rechtsform wird übrigens wenig praktisch sein: denn mit dem Erlöschen des Erbbaurechts wird das Bauwerk zum Bestandteil des fremden Grundstücks (§ 12), der Erbbauberechtigte darf es dann nicht wegnehmen und sich auch die Bestandteile nicht aneignen (§ 34), der Grundeigentümer hat einen Heimfallsanspruch u. dgl. Dazu kommt, daß das Erbbaurecht nur an — oft schwer zu erreichender — ausschließlich erster Rangstelle bestellt (§ 10) und in Gegenden, in denen dieses Rechtsinstitut namentlich bei der ländlichen Bevölkerung nicht eingebürgert ist, auch nur schwer im Verhandlungswege erreicht werden kann.

Aus solchen Erwägungen sind Überlandwerke vielfach dazu gekommen, die Transformatorenhäuser auf eigenen Grundparzellen zu errichten, zum Ankauf die versorgten Gemeinden heranzuziehen, im übrigen Dienstbarkeiten zu bevorzugen, nötigenfalls sich auch mit obligatorischen Verträgen zu begnügen.

IV. Abschnitt:

Das Privatrechtsverhältnis der Leitung zum Elektrizitätswerk.

Diese Rechtsbeziehungen sind bereits im Vorstehenden bei Bezugnahme auf § 95 BGB. gestreift worden. Außenleitungen und deren Nebenanlagen sind nach §§ 90, 93 mit 95, 97 und 98 ebenda **nicht Bestandteile** des Grundstückes oder Grundstückkomplexes, auf dem das Elektrizitätswerk steht, sie sind aber **Zubehör** dieses Grundstückes im Sinne des bürgerlichen Rechts. Denn nach § 97 Abs. I Satz 1 gelten als Zubehör bewegliche Sachen, die, ohne Be-

[1]) Z. B. Plenske, Elektrizitätsrecht, Berlin 1908.

standteil der Hauptsache zu sein, dem wirtschaftlichen Zwecke der letzteren zu dienen bestimmt sind und zu ihr in dementsprechenden räumlichen Verhältnissen stehen; bei einem für einen Gewerbebetrieb dauernd eingerichteten Gebäude haben gemäß § 98 Ziff. 1 die zum Betriebe bestimmten Maschinen und Gerätschaften als „dem wirtschaftlichen Zwecke der Hauptsache zu dienen bestimmt" zu gelten. Die Leitungseinrichtungen sind im Verhältnis zum Elektrizitätswerk solche Betriebsgerätschaften, sie sollen den vom Werk erzeugten Strom aufnehmen und den Verbrauchern zuleiten; auch das dem Gesetze entsprechende räumliche Verhältnis zum Werk ist beim bestimmungsgemäßen und tatsächlichen Zusammenhang beider nicht zu bezweifeln. Zubehör können auch Sachen sein, die sich auf einem fremden Grundstücke befinden; eine Leitung, die in Ausübung eines dinglichen Rechtes oder zu einem vorübergehenden Zweck — die erfolgende Beendigung kann auch sehr lange hinausgeschoben sein — über ein fremdes Grundstück, selbst mit diesem in fester Verbindung geführt wird, bleibt Zubehör des Werkes und wird nicht Bestandteil des fremden Grundstücks (RG. 87 S. 49).

Praktische Folge: Die Veräußerung des Werkes mit Zubehör umfaßt auch die über fremden Grund gehenden Leitungen; ebenso begreift die hypothekarische Belastung des Werkes auch die Leitungen in sich, da die Hypothek gemäß § 1120 BGB. sich neben den Bestandteilen eines Grundstücks auch auf dessen Zubehör erstreckt. Dieses Ergebnis entspricht auch den Bedürfnissen der Wirtschaft. In einem Haftpflichtstreit ist vom Reichsgericht (RG. 67 S. 229 ff.) ein vom Elektrizitätswerk nach einer außerhalb liegenden, außer Betrieb gesetzten Fabrik führendes und versehentlich unter Spannung gebliebenes Kabel als „Bestandteil" des Werkes behandelt.

V. Abschnitt:

Das Rechtsverhältnis der Starkstromleitungen zu elektr. Leitungen anderer Unternehmer.

In Betracht zu ziehen sind vor allem die Regalbetriebe des Reiches; dabei ist vorauszuschicken, daß das Netz der Versorgungsleitungen, das sich über das Reichsgebiet erstreckt, immer enger wird, und daß die Fernmeldeeinrichtungen wegen der Elektrisierung der Reichsbahnen und der Erhöhung der Spannungen in den Hauptversorgungsleitungen in steigendem Maße in das Einflußgebiet der Starkströme gezogen werden.

Im einzelnen:

A. Reichseisenbahnen:

Für fremde Starkstromleitungen über oder unter Bahngelände bestehen keine gesetzlichen Regelungen; alle Sicherheits- und Schutzanordnungen der Bahnbehörden finden ihren rechtlichen Stützpunkt im Eigentum am Bahngrund. Solche Anordnungen sind ergangen durch Erlaß des Reichsverkehrsministers auf Grund gemeinsamer Beratungen seines Ministeriums mit dem VDE., gültig ab 18. November 1922 (abgedruckt in: Vorschriftenbuch des VDE., 14. Aufl. 1927 S. 745).

Darnach bedürfen die bahnkreuzenden fremden Anlagen einer mittels schriftlicher Verleihungsurkunde durch die Reichsbahnbehörden zu erteilenden Genehmigung; sie sind nach ihren Angaben auf Kosten und Gefahr des Unternehmers (Beliehenen) herzustellen und in ordnungsgemäßem Zustande zu erhalten (§§ 1 mit 3), vor der Inbetriebnahme nach näherer Vorschrift auf plan- und sachgemäße Ausführung (§ 4), ferner alle drei Jahre auf ordnungsgemäßen Zustand zu prüfen (§ 5) und — falls die Starkstromleitung nach Ermessen der Reichsbahn die Bahnanlagen oder den Bahnbetrieb gefährdet oder so stört, daß schwerwiegende Unzuträglichkeiten daraus entstehen könnten — auf Aufforderung ohne Anspruch auf Entschädigung so lange abzuschalten, bis die Störung oder Gefährdung beseitigt ist. Gleiches gilt im Falle unzulässiger Erschwerung der Bahnunterhaltung (§ 6).

Für Abänderungen, insbesondere zur Ergänzung oder Erweiterung der Anlage bedarf der Unternehmer (Beliehene) der vorgängigen Erlaubnis; Änderungen der Anlage, die infolge von Änderungen, Erweiterungen oder Instandhaltungen der Bahnanlage erforderlich werden, sind nach den Bedürfnissen der Reichsbahn auf Kosten des Beliehenen auszuführen; als Änderung der Anlage gilt auch die Änderung der Stromart oder eine Erhöhung der Spannung (§ 7).

Der beliehene Unternehmer hat sämtliche Kosten zu tragen, die aus Anlaß der Herstellung, des Bestehens, der Änderung oder der Beseitigung der Starkstromanlage der Reichsbahn erwachsen; sie sind in § 9 näher aufgeführt.

Die Reichsbahn erhebt nach § 10 für jede Kreuzung — abgestuft nach Stromspannungen — einmalige und jährliche Gebühren.

Ungeachtet der bahnseitigen Aufsicht und Prüfungen ist der beliehene Unternehmer für die sachgemäße Ausführung und Unterhaltung der Starkstromanlage allein verantwortlich; er hat der Reichsbahn allen Schaden zu ersetzen, der ihr infolge der Herstellung oder des Bestehens[1]) der Anlage unmittelbar oder auf Grund von Ansprüchen Dritter entsteht, soferne er nicht beweist, daß der Schaden durch Verschulden der Reichsbahn verursacht worden ist. Dem Beliehenen steht kein Entschädigungsanspruch zu, wenn seine Anlagen durch die Unterhaltung oder Veränderung der Bahnanlagen oder den Bahnbetrieb beschädigt oder unbrauchbar werden (§ 9).

---

[1]) Bestandshaftung.

Die Erlaubnis kann mit dem Unternehmen, dem die Anlage dient, übertragen werden; die Übertragung wird wirksam mit der durch eingeschriebenen Brief erfolgenden Anzeige an die Eisenbahnbehörde (Generaldirektion oder Direktion). Die Erlaubnis erlischt:

a) infolge Aufhebung, die bei Starkstromanlagen für die allgemeine Elektrizitätswirtschaft nur mit Ermächtigung des Reichsverkehrsministers ausgesprochen wird,

b) durch Verzicht, der vom Beliehenen gegenüber der Eisenbahnbehörde erklärt wird.

Wegen des Erlöschens der Erlaubnis erwachsen dem Beliehenen keine Entschädigungsansprüche; er hat vielmehr auf Verlangen der Reichsbahn binnen der von ihr gestellten Frist unter Beachtung ihrer Anordnungen den früheren Zustand wieder herzustellen, widrigenfalls die Arbeiten auf Kosten des Beliehenen durch die Reichsbahn ausgeführt werden, welche dabei über Art und Umfang der Ausführung entscheidet (§ 11).

Soweit auf Grund der erteilten Erlaubnis im ordentlichen Rechtswege Ansprüche geltend gemacht werden können, sind zur Verhandlung und Entscheidung die Gerichte erster Instanz am Sitze der Reichsbahndirektion zuständig, in deren Amtsbezirk die Anlage liegt (§ 12).

Wegen der Rücksichtnahme auf die bisherigen Starkstrom- und Fernmeldeanlagen stellt der Erlaß die Grundregel auf

1. daß die Starkstromleitungen des beliehenen Unternehmers den Bau, den Betrieb und die Unterhaltung der Eisenbahn nicht beeinträchtigen und ihre genannten Leitungen nicht gefährden, auch durch Fernwirkung nicht störend beeinflussen darf,
2. daß sie sich ohne Behinderung des Bahnbetriebs einbauen, unterhalten und ersetzen lassen. Bei Kreuzung elektrisch betriebener Eisenbahnlinien ist zu beachten, daß die bahneigenen Fahr- und Speiseleitungen dauernd unter Strom stehen;
3. sie müssen den Vorschriften des VDE. entsprechen, soweit nicht durch die vorliegenden Vorschriften abweichende Bestimmungen getroffen sind (§ 15).

Im übrigen enthält der Erlaß Bestimmungen wegen der Wahl der Kreuzungsstellen, fremder Fernmeldeleitungen, Abweichung von den Bauvorschriften und vor allem über die Abstände der oberirdischen Anlagen, die zu verwendenden Baustoffe, die Querschnitte und die Festigkeit, dann die Befestigung der Leitungen und die Baustoffe, Beanspruchung und Berechnung der Maste und Fundamente, endlich Bestimmungen über die in Bahngrund zu verlegenden Starkstromkabel, ihre Abstände von kreuzenden anderen Kabeln, der Schienenunterkante, die Einbettung u. dgl.

Vorschriften über die Kreuzung elektr. Starkstromanlagen mit Reichswasserstraßen sind in Vorbereitung.

B. Verhältnis zu den Anlagen der Reichspost.

1. Leitungen des Unternehmers, welche die gleichen Wegflächen, wie die Fernmeldeleitungen (Telegraphen- und Fernsprechlinien) der Reichspost benutzen:

Die Zwangsrechte, die das TelWG. der Reichspost für ihre Leitungsführungen auf öffentlichen Verkehrsgrund einräumt (vgl. V. Hauptstück 1. Abschnitt) finden ihr Korrelat in der Verpflichtung zur besonderen Rücksichtnahme auf die an diesem Verkehrsgrund vorhandenen, in Vorbereitung begriffenen und später hinzukommenden „besonderen Anlagen", das sind auch elektr. Anlagen anderer Unternehmer, vor allem des Wegeunterhaltungspflichtigen selbst.

Nach § 5 TelWG. sind diese Fernmeldeleitungen der Reichspost so auszuführen, daß sie vorhandene elektr. Anlagen — im Nachfolgenden fremde Anlagen — nicht störend beeinflussen; die auf die Herstellung erforderlicher Schutzvorkehrungen erwachsenden Kosten sind von der Reichspost zu tragen; sie kann die Verlegung oder Veränderung der fremden elektr. Anlagen nur gegen Entschädigung und nur dann verlangen, wenn die Benützung des Verkehrsweges für die Fernmeldelinie sonst unterbleiben müßte und die fremde Anlage auch anderweit zweckentsprechend untergebracht werden kann. Steht der Kostenaufwand für eine solche Verlegung außer Verhältnis zum Aufwand für die Führung der Fernmeldeleitung auf einem anderen verfügbaren Verkehrsweg, so hat die Reichspost der bestehenden fremden Anlage auszuweichen; diese Vorschriften gelten auch für fremde Anlagen, die im öffentlichen Interesse liegen, sich aber erst in Vorbereitung befinden.

Was sodann die Unternehmungen des Wegeunterhaltspflichtigen im Verhältnis zu bestehenden Fernmeldeleitungen der Reichspost anlangt, so sind spätere fremde elektr. Anlagen nach Möglichkeit — d. i. im Rahmen des technisch und wirtschaftlich Vertretbaren — so auszuführen, daß sie die vorhandenen Reichspostlinien nicht störend beeinflussen (§ 6 Abs. I).

Nach Abs. II muß dem Verlangen des Unternehmers nach Verlegung der Reichspostlinien auf Kosten der Reichspost stattgegeben werden, wenn sonst die Herstellung der späteren fremden elektr. Anlage unterbleiben müßte oder wesentlich erschwert würde; Voraussetzung ist dabei jedoch, daß der Unternehmer mit dem oder den Wegeunterhaltspflichtigen identisch ist oder letztere am Unternehmen überwiegend beteiligt erscheinen, ferner, daß die fremde Anlage aus Gründen des öffentlichen Interesses, insbesondere volkswirtschaftlichen und Verkehrsrücksichten ausgeführt werden soll.

Treffen diese beiden Voraussetzungen nicht zu, so kann der Unternehmer der fremden Anlage zwar auch die Verlegung oder Veränderung der Fernmeldelinien oder die Herstellung der erforderlichen Schutzvorrichtung an solchen — jedoch nur auf seine eigenen Kosten — verlangen. Die Verlegung einer nicht lediglich dem Orts-, Vororts- oder Nachbarortsverkehr dienenden Fernmeldelinie kann nur dann verlangt werden, wenn sie ohne Aufwendung unverhältnismäßig hoher Kosten anderweit zweckentsprechend untergebracht werden kann (§ 6 Abs. II und V).

Wenn wegen einer späteren fremden elektr. Anlage im Sinne des Abs. II (Beteiligung des Wegeunterhaltspflichtigen an einem Unternehmen von öffentlichem Interesse) die schon vorhandene Fernmeldelinie mit Schutzvorkehrungen (z. B. Schutznetz, geerdete Schutzdrähte u. dgl.) versehen werden muß, so sind die hierdurch entstehenden Kosten von der Reichspost zu tragen (§ 6 Abs. III).

Rückersatzansprüche der Reichspost kommen in Frage, wenn ein Wegeunterhaltspflichtiger seinen Anteil an der fremden elektr. Anlage einem nichtunterhaltspflichtigen Dritten überläßt (§ 6 Abs. IV).

Auf spätere Änderung vorhandener fremder elektr. Anlagen finden die Vorschriften des § 6 Abs. I mit V entsprechende Anwendung.

2. Leitungen des Unternehmers, die außerhalb öffentlicher Verkehrswege das Interessengebiet der Fernmeldeleitungen der Reichspost berühren:

Einschlägig ist hier zunächst die Bestimmung in §§ 12 f. des Reichsgesetzes betr. das Telegraphenwesen des Deutschen Reichs vom 6. April 1892; darnach sind elektr. Anlagen, wenn eine Störung des Betriebes der einen Leitung durch die andere eingetreten oder zu befürchten ist, auf Kosten desjenigen Teiles, welcher durch eine spätere Anlage oder durch eine später eintretende Änderung seiner bestehenden Anlage diese Störung oder die Gefahr derselben veranlaßt, nach Möglichkeit so auszuführen, daß sie sich nicht störend beeinflussen (§ 12).

Diese Bestimmung will eine langwierige Untersuchung darüber, wo die Ursache des Schutzbedürfnisses liegt, ausschließen und die Verpflichtung von dem äußerlich leicht feststellbaren bzw. wahrnehmbaren Merkmal der Priorität abhängig machen. Nach § 13 soll die Entscheidung durch die ordentlichen Gerichte unter möglichster Beschleunigung des Verfahrens (Feriensache §§ 198, 201 mit 204 RZPO., § 202 GVG.) herbeigeführt werden.

Dem Hersteller der neuen Anlage obliegt nur die Pflicht, die nach dem Stande der Technik im Zeitpunkte der Errichtung wirksamsten Schutz- und Sicherungsmaßnahmen zu treffen; werden diese mit weiteren Fortschritten überholt, so ist der Unternehmer nicht gehalten, seine Vorkehrungen nachzubessern oder jeweils den neueren und neuesten Erfindungen anzupassen. Derartige Modernisierungen bleiben vielmehr Sache des Besitzers der zuerst vorhandenen Leitung. Soweit daher nach Durchführung der ersten technisch vollendetsten Sicherung Störungen durch Stromübergang, Induktion, Erzeugung elektromagnetischer Wirkungen oder sonstwie eintreten, ist ein Anspruch auf deren Beseitigung oder auf Schadensersatz nicht gegeben (RG. 42 S. 210, 43 S. 255, 50 S. 83 und 292, 52 S. 63).

Sodann fordert die Reichspostverwaltung auf Grund des § 6 Abs. I TelWG. vom Unternehmer elektr. Starkstromanlagen die Beobachtung der vom VDE. herausgegebenen Vorschriften; einschlägig sind jene „für die Ausführung und den Betrieb elektr. Starkstromanlagen, in Geltung seit 1. Juli 1924; dort sind zu § 21 Maßnahmen verlangt, um die Gefährdung von Schwachstromleitungen durch Starkstromanlagen zu verhindern; ferner zählen hieher die „Allgemeinen Vorschriften für die Ausführung und den Betrieb neuer elektr. Starkstromanlagen ausschließlich der elektr. Bahnen bei Kreuzungen und Näherungen von Telegraphen- und Fernsprechleitungen (gültig ab 1. Juli 1908) nebst Zusatzbestimmungen des Reichspostministers vom 22. Juli 1922 zu Ziff. 3 der allgemeinen Vorschriften, ferner allgemeine Vorschriften zum Schutze vorhandener Reichstelegraphen- und Fernsprechlinien gegen neue elektr. Bahnen (gültig ab 1. Juli 1910), Vorschriften für die bruchsichere Führung von Hochspannungsfreileitungen über Postleitungen (gültig ab 1. Juli 1924) endlich Leitsätze für Maßnahmen an Fernmelde- und an Drehstromanlagen im Hinblick auf gegenseitige Näherungen (gültig ab 1. Oktober 1925).

Diese Vorschriften finden sich abgedruckt im Vorschriftenbuch des VDE. 14. Aufl. 1927 Seite 761, 767, 770, 772, 675. Vgl. auch Dr. Dettmar, Wegweiser für die vorschriftsmäßige Ausführung von Starkstromanlagen, Berlin 1927.

C. Die Rechtsverhältnisse zu elektr. Leitungen sonstiger Unternehmer sind aus dem Gesichtspunkte zu beurteilen, daß die rechtlich einwandfreie zuerst vorhandene Leitung — prior tempore, potior jure — vor unzulässigen Einwirkungen nachfolgender geschützt ist; der Schutz gegen Besitzstörungen ist durch §§ 858 ff., gegen Eigentumsstörungen durch §§ 903 ff. BGB. gewährleistet; die Sicherheitsvorschriften VDE. spielen bei der Beurteilung derartiger Eingriffe, sowie des technisch Zulässigen und Unzulässigen eine wichtige Rolle.

VI. Abschnitt.

Sicherheitspolizeiliche Vorschriften für Starkstromleitungen.

Die technischen Anforderungen bemessen sich nach den VDE.-Vorschriften „über die Errichtung und den Betrieb von elektr. Starkstromanlagen nebst Ausführungsregeln"; sie enthalten zur Frage der Leitungen u. a. folgende Bestimmungen:

§ 22. **Freileitungen:** a) ungeerdete Freileitungen dürfen nur auf Porzellanglocken oder gleichwertigen Isoliervorrichtungen verlegt werden.

b) Freileitungen, sowie Apparate an Freileitungen sind so anzubringen, daß sie ohne besondere Hilfsmittel weder vom Erdboden noch von Dächern, Ausbauten, Fenstern und anderen, von Menschen betretenen Stätten aus zugänglich sind; wenn diese Stätten selbst nur durch besondere Hilfsmittel zugänglich sind, genügt es bei Niederspannungen[1]), die Leitungsstrecken mit wetterfesten Umhüllungen auszuführen oder besondere Schutzwehren mit Warnungsschild anzuordnen.

Bei Wegübergängen müssen die Leitungen einen angemessenen Abstand vom Erdboden oder einen geeigneten Schutz gegen Berührung erhalten.

c) Träger und Schutzverkleidungen von Freileitungen, die mehr als 750 V gegen Erde führen, müssen durch einen roten Blitzpfeil sichtbar gekennzeichnet sein.

d) Leitungen, Schutznetze und ihre Träger müssen genügend widerstandsfähig (auch gegen Winddruck und Schneelast) sein. Die Ausführung und Bemessung von Freileitungen muß nach den „Vorschriften über Starkstrom-Freileitungen" erfolgen.

e) Bei Freileitungen für Hochspannung müssen blanke Leitungen verwendet werden; wo ätzende Dünste zu befürchten sind, ist ein schützender Anstrich gestattet.

f) Bei Freileitungen für Hochspannung müssen Eisenmaste und Eisenbetonmaste mit Stützenisolatoren geerdet werden.

Werden dagegen Hängeisolatorenketten mit mehreren Gliedern verwendet, so wird unter der Voraussetzung die Erdung der Maste nicht gefordert, daß durch erhöhte Gliederzahl ein der nachstehenden Zahlentafel entsprechender Sicherheitsgrad gewährleistet ist und Vorkehrungen getroffen sind, die das Auftreten von Dauererdschlüssen an den Masten unmöglich oder unwahrscheinlich machen (z. B. umgekehrte Tannenform, selbsttätige Erdschlußabschaltung u. dgl.).

Zahlentafel

Verkettete Betriebsspannung in K V	Mindestüberschlagspannung der Kette unter Regen (nach den Leitsätzen für die Prüfung von Kettenisolatoren) in K V.
50	130
60	150
80	190
100	230

Ferner müssen bei der Führung von Leitungen an Wänden und solchen Holzmasten, die sich an verkehrsreichen Stellen befinden, Isolatorstützen und Träger geerdet werden.

Drahtzäune und metallene Gitter dürfen nicht mit Masten und anderen Trägern von Hochspannungsleitungen in Berührung gebracht werden.

[1]) S. I. Hauptstück, 4. Abschn. S. 7.

g) In die Betätigungsgestänge von Schaltern an Holzmasten sind Isolatoren einzuschalten, wenn eine zuverlässige Erdung des Schalters nicht gewährleistet werden kann. In diesem Falle ist nicht das Gestell selbst, sondern das Betätigungsgestänge unterhalb der Isolatoren zu erden.

Ankerdrähte an Holzmasten sind, wenn irgend angängig, zu vermeiden. Kann von ihrer Verwendung nicht abgesehen werden, so sollen sie nicht unmittelbar am Eisen der Traversen oder Stützen, sondern am Holz in möglichst großer Entfernung von den Eisenteilen angreifen. Sie sind außerdem über Reichhöhe mit Abspannisolatoren für die volle Betriebsspannung zu versehen und unterhalb dieser Isolatoren zu erden.

h) Bei parallel verlaufenden oder sich kreuzenden Freileitungen, die an getrenntem oder gemeinsamem Gestänge geführt sind, sind die Drähte so zu führen oder es sind Vorkehrungen zu treffen, daß eine Berührung der beiden Arten von Leitungen miteinander verhütet oder ungefährlich gemacht wird.

i) Fernmelde-Freileitungen, die an einem Freileitungsgestänge für Holzspannung geführt sind, müssen so eingerichtet sein, daß gefährliche Spannungen in ihnen nicht auftreten können, oder sie sind wie Hochspannungsleitungen zu behandeln. Fernsprechstellen müssen so eingerichtet sein, daß auch bei Berührung zwischen den beiderseitigen Leitungen eine Gefahr für die Sprechenden ausgeschlossen ist.

k) Wenn eine Hochspannungsleitung über Ortschaften, bewohnte Grundstücke und gewerbliche Anlagen geführt wird, oder wenn sie sich einem verkehrsreichen Fahrweg so weit nähert, daß die Vorübergehenden durch Drahtbrüche gefährdet werden können, so müssen Vorrichtungen angebracht werden, die das Herabfallen der Leitungen verhindern oder herabgefallene Teile selbst spannungslos machen, oder es müssen innerhalb der Strecke alle Teile der Leitungsanlage mit entsprechend erhöhter Sicherheit ausgeführt werden.

Schutznetze für Hochspannungsleitungen sind möglichst zu vermeiden; ist dieses nicht möglich, so sollen sie so gestaltet oder angebracht sein, daß sie auch bei starkem Winde mit den Hochspannungsleitungen nicht in Berührung kommen können und einen gebrochenen Draht mit Sicherheit abfangen.

Sie sollen, wenn sie nicht geerdet werden können, der höchsten vorkommenden Spannung entsprechend isoliert sein.

l) Hochspannungsfreileitungen zur Versorgung ausgedehnter gewerblicher Anlagen, größerer Anstalten, Gehöfte u. dgl. müssen während des Betriebes streckenweise spannungslos gemacht werden können.

Dieses soll auch bei Ortschaften den örtlichen Verhältnissen entsprechend beachtet werden.

§ 27. Kabel: a) Blanke und asphaltierte Bleikabel dürfen nur so verlegt werden, daß sie gegen mechanische und chemische Beschädigungen geschützt sind:

1. Bleikabel jeder Art mit Ausnahme von Gummibleikabeln bis 750 V dürfen nur mit Endverschlüssen, Muffen oder gleichwertigen Vorkehrungen, welche das Eindringen von Feuchtigkeit verhindern und gleichzeitig einen guten elektrischen Anschluß gestatten, verwendet werden.

2. u. 3. für Bergwerke unter Tage. —

b) Es ist darauf zu achten, daß an den Befestigungsstellen der Bleimantel nicht eingedrückt oder verletzt wird; Rohrhaken sind unzulässig. Bei freiliegenden Kabeln ist eine brennbare Umhüllung verboten.

4. Bei der Verlegung von Kabeln in Förderstrecken unter Tag ist darauf zu achten, daß sie einer Beschädigung durch entgleisende Fahrzeuge entzogen sind.

c) Prüfdrähte sind wie die zugehörigen Kabeladern zu behandeln. Bei Hochspannung sind sie so anzuschließen, daß sie nur zur Kontrolle der zugehörigen Kabeladern dienen.

Dazu gibt es noch spezielle Vorschriften des VDE. für die Starkstromfreileitungen (Leitung, Gestänge, besondere Bestimmungen), gültig seit 1. Okt. 1923, Leitsätze über Schutzerdungen von Hochspannungsanlagen, den Schutz elektr. Anlagen gegen Überspannung u. A. Das Einschlägige ist im Vorschriftenbuch deutscher Elektrotechniker 14. Aufl. 1927 zu finden.

Es ginge über den Rahmen dieses Buches hinaus, die einschlägigen, immer wieder auf die Vorschriften des VDE. sich beziehenden Bestimmungen und Verwaltungserlasse der Länder zusammenzustellen, mit denen den Gefahren vorgebeugt werden soll, die sich für Leben und Gesundheit, Feuersicherheit und Eigentum, ebenso für einen gegenseitig ungestörten Betrieb von Starkstrom- und Fernmeldeleitungen bei mangelnder Sorgfalt in Ausführung und Überwachung ergeben können; unter anderen kommen für Preußen etwa folgende Ministerialerlässe und Verfügungen in Betracht:

für neue elektr. Starkstromanlagen (ausschl. elektr. Bahnen): Erl. vom 29. April 1909 (HMBl. 136 u. 167), Verf. vom 15. Jan. 1914 (MBlJ. 7), Betrieb und Überwachung Verf. vom 24. März 1908 (HMBl. 120), Sicherheitsvorschr. für Hochspannungsanlagen vom 8. April 1909 (HMBl. 136), Zuständigkeit bei Bergwerken Verf. vom 11. Jan. 1912 (MBl. 29),

für Kleinbahnen: Einrichtung und Überwachung Verf. vom 25. März 1908 (HMBl. 122), elektr. usw. Anlagen Erl. vom 16. Juli 1907 (HMBl. 291) und 9. Mai 1910 (MBl. 154),

für Telegraphen- und Fernsprechleitungen: Schutz gegenüber elektr. Kleinbahnen Erl. vom 9. Febr. 1904 (MBl. 67); einschlägig sind für Württemberg: die Minist.-E. vom 21. April 1913 über die Einrichtung und den Betrieb elektr. Starkstromanlagen (württemb. MABl. 489), für Sachsen die VO. vom 12. Okt. 1883 betr. die Sicherung der Telegraphen- und Telephonleitungen (GVBl. 74); Bayern hat mit Entschl. vom 30. Aug. 1909 die Vorschriften des VDE. für verbindlich erklärt.

Der Rechtsschutz, den Dritte gegenüber den Gefahren der elektr. Leitungen, und die Leitungen gegenüber der Gefährdung durch Dritte genießen, ist im VII. u. VIII. Hauptstück behandelt.

VII. Abschnitt:

Die Verhältnisse der Hochantennen.

1. Für die Hochantennen, welche den Sende- und Empfangseinrichtungen der Reichspost dienen, gelten die gleichen rechtlichen

Bestimmungen, wie für Telegraphen- und Telephonleitungen; maßgebend ist § 12 des Reichstelegraphengesetzes.

Die privaten Antennen unterliegen — soweit von der Reichstelegraphenverwaltung die Genehmigung zur Errichtung der Funkanlage erteilt ist —, den auf Grund der gleichen Rechtsnorm erlassenen technischen Vorschriften des VDE., neben der Erlaubnis zur allenfallsigen Benutzung öffentlicher Verkehrsflächen kommt darnach folgendes in Betracht:

a) bei Aufstellung der Antennenanlagen ist auf das Straßen- und Landschaftsbild Rücksicht zu nehmen,

b) auf vorhandene Leitungsanlagen des Reiches, des Landes, der Gemeinden (z. B. Feuertelegraph) ist beim Bau und bei Herstellung der Abzweigleitungen entsprechend zu achten — störende Antennenanlagen sind auf Kosten des Eigentümers zu verlegen,

c) die Anlage muß den Vorschriften des VDE. für Außenantennen in allen Teilen entsprechen; insbesondere sind dabei §§ 9 mit 11 zu beachten; sie lauten:

§ 9. Kreuzungen von Hochspannungsleitungen: a) Kreuzungen von Hochspannungsleitungen und Fahrleitungen elektrischer Bahnen sind verboten, sofern die Betriebsspannung über 750 V gegen Erde beträgt.

b) Kreuzungen von solchen Leitungen mit Betriebsspannungen über 250 bis einschließlich 750 V gegen Erde sind möglichst zu vermeiden. Werden derartige Kreuzungen erforderlich, so sind folgende Sicherheitsmaßnahmen anzuwenden:

α) Nur Einleiterantennen aus mehrdrähtigen Kupfer- oder Bronzeleitern mit einem Durchmesser des Einzeldrahtes nicht unter 0,4 mm sind zulässig. Die auftretende Höchstzugspannung soll im Antennenleiter im ungünstigsten Belastungsfalle bei Hartkupfer 10 kg je mm^2, bei Bronze 12,5 kg je mm^2 nicht überschreiten. Der Antennenleiter ist an den beiden Befestigungspunkten doppelt, zweckmäßig an in wagrechter Richtung angeordneten Querträgern, abzuspannen. Zu Abspannungen ist der gleiche Baustoff und mindestens der gleiche Querschnitt wie für den Antennenleiter zu verwenden.

β) Die Isolatoren sind in den Antennenleiter so einzubauen, daß sie nur auf Druck beansprucht werden, damit der Antennenleiter bei Isolatorbruch nicht herabfallen kann. Die Verbindung der Isolatoren mit dem Antennenleiter ist besonders sorgfältig auszuführen.

γ) Die Gestänge müssen bei Höchstbeanspruchungen eine vierfache Sicherheit gegen Zug, Druck, Biegung und Knickung haben, Ankerdrähte, Seile und Streben dagegen eine fünffache Sicherheit aufweisen. Die größte Entfernung zwischen den Gestängen soll nicht mehr als etwa 60 Meter betragen.

δ) Außer den in den §§ 12 und 13 verlangten Schutzmaßnahmen ist ein Schutzkondensator (siehe „Vorschriften für Verbindungsgeräte, die die Verwendung von Starkstromleitungen bis 440 V Nennspannung als Antenne oder Erde ermöglichen") zwischen Erdungsschalter und Empfänger möglichst kurz hinter der Einführung anzuordnen.

c) Bei Annäherung an solche Leitungen muß die Antennenanlage einschließlich der Abspanndrähte in einem solchen Abstande verlegt werden, daß auch bei Drahtbruch eine Berührung unter allen Umständen ausgeschlossen ist. Bei Spannungen über 750 V gegen Erde darf der wagerechte Abstand keinesfalls weniger als 10 Meter betragen.

§ 10. Kreuzungen von Niederspannungsleitungen: a) Kreuzungen von Niederspannungsleitungen (Spannungen bis 250 V gegen Erde) sind möglichst zu vermeiden. Sind derartige Kreuzungen erforderlich, so ist der Antennenleiter als „wetterfest umhüllte Leitung" nach den „Normen für umhüllte Leitungen in Starkstromanlagen" auszuführen, sofern nicht die Starkstromleitung isoliert ist.

b) Das gleiche gilt bei Annäherungen, sofern nicht eine metallische Berührung beim Reißen der Antenne praktisch ausgeschlossen ist.

§ 11. Kreuzungen von Fernmeldeleitungen: a) Kreuzungen sollen möglichst rechtwinklig, jedenfalls nicht unter einem kleineren Winkel als 60 Grad, und in einem Abstande von wenigstens 1 Meter ausgeführt werden.

b) Parallelführung im Abstande von weniger als 5 Meter ist verboten.

c) Wenn bei Bruch der Antennenleiter eine Berührung mit der Fernmeldeleitung möglich ist, müssen die Antennenleiter mit wetterfester Umhüllung versehen sein, sofern nicht die Fernmeldeleitung isoliert ist.

2. Gestreift sei hier die eigentlich nur dem Mietrecht angehörige Frage, ob der Hauseigentümer seinem Mieter die Anbringung einer Außenantenne am Hause verwehren kann, wenn der Vertrag weder eine Erlaubnis noch ein Verbot enthält. Maßgebend sind §§ 535 ff. mit § 157 BGB. Darnach muß der Vermieter während der Vertragszeit den Gebrauch der vermieteten Sache gewähren; im übrigen ist der Vertrag so auszulegen, wie es Treu und Glauben mit Rücksicht auf die Verkehrssitte erfordert. Es handelt sich also im Kerne um die Entscheidung der Ermessensfrage, ob der Unterhaltung, Belehrung, unter Umständen auch wichtige Geschäftsnachrichten vermittelnde Rundfunkanschluß als so eingebürgert anzusehen und ob im Spezialfall für den Anschluß die Benützung einer Außenantenne so notwendig ist, daß das Verlangen, sie anzubringen, nicht als ungewöhnliche und unbillige Forderung gelten kann. Für den Telephonanschluß ist dies ja bei der allgemeinen Bedeutung dieses wichtigen Verkehrsmittels nicht mehr bestritten. Die Ausdehnung dieses Anerkenntnisses mindestens auf die Fälle, in denen dem Vermieter für die Ablehnung nicht beachtliche Gründe (wie etwa Blitzgefahr wegen mangelhafter Ausführung der Antenne, Dachbeschädigung, die nicht behoben wird, Rücksicht auf die bereits älteren Mietern zugestandenen Anlage, Störung einer Dachreklamevorrichtung u. dgl.) zur Seite stehen — möchte wohl kein Fehlurteil bedeuten.

VIII. Abschnitt:

Heimats- und Vogelschutz.

A. Heimatsschutz.

Zum Schutze landschaftlich hervorragender Gegenden vor Verunstaltung besteht in **Preußen** ein Gesetz vom 2. Juni 1902 (Pr. GS. 159) und 15. Juli 1907 (Pr. GS. 260), in **Sachsen** ein Gesetz vom 10. März 1909 (GVBl. 219), in **Württemberg** sind in

Art. 98 der Bauordnung vom 28. Juni 1911 Vorsorgebestimmungen vorgesehen, desgleichen in Baden durch § 34 der Landesbauordnung vom 1. Sept. 1907 (Ges.- u. VBl. Nr. 29); sie alle und dazu die Heimatsschutzgesetze von Bremen, Oldenburg, Braunschweig, Hamburg u. a. ermöglichen ortspolizeiliche Vorschriften — Ortsstatute —, durch die verunstaltende oder störende Bauausführungen in der Nähe von hervorragenden landschaftlichen Schönheiten oder unter Beeinträchtigung der Eigenart eines Orts- oder Straßenbildes verboten werden können; sie sind — soviel übersehen werden kann — wohl gegen nicht entsprechende Bauformen bei Schalt- und Transformatorenhäusern, anscheinend aber nicht auf Leitungsführungen und deren sonstiges Zubehör anwendbar.

Für Bayern sind einschlägig: Entschl. des Staatsministeriums des Innern vom 31. Mai 1912 (MABl. 647) betr. den Heimatsschutz bei elektr. Kraftanlagen nebst Richtpunkten, die sich auch mit der Mastenaufstellung und der dabei denkbaren Verunstaltung von Stadt- und Landschaftsbildern u. dgl. befassen, — ferner vom 8. Juni 1910 (MABl. 391) und 27. Okt. 1910 für Überlandwerke (MABl. 839); dann Art. 43 Wassergesetz vom 23. März 1907 und § 270 der Vollzugsvorschr. hierzu (GVBl. 873), endlich die Verordnung vom 5. Mai 1922 (GVBl. 277), die für Bauten von Umspannanlagen die Erlaubnis der Bezirksbaupolizeibehörde vorschreibt.

B. Vogelschutz:

Schließlich sei noch der Bestimmungen zum Schutze der Vögel gedacht:

Die Vorschriften des VDE. über Starkstrom-Freileitungen sehen unter II E Ziff. 3 vor, daß zur Vermeidung von Gefahren für Vögel durch hochspannungführende Leitungen die Befestigungsteile, Querträger, Stützen usw. möglichst so auszubilden sind, daß sie den Vögeln nicht als Sitzgelegenheit dienen. Der wagrechte Abstand zwischen einer hochspannungführenden Starkstromleitung und geerdeten Eisenteilen soll mindestens 300 mm betragen.

Dazu wird vom VdE. bemerkt, daß auch die Anbringung von Sitzgelegenheiten für Vögel in größeren Entfernungen von den Leitungsdrähten (z. B. durch Sitzstangen an den Mastspitzen in der Richtung der Leitungen) zur Verhütung von Schäden für die Vogelwelt von einigen Seiten empfohlen worden ist, daß jedoch solche unterhalb der Leitungen vermieden werden sollen. Die Beobachtung dieser Vorschriften dient auch der Sicherheit des Werkes, da die durch Vögel verursachten Lichtbögen Zuckungen in der Betriebsspannung, unter Umständen Kurzschluß mit Betriebsunterbrechung, ja — wenn der Lichtbogen nicht von selbst erlischt — sogar Leitungsbrüche zur Folge haben können.

Für Bayern ist einschlägig die Vorschrift des Staatsministeriums des Innern vom 1. Juni 1912 (MABl. 689).

Sechstes Hauptstück:

Die Rechtsbeziehungen des Unternehmers zu den Gemeinden und sonstigen Abnehmern (Zustimmungs- und Lieferungsvertrag).

Vorbemerkung:

Ein großes Unternehmen kann ohne grundsätzliche Vereinheitlichung seiner Geschäftsbedingungen und Tarife nicht auskommen; in der Elektrizitätswirtschaft, wo mit einer Vielzahl von Gemeinden und einem voraus nicht übersehbaren Kreis von Einzelkunden Verträge auf Lieferung elektr. Arbeit abgeschlossen werden müssen — ist eine Bevorzugung oder Zurücksetzung von solchen erst recht nicht angängig, übrigens durch den Kontrahierungszwang, den die „Staatsverträge" oder analoge Vereinbarungen ausüben — auch ausgeschlossen.

Bei gemeindlichen Werken und Verteilungsanlagen nehmen solche Lieferungsbedingungen den Rechtscharakter von Gemeindesatzungen (in Bayern „örtliche Abgaben für die Benutzung gemeindlicher Anstalten und Unternehmungen") an, bei den übrigen den statutenartiger, allgemein verbindlicher Normen, die für und gegen den Abnehmer gelten, und auf deren Unkenntnis er sich nachträglich nicht berufen kann.

Dem Inhalt nach sind zu unterscheiden: Lieferung elektr. Arbeit

a) an Großverteiler, welche sich die Versorgung bestimmter Landesgebiete aus einem fremden Werk als Aufgabe stellen,
b) unmittelbar an die Abnehmer (Groß- und Kleinabnehmer) für Motorenbetrieb, Beleuchtung, Beheizung u. a.

I. Abschnitt:

Gegenstand und Rechtsnatur des Lieferungsvertrages.

Im ersten Hauptstück ist dargelegt, daß es sich bei der Elektrizitätslieferung nicht darum handeln kann, eine Sache — selbst wenn sie als unkörperlich gedacht werden könnte — vom Unternehmer an den Kunden weiterzugeben, daß vielmehr das elektrische Fluidum nur ein Transportmittel darstellt, das zur Übertragung einer Arbeitsleistung dient. Im gewöhnlichen Verkehr ist freilich die Elektrizitätslieferung von Anfang an als eine Art von Sachlieferung aufgefaßt worden, ähnlich der Versorgung mit Gas, Wasser, Brennstoffen und anderen Gegenständen des täglichen Bedarfs. Dieser Anschauung hat auch die Rechtsprechung mindestens vor der Einführung des BGB. zugeneigt; so wird beispielsweise in dem oft zitierten Reichsgerichtsurteil vom 10. März 1887 (RG. 17, 272), erlassen für den vormaligen Geltungsbereich des Allgemeinen Preuß. Landrechtes, zwar dem elektr. Strom die Sacheigenschaft abgesprochen — er sei der Selbständigkeit nicht fähig und eine nur in Körpern wirkende und in ihnen zur Erscheinung gelangende Kraft —, gleichwohl aber die Notwendigkeit anerkannt, sich denselben „als Gegenstand von Lieferungsverträgen vorzustellen".

Auch das Oberlandesgericht München hat als oberste bayer. Instanz in Strafsachen (Entscheidungen vom 15. Jan. 1895 und 20. Sept. 1897 (Entsch. in Gegenständen des Strafrechts- und Strafprozesses Bd. 8 S. 215, Bd. 9 S. 360) die Sachqualität des elektr. Stromes bejaht, während das Reichsgericht — vgl. RGSt. Bd. 29 S. 112, Bd. 32 S. 178 — den entgegengesetzten Standpunkt einnimmt und — der modernen physikalischen Auffassung folgend — im elektr. Phänomen ein „geheimnisvolles Etwas, das die Fähigkeit hat, Arbeit zu leisten und deshalb zu den sogenannten Energien*) zu rechnen ist" — erblickt.

„Energien" können gebraucht, mißbraucht, aber nicht im Sinne des § 242 StGB. gestohlen werden. Die hiernach im Strafgesetze klaffende Lücke wurde ausgefüllt durch das Reichsgesetz vom 9. April 1900 betr. die Bestrafung der Entziehung elektr. Arbeit — das zweite Gesetz, das sich nach dem Reichsgesetz vom 1. Juni 1898 betr. das elektr. Maßwesen mit elektr. Manifestationen befaßt und konform mit diesem die „elektr. Arbeit" unter Rechtsschutz nimmt. Das BGB. vom 18. Aug. 1896, in Geltung seit 1. Jan. 1900, enthält das Wort „Elektrizität" weder in substantivischer noch in adjektivischer Gebrauchsform, unterläßt demnach jede Begriffsbestimmung, formuliert aber in § 90 die Sachbezeichnung („nur körperliche Gegenstände") so, daß entsprechend den amtlichen Motiven zum Gesetz vom 9. April 1900 nur jene Auswirkungen elektr. Energie, die man mit „elektr. Arbeit" bezeichnet, fortan als Objekt von Rechtsgeschäften und Delikten in den Kreis juristischer Betrachtungen zu ziehen sind. Völlig freilich hat man sich auch jetzt noch nicht von der Hilfsvorstellung, daß die Elektrizität eine Art Ware oder Sache sei, — freigemacht; so behandelt die Entscheidung des Reichsgerichts vom 16. Dez. 1907 (RG. Bd. 67 S. 229ff.) — allerdings unter Verkennung der physikalischen Vorgänge — den „elektrischen Strom" „als ein Erzeugnis, das nach der herrschenden Anschauung zwar kein Körper, aber gleichwohl für den wirtschaftlichen Güteraustausch geeignet ist, indem es in ähnlicher Weise wie flüssige oder gasförmige Stoffe entweder in besonderen transportablen Gefäßen (Akkumulatoren) oder durch feste Leitungsanlagen, denen, die den Strom brauchen — gemessen nach gesetzlich geregeltem Maßsystem — zugeführt und von ihnen durch ordnungsgemäßen Gebrauch verbraucht wird".

---

*) Vgl. Seite 3.

Praktisch freilich würde die ursprüngliche Auffassung des Stromlieferungsgeschäftes als Kauf eine wesentliche Vereinfachung der Rechtsanwendung bedeuten; wir würden darum eine Rechtsfiktion etwa in dem Sinne, daß „elektrische Arbeit, wie Gas und Wasser zu den Sachen im Sinne des § 90 BGB. zu zählen sei" durchaus für zweckmäßig halten. Nun haben aber die juristische Doktrin und die Rechtsanwendung das Stromlieferungsgeschäft in die Gewandung des nach §§ 631 ff. BGB. zu beurteilenden Werkvertrages (so Kommentar der Reichsgerichtsräte zu § 90 BGB. und Vorbemerkung 2 vor § 535 ebenda) gezwängt, ohne daß man über diese Behelfslösung, sonderlich befriedigt zu sein bräuchte; sie geht von dem Gedanken aus, daß der Lieferungsvertrag die Vornahme menschlicher Handlungen, nämlich die Bewirkung der Bewegung von Maschinen bezielt — einer Bewegung, die sich in der Stromspannung mittels eines Leiters bis an den Ort der gewünschten Wirkung fortsetzt. —

Im Aufgabenbereich unserer Arbeit kann von einer kritischen Betrachtung der zum Teil tiefschürfenden Erörterungen über diese an Hand des bestehenden Rechtes exakt nicht zu lösende Frage abgesehen werden; denn praktisch wird letzten Endes aus den Erwägungen, die bald mehr dem Kaufvertrag, der Miete, dem Dienstverhältnis oder Werkvertrag zuneigen, nur so viel bestimmt gewonnen, daß es zweckmäßig ist, bei der Kompliziertheit der herangezogenen Schuldverhältnisse — Mängelhaftung, Wandlung u. dgl. nach Kauf und Werkvertrag verschieden im Gesetze geregelt! — und bei der finanziellen Tragweite geordneter Geschäftsbeziehungen zwischen dem Unternehmer und dem Abnehmer von der gesetzlich gewährleisteten Vertragsfreiheit Gebrauch zu machen und ein sorgsamst abgewogenes Übereinkommen abzuschließen.

II. Abschnitt:

Beschränkung des Vertragsabschlusses durch das Recht.

Nach den positiven Bestimmungen des Rechts (BGB.) ist

a) der Vertrag die Einigung des Willens mehrerer natürlichen oder juristischen Personen auf die Erreichung bestimmter Erfolge; er ist notwendig zur Begründung von Schuldverhältnissen durch Rechtsgeschäft und zur Abänderung des Inhalts von solchen (§ 305).

b) Der Vertragsabschluß kann in mündlicher oder schriftlicher Form erfolgen; die schriftliche Form ist für den Elektrizitäts-Lieferungsvertrag vom Gesetz nicht verlangt, praktisch aber nicht zu entbehren; sie kann durch Rechtsgeschäft vorgeschrieben werden, z. B. die in Verträgen häufig vorkommende Schlußklausel „Zusätze zu diesem Abkommen haben nur Gültigkeit, wenn sie schriftlich niedergelegt sind" (§§ 125, 127 BGB.). Das Gesetz schreibt für gewisse Verträge z. B. über den Erwerb von Immobilien, von Dienstbarkeiten u. a. — auch die gerichtliche oder notarielle Verlautbarung vor. (§ 128 BGB.).

c) Der Vertrag ist nichtig, wenn er auf eine unmögliche Leistung gerichtet ist (§ 306), gegen die guten Sitten verstößt, insbesondere die Notlage, den Leichtsinn oder die Unerfahrenheit eines Dritten wucherisch ausbeutet (§ 138), gegen ein sonstiges gesetzliches Verbot verstößt (§ 134) oder der gesetzlich vorgeschriebenen Form ermangelt §§ 125 ff.

Ist ein Teil eines Rechtsgeschäftes nichtig, so ist das ganze Rechtsgeschäft nichtig, wenn nicht anzunehmen ist, daß es auch ohne den nichtigen Teil vorgenommen sein würde (§ 139); im Hinblick auf diese Bestimmung empfiehlt es sich in die Verträge eine Schutzklausel aufzunehmen des Inhalts: „wenn wegen eines gesetzlichen Mangels der Form ein Teil des Vertrags nichtig sein sollte, so sollen die übrigen Teile nach dem Willen des Vertragschließenden gleichwohl zu Recht bestehen".

d) Ein Vertrag ist anfechtbar, wenn die Willenserklärung durch Irrtum, Täuschung, Beschränkung der Geistes- und Willensfreiheit, Nötigung oder dgl. maßgebend beeinflußt ist (§§ 119, 123). Wer einen Stromanschluß bestellt und die Bedingungen desselben, die für jedermann gelten, ohne sie zu lesen, schriftlich oder mündlich anerkennt, kann sie nachträglich nicht mit Aussicht auf Erfolg anfechten.

e) Auslegungsregeln: Für die Auslegung des Vertrages ist sein Wortlaut nicht absolut bindend; bei der Auslegung ist vielmehr der wahre Wille der Abschließenden zu erforschen und nicht an dem buchstäblichen Sinne des Ausdruckes zu haften (§ 133). Der Vertrag ist so auszulegen und die Leistungen sind so zu bewirken, je wie es Treu und Glauben mit Rücksicht auf die Verkehrssitte erheischen (§§ 157, 242).

Im übrigen sind die Gesetzesbestimmungen über die Verjährung (§§ 249, 251 f. BGB., § 13 TelWegG.), über Schadensersatz (§§ 812, 823, 826 BGB.), über die Unmöglichkeit der Leistung (§§ 265, 275, 279 ff., 306 mit 308, 323 mit 325), auch über den Werkvertrag entsprechend zu beachten und etwa noch klaffende Vertragslücken an Hand dieser Behelfe, im übrigen der letztinstanziellen Rechtsprechung oberster Gerichte und Verwaltungsgerichte zu schließen.

Nach diesen Darlegungen ergibt sich für Vertragsabschlüsse formal die Notwendigkeit einer klaren, unverschwommenen und unzweideutigen Redeweise, einer übersichtlichen Anordnung des Stoffes und der Gruppierung der beiderseitigen Rechte und Pflichten, einer einheitlich durchlaufenden Bezeichnung der Parteien, Gegenstände, Örtlichkeiten und Schuldverhältnisse,

materiell das Gebot einer bestimmten, Zweifel ausschließenden Wiedergabe des wahren Inhalts der Willenseinigung unter

Verzicht auf Wiederholungen, insonderheit solcher mit teilweise veränderter Textierung, die Vermeidung von Auslassungen und Widersprüchen.

Auch ist der Anfänger jeder Fakultät nicht genug vor dem etwaigen Versuch zu warnen, durch sogenannte „geschickte Wendungen", „gutgefaßte Klauseln" u. dgl. Unklarheiten und Fußangeln für den Vertragsgegner in das Abkommen hineinzubringen; dergleichen hat vom Standpunkte der guten Sitten aus vor dem Richter keinen Bestand. Umgekehrt glaube man nicht, daß alles was den Vertragschließenden mit der Zeit an ihrem Lieferungsvertrag nicht mehr gefällt, — mit Berufung auf Sittenwidrigkeit wieder eliminiert werden könne. Pacta sunt servanda!

III. Abschnitt:

Beschränkung der Vertragsfreiheit durch Verträge mit öffentlichen Rechtsubjekten — Kontrahierungszwang — Schema für den „Zustimmungs"- und Lieferungsvertrag.

Vorbemerkung:

Bereits im zweiten Abschnitt des dritten Hauptstückes sind die Beschränkungen, die dem Lieferungsgeschäft durch die „Konzessionsverträge" für Wasser- und Wegebenutzung von Seite des Staates auferlegt werden, eingehend geschildert worden.

Hier handelt es sich um die weiteren Abkommen, die wegen der Starkstromleitung über den Grundbesitz der nachgeordneten öffentlichen Körperschaften vor allem der Gemeinden abgeschlossen werden müssen und insonderheit um die Garantien, die der Unternehmer bieten muß, wenn ihm im Gemeindebezirk faktische Monopolrechte für die Ausführung seiner Versorgungsleitungen gegeben werden sollen. Diese Vereinbarungen durchbrechen die im Art. 152 der Reichsverfassung grundsätzlich gewährleistete Vertragsfreiheit in Wirtschaftsangelegenheiten — freilich ohne gesetzlichen Verstoß — und legen dem Unternehmer die Pflicht auf, jedem Kunden den von ihm angemeldeten Strombedarf zu den aufgelegten Bedingungen und Preisen abzugeben (Kontrahierungszwang).

Aus der Vielzahl der hiefür vorhandenen, zum Teil vor Gesetz und Richterspruch nicht immer als ganz einwandfrei befundenen Vertragsbeispiele sei das den Verfassern zunächst liegende Schema für den Bayerischen „Zustimmungsvertrag" herausgegriffen, d. i. für ein Abkommen, in welchem sich die Gemeinde unter näheren Bedingungen und Auflagen dem Vertrage des Unternehmers mit dem Staate anschließt. Dieses Schema — von der Abteilung für Wasserkraftausnützung und Elektrizitätsversorgung des Bayer. Staatsministerium des Innern mit der Vereinigung bayerischer Elektrizitätswerke in jüngster Zeit aufgestellt — ist zunächst für Verträge mit kleineren und mittelgroßen Werken gedacht und überläßt die Bearbeitung der von besonderen Verhältnissen der Unternehmer abhängigen Bestimmungen, so die Tarife, ihre Auswahl und selbsttätige Anpassung an Teuerung u. dgl. den Sonderverhandlungen der Beteiligten. Bei Herausgabe dieses Schemas hat der Staat die Wichtigkeit der allgemeinen Einführung einer möglichst einheitlichen Formulierung im ganzen Lande noch besonders unterstrichen.

Der „Zustimmungsvertrag" trifft den Fall, daß die Gemeinde selbst als Stromverteilerin auftritt, ebenso wie jenen, wo sie für ihre eigenen Zwecke Abnehmerin ist und daneben die Abnehmerinteressen ihrer Einwohnerschaft sicherstellt. Als ein wesentlicher Bestandteil erscheinen die „Allgemeinen Anschlußbedingungen", welche in die folgende mit Anmerkungen versehene Zusammenstellung der Vertragspunkte mit einbezogen wurden. Die auf die Wegbenutzung für die Leitungsführung bezüglichen Teile sind hier weggelassen.

Schema für den Zustimmungs- und Lieferungsvertrag.

A. Gegenstand des Vertrages.

Das Elektrizitätswerk des Unternehmers — im Nachfolgenden EW. — verpflichtet sich[1]**) der Gemeinde und ihren Einwohnern nach diesem Vertrag und den beigefügten Anschlußbedingungen elektr. Strom zu liefern**[2]**), soweit es die vorhandenen Einrichtungen und die nach diesem Vertrage auszuführenden Erweiterungen gestatten.**

Geliefert wird Drehstrom von 50 Perioden in der Sekunde (bzw. Gleichstrom)[3]**) mit einer Spannung von . . Volt für Licht- und . . . Volt für Kraftanschlüsse ununterbrochen und mit möglichst geringen Spannungsschwankungen**[4]**).**

Aus den Anschlußbedingungen:

Das EW. liefert an zahlungsfähige Abnehmer. Der Strombezug ist schriftlich beim EW. anzumelden; ist der Anmeldende nicht Eigentümer des anzuschließenden Anwesens, so ist von letzterem eine schriftliche Zustimmungserklärung zur Einführung der Leitung beizubringen. Durch die Unterzeichnung der Anmeldung verpflichtet sich der Abnehmer zum Strombezug auf drei Jahre, gerechnet von dem auf die Inbetriebnahme seiner Anlage folgenden Monat an; diese Verpflichtung läuft jeweils um ein Jahr weiter, falls nicht spätestens drei Monate vor Ablauf eine schriftliche Kündigung erfolgt.

Die Lieferungspflicht erlischt nur beim Wegzug des Abnehmers aus dem angeschlossenen Anwesen oder bei Auflassung seines Betriebs oder im Todesfall. Der Wegzug ist dem EW. mindestens 14 Tage vorher anzuzeigen; andernfalls haftet der Abnehmer für die Bezahlung des nach seinem Wegzuge verbrauchten Stromes und der fälligen Gebühren [2]).

Das EW. ist nicht verpflichtet [2]), Abnehmer anzuschließen, die den Strom nicht regelmäßig und ausschließlich von ihm beziehen.

Anmerkungen:

1. Diese Verpflichtung begründet ein Schuldverhältnis, aus dem nach § 241 BGB. die Gemeinde, nach § 328 — wenn sonst die Bedingungen auf ihn zutreffen — jeder Einwohner unmittelbar zur Forderung der Belieferung berechtigt werden; die letztere Berechtigung, früher in der Praxis der Gerichte bestritten, wird nun nicht mehr bezweifelt (vergl. Staub Komm. z. HGB. § 346 Anm. 35).

2. Die Lieferpflicht des Unternehmers genießt — auch wenn der Vertrag Einschränkungen nicht vorsehen würde — den Schutz der §§ 138, 157 BGB.; sie kann nicht in Anspruch genommen werden

a) bei tatsächlichen Schwierigkeiten, deren Überwindung dem Pflichtigen nicht mehr zugemutet werden kann, z. B. nach Durchführung einer Ortsversorgung siedelt sich im Bezirk eine Fabrikniederlassung an, deren Bedarfsanmeldung den Bau neuer oder die Erweiterung bestehender Erzeugungs- und Verteilungsanlagen erfordern würde, die nicht mehr wirtschaftlich sind und ein reines Verlustgeschäft bedeuten,
oder dem Unternehmer, der auf eine ständige Abnahme Gewicht legen muß, wird angesonnen die Spitzenbelieferung eines Abnehmers zu besorgen, der seinen Normalstrombedarf in einem anderen — eigenen oder fremden Werke deckt,

b) bei Schwierigkeiten in der Person des Abnehmers: Insolvenz des Kunden bei gleichzeitiger Verweigerung einer angemessenen Sicherheitsleistung, sonstige durch wiederholte Verstöße gegen den Vertrag oder auch sonst im Geschäftsleben erwiesene Unzuverlässigkeit, Nichterfüllen der für den Anschluß notwendigen Arbeitsvoraussetzungen (Installationen usw.).
Liegen solche Ausnahmen nicht vor, so darf der Unternehmer den Anschluß nicht verweigern; insbesondere darf er die Ablehnung nicht etwa mit neuen, in seinem Statut nicht vorgesehenen Bedingungen oder durch Verschärfung von solchen bemänteln wollen; andernfalls haftet er dem Abnehmer (Kunden) auf Schadensersatz nach § 326 BGB. — wenn man mit Coermann 24. Jahrgang des REA. (Elektr. Betrieb) Seite 63 die Konzessionserteilung nach §§ 16 ff. RGewO. als einen, die Lieferpflicht begründenden Rechtsakt und damit als ein „Schutzgesetz" (vergl. JW. 1906 S. 780) im Einzelfalle ansprechen kann —, auch aus § 823 Abs. II BGB.
Beim Zusammentreffen mehrerer Anmeldungen wird sich, bei sonst gleichen Verhältnissen, die Erledigung nach der Reihenfolge des Einganges richten müssen.

c) Was den Fall des Konkurses des Abnehmers anlangt, so kann dem Unternehmer auf die Dauer des Konkursverfahrens der Abschluß eines Lieferungsvertrages im Hinblick auf vorstehende lit. b nicht zugemutet werden; freilich wird durch die Konkurseröffnung die Geschäftsfähigkeit des Gemeinschuldners nicht beschränkt; er verliert nur in Ansehung seines zur Konkursmasse gehörigen Vermögens die Befugnis zur Verwaltung und zur Verfügung § 6 KonkO. vom 20. Mai 1898).

Dagegen umfaßt die gesetzliche Regelung den zur Zeit der Konkurseröffnung bestehenden und noch im Lauf befindlichen Vertrag auf Lieferung elektr. Arbeit: wenn ein solcher zweiseitiger Vertrag vom Gemeinschuldner und von dem anderen Teile (Unternehmer) nicht oder nicht vollständig erfüllt ist, so kann nach § 17 KonkO. der Konkursverwalter an Stelle des Gemeinschuldners den Vertrag erfüllen und die Erfüllung von dem anderen Teile verlangen; er muß ferner auf Erfordern des anderen Teils (Unternehmer) diesem ohne Verzug erklären, ob er die Erfüllung verlangen will. Unterläßt er dieses Verlangen, so kann er auf Erfüllung nachträglich nicht bestehen; er hat dann den Anspruch auf Erfüllung verwirkt.

Dem Unternehmer selbst billigt das Gesetz ein gleiches Wahlrecht nicht zu: er muß also, wenn nicht seine Bezahlung gefährdet ist, — in diesem Falle kommt ihm übrigens die Wohltat des § 321 BGB. zu statten —, auf unverzügliche Aufforderung des Konkursverwalters mit der Lieferung fortfahren; diese Pflicht wird ihm erleichtert durch die Bestimmung der §§ 59 Ziff. 2 u. 57 KonkO., wornach seine Forderungen — auch für die vor der Konkurseröffnung erfolgten Lieferungen — als Masseschulden aus der Konkursmasse vorweg zu berichtigen sind. Ein nur teilweiser Eintritt des Konkursverwalters in den noch laufenden Vertrag wäre rechtsunwirksam (vgl. Komm. zur KonkO. von Meyer-Bleyer 2. Aufl. S. 88, ferner Nießen Privatrechtl. Stellung der Elektrizität, auch RG. 67 S. 232, 56 S. 408).

Ebenso wird die Forderung des Unternehmers für rückständige Stromlieferung durch die Verhängung der Geschäftsaufsicht über den Abnehmer gemäß § 13 Abs. 1 Ziff. 2 der Geschäftsaufsichtsverordnung nicht berührt (vergl. ETZ. 1927 Heft 32 S. 1161).

In diesem Zusammenhange sei noch die Frage gestreift, ob die Stromgebührenforderungen von Elektrizitätswerken der Gemeinden, Kreis- und Provinzialverbände u. dgl. gemäß § 61 Ziff. 2 im Konkursverfahren als bevorrechtigt zu gelten haben; — sie ist zu verneinen, weil unter „öffentlichen Abgaben" im Sinne dieser Gesetzesstelle nur Steuern und steuerähnliche Abgaben zu verstehen sind, nicht aber Geldforderungen für besondere Gegenleistungen — die Forderung mag Gebühr, Stromabgabe oder wie immer benannt sein.

3. Gleichstrom, Drehstrom siehe I. Hauptstück 3. Abschnitt.

4. Vergl. I. Hauptstück 4. Abschnitt.

B. Plan der Leitungsanlage.

Diesem Vertrag ist ein Plan über die vom EW. auszuführende Leitungsanlage beigeheftet. Änderungen, die etwa bei der Ausführung oder Erweiterung vorkommen, sind darin auf Verlangen der Gemeinde nachzutragen.

C. Ausführungs-Vorschriften.

Die Genehmigungen der zur Stromversorgung erforderlichen Einrichtungen oder zur Benützung von Staats-, Bezirks- oder privatem Eigentum hat das EW. einzuholen und die hierzu nötigen Unterlagen zu beschaffen, doch soll es hierin von der Gemeinde nach Kräften unterstützt werden.

Etwaige, Privaten zu gewährende Entschädigungen oder Mieten sind vor dem Bau der Leitung im Einvernehmen mit der Gemeinde festzusetzen; sie werden von ihr getragen[1]).

Anlagen zur Stromerzeugung oder zum Bezug von Fremdstrom unter Berücksichtigung der notwendigen Reserven, sowie die Anlagen

zur allgemeinen Verteilung des Stromes sind dem jeweiligen Strombedarf[2]) entsprechend auszubauen. Die Anordnung aller dieser Einrichtungen bis zu den Hausanschlußsicherungen einschließlich, bleibt dem EW. überlassen. Alle diese Einrichtungen müssen den behördlichen Vorschriften und den Vorschriften und Normen des Verbandes deutscher Elektrotechniker (VDE.) entsprechen.

Das EW. hat auf die Belange der Gemeinde und ihrer Einwohner tunlichst Rücksicht zu nehmen; die Plätze für die Transformatorenstationen und Leitungsträger sind im Benehmen mit der Gemeinde unter möglichster Vermeidung von Verunzierungen des Orts- und Landschaftsbildes[3]) auszuwählen.

Erfordern Veränderungen an Verkehrswegen, öffentliche oder polizeilich genehmigte private Bauten, Flurbereinigungen oder ein Gebot des öffentlichen Wohles Änderungen am Netz, so hat das EW. diese Änderungen nach Aufforderung durch die Gemeinde in angemessener Frist auf seine Kosten auszuführen.

Die Gemeinde ist berechtigt, sich auf ihre Kosten durch einen behördlich anerkannten Sachverständigen von der Einhaltung dieser Vorschriften zu überzeugen; etwaige Beanstandungen sind vom EW. auf seine Kosten sofort zu beseitigen.

Anmerkungen:

1. Diese Verpflichtung der Gemeinde gibt einige Gewähr dafür, daß die für den Leitungsweg in Betracht kommenden Privateigentümer von verstiegenen Forderungen eher absehen werden; jedenfalls braucht der Unternehmer nicht mit derartigen Ansprüchen zu rechnen.

Ein Vertragsformular sieht vor „die Gemeinde hat auf ihre Kosten dem EW. für jede Transformatorenstation an einer von letzterem zu bestimmenden Stelle einen Baugrund von mindestens ... qm zu verschaffen und zu Eigentum zu übertragen". Eine solche Festlegung in einem privatschriftlichen Vertrag niederzulegen, erscheint im Hinblick auf § 313 BGB. nicht unbedenklich: nach dieser Gesetzesstelle bedarf ein Vertrag, durch den sich der eine Teil verpflichtet, das Eigentum an einem Grundstück zu übertragen, der gerichtlichen oder notariellen Beurkundung. Sicherer ist jedenfalls diese Fassung: „Die Gemeinde hat dem EW. den Aufwand für die zum Bau von Transformatorenstationen erforderlichen Grunderwerbungen zu ersetzen".

Nach § 139 würde sich die Nichtigkeit einer solchen Vereinbarung — die übrigens nach § 313 Satz 2 geheilt werden kann — auf den ganzen Vertrag erstrecken, wenn nicht anzunehmen ist, daß er auch ohne den nichtigen Teil vorgenommen sein würde. Vergl. nun S. 86.

2. Die vertragliche Verpflichtung des Unternehmers, sich und seine Anlagen für die Befriedigung des jeweiligen Strombedarfes stark zu machen, findet ihr Korrelat in den tatsächlichen Monopolbefugnissen, die er sich für den Gemeindebezirk ausbedungen hat; es könnte natürlich rechtlich nicht angehen, daß er andere elektr. Unternehmungen ausschließt, die Lieferung aber selbst zu leisten unterläßt.

Der Vertrag muß aber im Hinblick auf das Maß dessen, was billiger Weise dem Unternehmer zugemutet werden kann und auf das Rücktrittsrecht der Vertragsgläubiger (Gemeinde und Abnehmer) zweckmäßiger Weise eine Begrenzung der Ausbau- und Erweiterungspflicht enthalten; diese ergibt sich bei unserem Vertragsschema aus den Abschnitten lit. A „soweit es die vorhandenen Einrichtungen und die nach diesem Vertrage auszuführenden Erweiterungen gestatten" und lit. D und E, die von den Kosten der Anlagen für Stromerzeugung, Verteilung, Erweiterung des Ortsnetzes und den Beitragsleistungen für letztere handeln.

3. Die Bestimmungen über Landschaftsschutz siehe V. Hauptstück 6. Abschnitt.

D. Ortsnetze und ihre Erweiterungen.

Das EW. verpflichtet sich, die vereinbarten (siehe unter Ziff. 2) Verteilungsanlagen innerhalb einer Frist von .... zu errichten; für die Vornahme von Erweiterungen kann es eine jährliche Gewähr an Stromeinnahmen auf 5 Jahre verlangen, die 20% seines nachweislich übernommenen Bauaufwandes für die Erweiterung entspricht. Bei einer Änderung der Strompreise wird der jeweilige Jahresstromverbrauch auf die Gewähr nach dem mittleren Strompreis des Herstellungsjahres (der Erweiterung) angerechnet[1].

1. In anderen Verträgen ist die Verpflichtung des Unternehmers auch wohl dahin festgelegt, daß er das Versorgungsgebiet mit einem Leitungsnetz zu überspannen hat, dessen Ausbau sukzessive erfolgt, sobald infolge der Ausdehnung eine jährliche Mehrung an Roheinnahmen von .. % der erwachsenden Kosten gewährleistet erscheint.

E. Die Kosten der Anlagen für die Beschaffung und Verteilung elektr. Arbeit.

Die Kosten der Einrichtungen für die Strombeschaffung trägt das EW. Von den nach beiliegendem Kostenanschlag sich errechnenden Kosten aller Verteilungseinrichtungen mit Ausnahme der Anlagen bei denen nach den Bestimmungen unter D eine Gewähr zu leisten ist, übernimmt das EW. den .....fachen Friedenspreis, bzw. einen festen Betrag von ...RM, bzw. den ...ten Teil der Abrechnungssumme. Den überschießenden Betrag zahlt die Gemeinde als Baukostenzuschuß.

Von den Kosten der Hausanschlüsse bis zur Hausanschlußsicherung einschließlich trägt das EW. bis zu 20 Meter Freileitung oder 5 Meter Kabel den gleichen Anteil wie beim Ortsnetz, bzw. ....RM bei Freileitungsanschluß, bzw. ....RM bei Kabelanschluß. Die Mehrkosten von Hausanschlüssen sind von den Abnehmern voll zu bezahlen. Die Hausanschlüsse bleiben vollständig Eigentum des EW.

Die tatsächlichen Herstellungskosten und die hiernach vom EW. und der Gemeinde zu übernehmenden Anteile werden endgültig nach Fertigstellung der Anlagen ermittelt und der Gemeinde spätestens 8 Wochen nach Fertigstellung der ersten Anlage bekanntgegeben.

Von dem Baukostenzuschuß sind 50% des veranschlagten Betrages bei Baubeginn, weitere 40% desselben bei Inbetriebnahme der Anlage und der Rest laut Abrechnung 8 Wochen nach Vorlage zu entrichten.

Die Gemeinde kann die Forderungen des EW. durch einen behördlich anerkannten Sachverständigen prüfen lassen.

Aus den Anschlußbedingungen:

Die Herstellung der Hausanschlüsse einschließlich der Hausanschlußsicherung steht nur dem EW. zu, das auch über die Art der Ausführung der Anschlüsse entscheidet. Von den Kosten der Hausanschlüsse bis zu .... Meter Freileitung oder .... Meter Erdkabel übernimmt das EW. ...... Die Mehrkosten sind vom Abnehmer voll zu bezahlen. Über die Kosten des Hausanschlusses erstellt das EW. auf Verlangen vor der Ausführung einen Kostenvoranschlag.

Im allgemeinen erhält jedes Anwesen einen Anschluß. Die Kosten weiterer Anschlüsse trägt der Abnehmer, ebenso die Kosten für etwa gewünschte Umänderungen oder Beseitigung der Anschlüsse.

Das Elektrizitätswerk kann mehrere Abnehmer an eine Zuleitung anschließen.

Die Hausanschlüsse bis einschließlich Hausanschlußsicherung bleiben Eigentum des EW.

Die Ausführung von Hochspannungsanschlüssen bleibt besonderer Vereinbarung vorbehalten.

Für besondere Anschlüsse oder Einrichtungen kann das EW. eine jährliche Gewähr an Stromeinnahmen auf 5 Jahre verlangen, die 20% seines nachweislich hiefür übernommenen Bauaufwandes entspricht.

Jeder Abnehmer gestattet kostenlos die Anbringung von elektrischen Leitungen und ihren Stützpunkten auf seinen Anwesen sowohl zur eigenen, wie zur Stromversorgung Dritter und verpflichtet sich zugleich, diese Anlagen auch bei Aufhören der Stromlieferung zu belassen. Ist er nicht selbst Eigentümer der Grundstücke, auf die diese Anlagen zu stehen kommen, so hat er eine entsprechende Erklärung der betreffenden Eigentümer beizubringen.

Anmerkungen:

Analoge Bestimmungen aus anderen Verträgen:

Das EW. verpflichtet sich zur Erweiterung oder Verstärkung der vorhandenen Stromzuleitungs-, Verteilungs- und Transformatoranlagen, zur Auswechslung von Transformatoren oder zur Erstellung weiterer Transformatorstationen, ferner zur Erstellung von Hausanschlüssen, wenn ihm durch neue Anschlüsse auf die Dauer von vier Jahren eine Mehrung der jährlichen Stromeinnahmen in Höhe des vierten Teiles der aufgewendeten Baukosten erwächst.

Der Berechnung der jährlichen Stromabgabegarantien werden zugrunde gelegt:

für eine Lampe nach Zählertarif . . . . im Jahr ....RM
" " " " Gebührentarif . . . . " " .... "
" ein PS nach Zählertarif für Gewerbe . . . für das Jahr ....RM
" " " " Grundgebührentarif f. Landwirtschaft " " " .... "

F. Inneneinrichtungen.

Die Einrichtungen der elektrischen Anlagen im Anschluß an das EW. dürfen außer von ihm selbst nur von den von ihm zugelassenen

Unternehmern — Installateuren[1]) — **und auf Grund der allgemeinen Anschlußbedingungen, sowie der etwa vom EW. erlassenen Sondervorschriften ausgeführt werden.**

Aus den Anschlußbedingungen:

Die an das Leitungsnetz des EW. anzuschließenden Einrichtungen, ihre Abänderungen und Erweiterungen dürfen außer dem Elektrizitätswerk nur die von ihm zugelassenen Fachleute (Installateure) ausführen. Die Zulassung wird auf schriftlichen Antrag in jederzeit widerruflicher Weise durch eine Bescheinigung den Unternehmern erteilt, die nachstehende Bedingungen erfüllen:

a) Der Installateur muß im elektr. Fache die Berechtigung zur Führung des Meistertitels oder die Befugnis zum Halten von Lehrlingen (§ 129 RGewO.) haben oder nach erfolgreichem Besuch einer technischen Schule (Technische Hochschule, Technikum oder gleichwertige Fachschule) mindestens 1 Jahr im elektrotechnischen Fache tätig gewesen sein. Ist der Unternehmer kein Fachmann, der diese Bedingung erfüllt, so gilt die Zulassung nur dann und solange, als ein diesen Bedingungen entsprechender Fachmann nachweislich entweder als Teilhaber oder als vollbeschäftigter, verantwortlicher Angestellter im Unternehmen tätig ist.

b) Der Installateur muß glaubwürdig nachweisen, daß seine wirtschaftlichen Verhältnisse und geschäftlichen Fähigkeiten die Gewähr für eine sachgemäße Arbeitsleistung bieten.

c) Er muß die nachverzeichneten Vorschriften mit den etwa später notwendig werdenden Änderungen schriftlich anerkennen.

d) Er muß in einem bayerischen Orte einen stehenden Gewerbebetrieb oder in Bayern ein selbständiges Zweiggeschäft haben, das die Bedingungen unter a erfüllt.

Die Zulassung kann vom EW. nach Verwarnung widerrufen werden, wenn die ausgeführten Arbeiten nachweislich mangelhaft sind oder wenn der Installateur gröblich gegen die vorliegenden Bedingungen oder gegen die berechtigten Belange des EW. und seiner Abnehmer verstößt. Hiermit wird dann auch die Zulassung zu den in Ausführung begriffenen Arbeiten hinfällig. Die Bezugsquelle für Beleuchtungskörper, Motoren, Heizkörper, Sicherungen usw., die den Vorschriften, Normen, Regeln und Leitsätzen des Verbandes deutscher Elektrotechniker entsprechen müssen, ist den Abnehmern und den zugelassenen Installateuren freigestellt. Für Bauschstrom-Glühlampen und deren unverwechselbare Fassungen kann das EW. bestimmte Ausführungen vorschreiben[3]).

Änderungen an den Inneneinrichtungen sind nur mit Genehmigung des EW. zulässig. Durch Nichtbeachtung dieser Vorschrift entstandene Beschädigungen an Zählern, Transformatoren und sonstigen Einrichtungen des EW. fallen dem Abnehmer zur Last[2]).

Ausführung und Überwachung der Anlagen.

Für die Ausführung der Anschlüsse und der Inneneinrichtung sind die Vorschriften, Normen, Regeln und Leitsätze des VDE., sowie die vorliegenden Bedingungen und etwaige Sondervorschriften des EW. maßgebend.

Zeigen sich bei der Prüfung so erhebliche Mängel, daß die Abnahme verweigert werden muß, so findet nach Beseitigung der gerügten Mängel eine abermalige Abnahmeprüfung statt. Für jede nachträgliche Abnahmeprüfung hat der Installateur die dem EW. durch die Nachprüfung entstehenden Kosten zu ersetzen. Das gleiche gilt, wenn durch Verschulden des Unternehmers eine Nachprüfung stattfinden muß oder auf seinen Antrag eine solche wiederholt stattfindet.

Wenn der Installateur innerhalb der ihm gesetzten angemessenen Frist die Mängel an der Anlage nicht beseitigt, so ist das Elektrizitätswerk*) berechtigt, sie auf die Kosten des Installateurs beheben zu lassen.

Die Anlagen werden nach Prüfung und Abnahme durch das EW. angeschlossen. Dieses ist berechtigt, die Anlagen auf ihre ordnungsmäßige Herstellung, Instandhaltung und Benützung nachzusehen und die erforderlichen Änderungen vom Stromabnehmer zu verlangen. Den hiermit beauftragten Angestellten des EW. ist nach Ausweis der Zutritt zu den Anlagen und im Notfalle auch nachts zu gestatten. Es wird empfohlen alle elektr. Inneneinrichtungen von Zeit zu Zeit untersuchen zu lassen.

Die elektr. Inneneinrichtungen in feuchten Räumen (Stallungen u. dgl.), in Räumen mit erhöhter Feuersgefahr (Scheunen u. dgl., ferner in Theatern, Kaufhäusern und Versammlungsräumen muß der Abnehmer in angemessenen Zeiträumen nachprüfen lassen. Mit dieser Prüfung kann entweder eine amtlich anerkannte Beratungs- oder Prüfstelle oder eine vom Verband deutscher Privatfeuerversicherungsgesellschaften hiefür anerkannte Firma oder Person oder ferner das EW. oder ein von diesem anerkannter Sachverständiger betraut werden. Läßt der Abnehmer solche regelmäßige Nachprüfungen nicht vornehmen, so kann sie das EW. nach erfolgloser Mahnung auf Kosten des Abnehmers veranlassen.

Glaubt das EW., daß eine Anlage erhebliche feuer- oder sicherheitsgefährliche oder sonstige gröbliche Mißstände aufweist und unternimmt der Abnehmer trotz Aufforderung zur Untersuchung derselben in angemessener Frist keine Schritte, so kann das EW., wenn sich bei seiner Nachprüfung tatsächlich gröbliche Mißstände nachweisen lassen, die Kosten für diese Prüfung dem Abnehmer aufrechnen.

*) im Verhältnis zum Abnehmer; ein Rechtsverhältnis zu dem von letzterem beauftragten Installateur besteht nicht.

Über die regelmäßigen und besonderen Prüfungen soll dem Abnehmer ein kurzer schriftlicher Befund ausgestellt werden.

Werden bei der Prüfung einer Anlage Mängel festgestellt, so hat der Besitzer der Anlage für deren Beseitigung zu sorgen und den Vollzug dem EW. anzuzeigen. Kommt der Besitzer der Aufforderung auf vorschriftsmäßige Instandsetzung der Anlage nicht nach, so ist das EW. berechtigt, dies auf Kosten des Besitzers tun zu lassen, beziehungsweise, wenn es geboten erscheint, die Anlage überhaupt abzuschalten.

Das EW. übernimmt durch die Prüfung, Abnahme und Überwachung der Anlage keinerlei Gewähr oder Verantwortung. Besonders wird hierdurch auch der ausführende Installateur seiner Verpflichtung gegen den Auftraggeber hinsichtlich vorschriftsmäßiger Ausführung seiner Lieferungen und Arbeiten in keiner Weise enthoben[4]).

Abnahmeprüfungsgebühren.

Für die Abnahmeprüfung der Anlagen, gleichgültig, ob die Einrichtung vom EW. oder einem anderen Unternehmer ausgeführt ist, sind vom Abnehmer folgende Gebühren zu entrichten, die nach dem wirklichen Umfang der zum Strombezug zuzulassenden Anlagen (durch Brand usw. zerstörte und wiederhergestellte Anlagen gelten hierbei als Neuanlagen) erhoben werden:

1. für Beleuchtungsanlagen:
   Grundgebühr .... *RM* außerdem für jede feste Anschlußstelle unter 300 Watt und für jede Steckdose bis einschließlich 6 Amp. .... *RM*.
   Anschlußstellen für Gruppenschaltungen werden den für über 300 Watt gleichgestellt.
   Für Erweiterungen bis zu drei Lampen wird die Grundgebühr nicht erhoben.
2. für jede Kraftanlage:
   Grundgebühr .... *RM* außerdem je 100 Watt Nennaufnahme .... *RM*
3. für jede sonst verlegte Anlage:
   Grundgebühr .... *RM* außerdem für je 100 Watt Nennaufnahme .... *RM*.

Anmerkungen:

1. Siehe auch III. Hauptstück, 2. Abschnitt Seite 35. Das Recht, in einem Vertrage auszubedingen, daß die Hausinstallationen nur durch einen vom Werke genehm befundenen Installateur ausgeführt werden dürfen, und die Forderung des Nachweises der Befähigung und Zuverlässigkeit kollidiert nicht mit der durch die RGewO. gewährleisteten Gewerbefreiheit; es läuft eine solche Abmachung auch nicht den guten Sitten zuwider. Dagegen wird in der Literatur die Auffassung vertreten, ein EW. handle sittenwidrig, wenn es die Belieferung eines Objektes nur deshalb verweigere, weil der technisch einwandfrei erstellte Anschluß von einem anderen, als dem vom Werke approbierten Installateur hergestellt wurde; die Würdigung er-

gibt: wenn es rechtlich zulässig ist, die Arbeitsleistung bestimmter Gewerbeleute auszuschließen, so muß eine Vertragsverletzung gewisse Rechtsfolgen nach sich ziehen; diese können in einer besonderen Verschärfung der Prüfung und der hiedurch bedingten Forderung einer höheren Gebühr bestehen, auch können etwa vereinbarte Konventionalstrafen eingehoben werden; der Unternehmer würde aber doch gegen jedes billige Maß verstoßen, wenn er nun die Belieferung davon abhängig machen wollte, daß eine technisch einwandfrei befundene Hausinstallation herausgerissen und durch eine solche von anderer Hand ersetzt wird.

2. Eine andere Folge der vertragswidrigen Auswahl des Installateurs: wenn ein Fehler der neuen Hausleitung dem EW. Schaden bringt, so haftet dafür der Abnehmer, welcher gemäß § 276 BGB. für Vorsatz und Fahrlässigkeit (Außerachtlassung der im Verkehr erforderlichen Sorgfalt) sowie das Verschulden der Personen aufzukommen hat, deren er sich zur Erfüllung seiner Verpflichtung bedient (§§ 278 und 831 BGB.); er bleibt dagegen von der Haftung frei, wenn er sich des ihm vom EW. empfohlenen oder aufgedrungenen Installateurs bedient hat.

3. Es kommen in den Verträgen der Werke mit den Gemeinden auch Beschränkungen der freien Wahl des Installateurs durch den Abnehmer vor, welche nicht auf das Streben nach einer größtmöglichen technischen Sicherheit, sondern auf fiskalische Ziele zurückzuführen sind: die Installateure werden dabei zu prozentualen Leistungen an den Unternehmer verhalten; Beispiel einer solchen Bestimmung: „Das EW. ist berechtigt, nach Fertigstellung einer Neuanlage oder Erweiterung eine Installationsabgabe in der Höhe von .. % der Installationsrechnung von dem Besteller der Anlage zu erheben. Diese Abgabe ist seitens des Installateurs dem Besteller ihrer Höhe nach als „Installationsabgabe des EW." in Rechnung zu stellen, bei ihm zu erheben und an das EW. abzuführen.

Um derartiger Leistungen allein willen bräuchte — unter sonst gleichen Verhältnissen — dem Abnehmer die Auswahl seines Installateurs nicht beeinträchtigt zu werden; die jetzt üblichen Vertragsbestimmungen tragen auch diesem Gedanken Rechnung.

4. Daß diese Prüfung den Installateur der Verantwortung gegen seinen Auftraggeber nicht entheben kann, ist selbstverständlich, weil weder zwischen dem EW. und dem Installateur ein Rechtsverhältnis besteht, noch das EW. als Bevollmächtigter des Auftraggebers handelt, also die Arbeit auch nicht in dessen Namen abnehmen kann. Dagegen erscheint die Verwahrung des EW. gegen jegliche Gewähr und Verantwortung für seine Prüfungstätigkeit besonders dann nicht unbedenklich, wenn man erwägt, daß es dafür noch bezahlt werden muß. Mindestens wird bei einem EW. das bei der Prüfung Mängel der Installation übersieht, mit der Stromlieferung beginnt und dabei zu Schaden kommt, ein konkurrierendes Verschulden gemäß § 254 BGB. festzustellen sein (RGZ. 13. März 1925. VI 411/24).

G. Anschlußbedingungen.

Der Strom wird nach den beiliegenden Anschlußbedingungen geliefert. Das EW. wird in allen angeschlossenen Gemeinden die Anschlußbedingungen gleich halten. Es kann jedoch mit einzelnen Stromabnehmern Sonderabkommen treffen.

Bei Stromlieferung für Gebäude, die öffentlichen Zwecken des Reiches, des Landes, des Bezirkes, der Gemeinde oder der Kirche dienen, gewährt das EW. einen Sondernachlaß von 10% auf die allgemeinen Strompreise.

Bei neuen steuerlichen oder ähnlichen öffentlichen Lasten, die unmittelbar die Stromversorgung treffen, oder bei einer wesentlichen Änderung der allgemeinen wirtschaftlichen Verhältnisse der Elektrizitätsversorgung gegen die Zeit des Vertragsabschlusses ist das EW. zu einer angemessenen Erhöhung bzw. Ermäßigung seiner Strompreise und Gebühren berechtigt bzw. verpflichtet.

Das EW. ist verpflichtet, seine Geschäftsbücher und die erforderlichen Betriebsaufzeichnungen mit kaufmännischer Sorgfalt zu führen.

Im einzelnen sind die Anschlußbedingungen als Zusätze zu den einschlägigen Vertragspositionen miterörtert; noch handelt es sich im Folgenden um die Tarife (I), die Zähler (II) und die Verrechnung und Einhebung der Stromgebühren (III); die Rechte des Abnehmers und die Folgen eines schuldhaften bzw. vertragswidrigen Verhalten eben desselben werden zu K-Seite 107 behandelt.

I. Tarife.

a) Das normale Tarifstatut.

„Der Strom wird entweder nach Zählertarifen oder nach Bauschtarifen oder nach Grundgebührentarifen abgegeben. Die Stromabnahme kann zu einem anderen Tarif nur mit Beginn eines neuen Kalenderjahres nach .... monatiger Voraussage erfolgen.

Die Unterschiede der drei Tarifarten charakterisieren sich wie folgt:

Zählertarif: Die Zahlungsschuldigkeit wird nach dem vom Zähler angegebenen Verbrauch an elektr. Arbeit (KWh) festgesetzt (Arbeitspreis).

Bauschtarif oder Pauschaltarif: Dem Abnehmer wird für die Bereitstellung der elektr. Energie ein fester Betrag berechnet, der sich aus der Zahl und der Art der zum Anschluß zugelassenen Apparate („installierte Leistung" in KW) bestimmt, ohne Rücksicht darauf, ob elektr. Arbeit entnommen wird oder nicht (Leistungsgebühr).

Eine Sonderart der Pauschalierung stellt die in manchen Gebieten übliche Stromkosteneinhebung nach einem durch die Größe des landwirtschaftlich genutzten Besitzes — „elektrische Morgen" dar.

Grundgebührentarif: Diese Berechnungsart — eine Kombination des Zählertarifs mit dem Pauschaltarif — ist zwar komplizierter, als die beiden vorgenannten, wird aber den tatsächlichen Selbstkosten des Unternehmers besser gerecht. Neben der für die Bereitstellung der elektr. Energie geforderten Grund- oder Leistungsgebühr, die sich nach der Größe der installierten Leistung (KW) bemißt, wird ein nach den Zählerangaben (KWh) festzustellender Betrag (Arbeitsgebühr) erhoben.

Der Großabnehmertarif, für den im wesentlichen die vorstehenden Darlegungen ebenso Geltung haben, wie für den Tarif der Kleinabnehmer — wird noch im V. Abschnitt dieses Hauptstücks gesondert besprochen.

Beispiel für den Tarif eines Werkes mit städtischer und ländlicher Abnehmerschaft.

1. Lichttarife.

Zählertarif ohne Grundgebühr:

Die elektrische Arbeit wird nach Zählertarif bei einem Grundpreis von ... Pfg. für die Kilowattstunde abgegeben; bei größerer Stromabnahme im Geschäftsjahr gelten Staffelpreise für die Kilowattstunde verbrauchten Stromes, abgestuft von den ersten 100 KWh bis 5000 und darüber.

Der Stromabnehmer hat für jede Anschlußstelle einen jährlichen Mindestverbrauch von 5 KWStd. zu garantieren und den etwa hieran fehlenden Betrag am Jahresende zu bezahlen.

Zählertarif mit Grundgebühr:

Nach dem Zählertarif mit Grundgebühr ist für jede Anschlußstelle eine monatliche Grundgebühr und außerdem ein Arbeitspreis von ... Pfg. für die Kilowattstunde zu bezahlen. Eine Zählergebühr wird nicht erhoben.

Die monatliche Grundgebühr ist in 12 gleichen Raten im voraus am ersten Tage jeden Monats zu zahlen und beträgt:

a) in Anlagen mit normaler Lichtausnützung monatlich ... Pfg. für jede installierte Anschlußstelle;
b) in Wirtschaften, Bäckereien oder sonstigen Betrieben mit größerer Lichtausnützung sowie in Anlagen mit nur 2 Anschlußstellen ohne Rücksicht auf die Lichtausnützung monatlich ... Pfg. für jede installierte Anschlußstelle.

Kronleuchter und Steckkontakte gelten als eine Anschlußstelle.

Wenn in einem Raume schon eine Anschlußstelle vorhanden ist, so beträgt die monatliche Grundgebühr für jeden weiteren Steckkontakt zur Verwendung von Bügeleisen und Heizkörpern ... Pfg.

Die Benützung von Bügeleisen, Kochern, Heizöfen sowie anderen elektrischen Stromverbrauchern bis zu einem Anschlußwert von 1 KW ist ohne weiteres gestattet. Bei Anschluß von größeren Stromverbrauchern sind über Anschlußkosten und Strompreis besondere Vereinbarungen zu treffen. Ferner darf in den Wintermonaten die Benützung der Koch- und Heizapparate nur außerhalb der Zeit von Sonnenuntergang bis ½7 Uhr abends stattfinden.

Für jede Anschlußstelle ist der Gebrauch von Glühlampen bis zu einem Gesamtstromverbrauch von 50 Watt gestattet. Bei Benützung von größeren Lampen ist für je weitere angefangene 50 Watt ein Zuschlag zur Grundgebühr von *RM* ... für die Anschlußstelle und das Jahr zu bezahlen.

Die Benützung größerer Lampen bzw. mehrer Anschlußstellen, als vertraglich vereinbart wurde, ist verboten und strafbar. Im Betretungsfalle hat der Stromabnehmer den doppelten Betrag für die hinterzogene Grundgebühr und zwar rückwirkend bis zur Inbetriebsetzung bzw. bis zur letzten Revision an das Werk als Konventionalstrafe zu bezahlen.

Zur Abgabe elektrischer Arbeit nach diesem Tarife ist das Werk berechtigt jedoch nicht verpflichtet. Es hat das Recht diesen Tarif unter Einhaltung einer 3monatigen Kündigungsfrist zum Schlusse eines Kalenderjahres jederzeit zu kündigen.

2. Krafttarife.

Zählerstufentarif ohne Grundgebühr für Gewerbebetrieb.

Allen Abnehmern, die sich zu einer jährlichen Mindeststromabnahme von 200 KWh für die Pferdestärke der Normalleistung der angeschlossenen Motoren verpflichten, wird elektrische Arbeit zu folgenden Preisen abgegeben:

Der Preis der Kilowattstunde ist bei einer monatlichen Benützungsdauer der Motoren von 20 Stunden bis 500 Stunden und darüber abgestuft.

Die angeschlossene Pferdestärke wird ohne Rücksicht auf die Größe der Motoren mit 900 Watt angenommen; die Benützungsdauer berechnet sich aus der Anzahl der in jedem Monat verbrauchten Kilowattstunden geteilt durch den Anschlußwert der angeschlossenen Pferdestärken.

Zählertarif mit Grundgebühr nur für landwirtschaftliche Betriebe:

Nach dem Zählertarif mit Grundgebühr wird für jede Pferdestärke bzw. deren Gleichwert der normalen Leistung der angeschlossenen Motoren eine monatliche Grundgebühr von *RM* ... und für den Verbrauch des mit Zähler zu messenden Stromes ein Preis von ... Pfg. für die Kilowattstunde berechnet. Bei Festsetzung der Grundgebühr wird eine angefangene Pferdestärke nicht berücksichtigt. Eine Zählergebühr wird nicht erhoben. Dieser Tarif hat nur Gültigkeit für rein landwirtschaftliche Betriebe. Die Motoren dürfen in der Zeit vom 15. Oktober bis 15. März von 6—8 Uhr und von 16 bis 20 Uhr nicht benützt werden. Das Werk ist berechtigt, vorstehende Sperrzeiten jederzeit zu ändern.

Zählertarif ohne Grundgebühr für landwirtschaftliche Betriebe:

Das Werk ist berechtigt, elektrische Energie für landwirtschaftliche Motoren auch nach reinem Zählertarif zu ... Pfg. für die

KWh abzugeben, wenn nachfolgende Stromabnahmen gewährleistet werden:

RM ... pro PS und Jahr für Motoren bis zu 2 PS Leistung
RM ... „ „ „ „ „ „ über 2 PS „

b) Nachträgliche Steigerungen und Absenkungen des Strompreises.

α) Die Verträge des Staates mit den Unternehmern und im Anschluß hieran die Verträge der letzteren mit den Gemeinden und den Einzelabnehmern sehen — spätestens seit der Kriegszeit — regelmäßig Normen vor, nach denen die Werke bei Änderung der öffentlichen Lasten oder der sonstigen die Wirtschaftlichkeit des Stromgeschäftes wesentlich beeinflussenden Verhältnisse zur angemessenen Erhöhung des Strompreises und der Gebühren berechtigt oder zur Senkung verpflichtet sind; sie unterstellen hieraus erfließende Streitigkeiten der Entscheidung der ordentlichen Gerichte oder — z. B. in den Zustimmungsverträgen der bayer. Gemeinden — eines ad hoc zu berufenden Schiedsgerichts; auch hier handelt es sich um eine der Bindungen, die auf dem Wege der Konzessionsbedingungen für die Leitungsführung über Staats- und Gemeindegrund eingeschoben wurden, um die fehlende Regelung durch ein Gesetz zu ergänzen; das bayerische Schema formuliert diese Bestimmung wie folgt:

„Bei Änderung der Steuern oder ähnlicher öffentlicher Lasten, die unmittelbar die Stromversorgung treffen, desgleichen bei einer wesentlichen Änderung der allgemeinen wirtschaftlichen Verhältnisse der Elektrizitätsversorgung gegenüber der Zeit des Vertragsabschlusses, ist das Elektrizitätswerk zu einer angemessenen Erhöhung bzw. Ermäßigung der Strompreise und Gebühren berechtigt bzw. verpflichtet."

Vor dem Krieg konnten im wesentlichen bei Überforderungen nur die Bestimmungen des § 138 Abs. 1 u. 2 BGB. herangezogen werden: es verstößt gegen die guten Sitten, wenn der Inhaber eines für den Verkehr unentbehrlichen privatrechtlichen Gewerbes seine tatsächliche Monopolstellung (Ausschluß der Konkurrenz) zur unbilligen Belastung der Allgemeinheit aus Eigennutz mißbraucht (RGZ. Bd. 99 S. 100), bzw. seine Lage als wirtschaftlich Stärkerer zum Schaden des wirtschaftlich oder aus sonstigen Gründen Schwächeren übermäßig ausbeutet.

β) Seither haben die Verordnung der Reichsregierung vom 1. Febr. 1919 über die schiedsgerichtliche Erhöhung von Preisen bei der Lieferung elektr. Arbeit usw. und das hiezu ergangene Gesetz vom 9. Juni 1922 den Elektrizitätswerken die Möglichkeit gegeben, bei Verträgen, die vor dem 4. Febr. 1919 geschlossen sind, eine Erhöhung der Lieferpreise durchzusetzen, wenn und soweit infolge der Kriegsverhältnisse die Höhe der Selbstkosten seit der Zeit der letzten Preisfestsetzung so gestiegen ist, daß das Anwachsen bei Anwendung der Sorgfalt eines ordentlichen Kaufmanns nicht vorauszusehen war und daß billigerweise die Tragung der Mehrkosten dem Lieferer allein nicht zugemutet werden kann. Unter den gleichen Voraussetzungen kann die Abänderung von Abmachungen verlangt werden, durch die der Lieferer einem Dritten gegenüber an die Einhaltung gewisser Preisgrenzen für die Stromabgabe an den Abnehmer gebunden ist (§ 1).

Die Entscheidung erfolgt durch ein Schiedsgericht (§ 2); hiegegen ist Berufung an das Reichswirtschaftsgericht zulässig (VO. vom 16. Juni 1922, RGBl. I S. 511).

Wenn nachträglich, also gegenüber dem in der Entscheidung des Schiedsgerichts berücksichtigten oder zur Zeit einer Einigung vorliegenden Tatbestand eine erhebliche Änderung eingetreten ist, so kann jede Partei bei dem Schiedsgericht die Änderung der Abmachungen neuerlich verlangen (§ 2 Abs. 3).

Maßgebend für die schiedsrichterliche Entscheidung sind die Richtlinien, niedergelegt in der Bekanntmachung des Reichskommissars über die Kohlenverteilung vom 27. Juni 1922 (Reichsanzeiger Nr. 148).

Die Zulässigkeit von Vereinbarungen der Parteien über die Zusammensetzung des Schiedsgerichts, die eventuelle Berufung desselben durch den Reichswirtschaftsminister siehe § 4.

Materiell wichtig ist insbesondere noch § 5: wenn infolge der Anwendung dieser VO. den Abnehmern von elektr. Arbeit ... eine besonders erhebliche Erhöhung der Selbstkosten für von ihnen zu bewirkende Lieferungen und Leistungen entsteht, so sind sie berechtigt, auch ihren Abnehmern und Dritten gegenüber eine Erhöhung ihrer eigenen Lieferungspreise zu verlangen und durchzusetzen. Der Reichskommissar für die Kohlenverteilung bestimmt, welchen Arten von Abnehmern dieses Recht zukommt; in der Anordnung vom 26. Febr. 1919 (Reichsanzeiger Nr. 50) sind genannt: die Unternehmer der elektr. Straßenbahnen und Kleinbahnen, von Ladestationen für Akkumulatoren, dann die Unternehmer von elektrochemischen und elektrothermischen Betrieben.

Nach § 8 hat die Verordnung Gesetzeskraft; den Zeitpunkt der Aufhebung bestimmt der Reichswirtschaftsminister.

Angesichts solcher Möglichkeiten — zu denen unter Umständen auch die unter γ noch erwähnte kommen kann — liegt es im Interesse der Unternehmungen, die doch auch mit tunlichst stabilen Verhältnissen rechnen wollen, in den Tarifen selbst schon Vorsorge für klare Verhältnisse zu treffen, um nicht schließlich wegen irgendeines temperamentvollen Abnehmers oder Abnehmervertreters [1]) ständigen Tarifplackereien ausgesetzt zu sein; die Formulierung eines größeren Überlandwerks mag als empfehlenswert hier vermerkt werden, weil sie den Streitfall von vorneherein genau umschreibt:

„Falls die Erzeugung oder Verteilung der elektrischen Arbeit mittelbar oder unmittelbar durch das Reich, die Länder oder Gemeinden mit Steuern oder Abgaben belastet oder falls eine wesentliche Veränderung derjenigen Verhältnisse eintreten sollte, die für die Festsetzung der Strompreise zur Zeit des Vertragsabschlusses maßgebend waren, so ist das EW. zu einer angemessenen Erhöhung seiner Strompreise und Gebühren berechtigt. Falls solche Steuern und Abgaben später wieder ermäßigt werden oder wegfallen sollten, so sind die Zuschläge im gleichen Verhältnis zu ermäßigen."

Wo etwa in Verträgen die Anwendung der Reichsverordnung für Streitigkeiten über die Angemessenheit von Strompreisen vorgesehen ist, kann es vorkommen, daß ein Streitfall nach Aufhebung dieser Verordnung anhängig wird; es wird dann keinem Rechtsbedenken unterliegen, die in einer reichen Judikatur ausgebauten Richtlinien des Reichskommissars für die Kohlenverteilung — gewissermaßen als lex contractus — dem Spruche des Privatschiedsgerichtes zugrunde zu legen; eine Überprüfung durch eine offizielle Instanz (Reichswirtschaftsgericht) wäre dabei naturgemäß ausgeschlossen.

γ) Eine Beeinflussung der Preisgestaltung durch die Behörden könnte schließlich gegebenenfalls auch auf Grund des § 10 der Kartellverordnung vom 2. Nov. 1923 durchgeführt werden: sind Geschäftsbedingungen oder Arten der Preisfestsetzung von Unternehmungen oder Zusammenschlüssen geeignet, unter Ausnutzung einer wirtschaftlichen Machtstellung die Gesamtwirtschaft oder das Gemeinwohl zu gefährden, so kann das Kartellgericht auf Antrag des Reichswirtschaftsministers allgemein aussprechen, daß die benachteiligten Vertragsteile von allen Verträgen zurücktreten können, die unter den beanstandeten Voraussetzungen abgeschlossen sind. Bei Verträgen, die die Verpflichtung zu mehreren selbständigen Teilleistungen enthalten (Sukzessivlieferungsverträge) — dazu zählt das Stromgeschäft! — wird der Rücktritt soweit ausgeschlossen, als die Teilleistungen beiderseits vollständig erfüllt sind. — Verfahren siehe § 10. Diese Bestimmungen sind nicht anwendbar auf Geschäftsbedingungen und Arten der Preisfestsetzung, die von einer obersten Reichs- oder Landesbehörde im Rahmen ihrer Zuständigkeit angeordnet oder genehmigt sind oder deren Beanstandung unterliegen (§ 19).

---

[1]) Die Vertretung der Abnehmerinteressen gegenüber den EW. und Großverteilern, sowie die Streitführung vor dem Schiedsgericht kann durch die beteiligten Vertragsgemeinden oder ihren Vertrauensmann erfolgen. Zusammenschlüsse der Abnehmergemeinden zu Zweckverbänden siehe Seite 20.

Ob Gemeindebetriebe — als solche einer juristischen Person oder als öffentliche Betriebe — von dem Geltungsbereich des § 10 ausgenommen sind, wenn für die Genehmigung derselben von der obersten Landesbehörde allgemeine Richtlinien z. B. in einem „Staatsvertrag" gegeben wurden, ist eine bestrittene, u. E. zu bejahende Frage.

II. Zähler.

Aus den Anschlußbedingungen:

„Die elektrische Arbeit wird bei den Zähler- und Grundgebührentarifen durch Elektrizitätszähler gemessen, die einer beglaubigten Bauart angehören müssen und vom Elektrizitätswerk gestellt werden. Bei den Zählertarifen werden folgende monatliche Meßgebühren berechnet:

für einen Anschlußwert	bis 0,5 KW	... RM
	bis 1 KW	... RM
für jedes weitere KW		... RM

Bei den Grundgebührentarifen sind die Meßgebühren in den Grundgebühren enthalten.

Art, Größe und Aufstellungsort der Zähler bestimmt das EW., das auch die Anbringung, Nachschau, Instandhaltung und etwaige Entfernung der Zähler besorgt. Der Stromabnehmer verpflichtet sich, die Zähler vor Beschädigung zu schützen und keinerlei Handhabungen an ihnen vorzunehmen[1]).

Die Kosten für die Anbringung und Entfernung der Zähler, die nach Zeitaufwand verrechnet und auf Verlangen nachgewiesen werden, trägt der Abnehmer. Ergeben sich Zweifel über den richtigen Gang eines Zählers, aus denen jedoch die rechtzeitige Zahlung der Stromrechnung nicht verweigert werden darf, so wird der Zähler auf schriftlichen Antrag des Abnehmers durch das elektrische Prüfamt .... geprüft.

Nach dem Ergebnis dieser Prüfung wird der vorher etwa zu viel oder zu wenig berechnete Strombetrag an der nächsten Monatsrechnung ab- bzw. zugesetzt, doch tritt eine Richtigstellung des Strombetrages nur für den laufenden und den vorhergehenden Monat ein[2]).

Ergibt die Prüfung, daß der Zähler die gesetzlichen Fehlergrenzen[2]) einhält, so hat die durch die Prüfung veranlaßten Kosten der Abnehmer, andernfalls das EW. zu zahlen.

Solange ein Zähler wegen Ausbesserung entfernt ist, wird der Stromverbrauch nach billigem Ermessen verrechnet."

Anmerkungen:

1. Die Zähler werden regelmäßig vom Unternehmer, der Eigentümer bleibt, zur Anbringung in Räumen des Abnehmers zur Verfügung gestellt; hiefür wird eine Vergütung „Zählermiete" erhoben. In der Literatur hat der damit verbundene Rechtsvorgang verschiedene Beurteilung gefunden:

Die Anhänger der Auffassung, die in der Stromlieferung ein Kaufgeschäft erblicken, beanstanden die Einhebung eines Betrages für die Zählerbereitstellung als gegen § 448 BGB. verstoßend, weil darnach die Kosten des Messens und Wägens — NB. nur beim Mangel einer anderweitigen Vereinbarung — den Verkäufer treffen;

Andere erblicken in dieser mit Eigentumsvorbehalt erfolgenden Überstellung des Meßinstrumentes einen Verwahrungsvertrag und beurteilen die Pflicht des Verwahrers, der ja in unserem Falle kein Entgelt erhält, sondern bezahlt, nach § 690 BGB. (Einstehen für die Sorgfalt, die man in eigenen Angelegenheiten anzuwenden pflegt). — Wo der Vertrag zwischen Unternehmer und Abnehmer positive Bestimmungen nicht enthalten sollte, kann aber u. E. ohne sonderlichen Zwang eine „Sachmiete" (§ 535 BGB.) als dem Willen der Parteien entsprechend angenommen werden; denn die Bereitstellung des Zählers — ein Nebengeschäft zum Stromlieferungsabkommen — dient in der Tat, neben den Zwecken des die Ablesung veranlassenden Unternehmers auch jenen des an der Kontrolle der Feststellungen und der Gebührenverrechnung besonders interessierten Stromabnehmers; ihm wird der Mitgebrauch einer fremden Sache gegen Mietzins in einem allerdings durch die Verhältnisse beschränkten Umfang gewährt; er ist daher auch zur Obhut sowie zur schonenden und pfleglichen Behandlung verpflichtet (§§ 276, 277, 548 — Fehlerhaftung §§ 537 ff. BGB.).

Bei der Schwierigkeit eines exakten Beweises für den Zeitpunkt und den Umfang des Auftretens einer Zählerstörung sind Vereinbarungen zur Hintanhaltung unfruchtbarer Streitigkeiten durchaus zweckmäßig. Jedenfalls hat beim Mangel einer solchen Regelung der Unternehmer den Umfang der Stromabgabe zu beweisen. Üblich ist auch wohl eine Bestimmung, daß der seit der letzten Ablesung verbrauchte Strom aus dem Mittel der vorhergehenden und nachfolgenden Messungsperiode zu suchen ist.

2. Fehlergrenzen: Wenn der Vertrag eine gewisse Toleranz nicht vorsieht, so sind die Bestimmungen des Reichsgesetzes vom 1. Juni 1898 betr. die elektrischen Maßeinheiten und die nach § 6 vom Bundesrat im Benehmen mit der Physikalisch-Technischen Reichsanstalt durch Bek. vom 6. Mai 1901 (RGBl. S. 127) erlassenen Normen anzuwenden (vgl. 1. Hauptstück V. Abschnitt).

III. Verrechnung und Einhebung der Stromgebühren.

„Die Rechnungen über den Stromverbrauch und die laufenden Gebühren werden monatlich ausgestellt und sind sofort bei Überreichung ohne Abzug zu bezahlen. Entstehen durch Zahlungsversäumnis besondere Kosten, so fallen sie dem Säumigen zur Last.

Beanstandungen der Rechnungen sind nur binnen zehn Tagen nach ihrer Zustellung statthaft [1]). Bei Irrtümern in der Berechnung findet eine Richtigstellung nur für den Monat, in dem die Beanstandung erhoben wurde und den Vormonat statt [2])."

Zu vorstehender Fassung der Anschlußbestimmungen ist zu bemerken:

1. Es ist zur Vermeidung nachträglich schwer zu behebender Differenzen zweckmäßig, im Vertrage eine Frist vorzusehen, nach deren Ablauf die Reklamationen zwar nicht „unstatthaft", aber rechtlich bedeutungslos werden.

2. Dagegen scheint es uns zu weit zu gehen, wenn bei Irrtümern eine Richtigstellung über den laufenden Monat und den Vormonat zurück generell ausgeschlossen sein soll; es muß doch z. B. bei

einem offensichtlichen Additions- oder Multiplikationsfehler die Rückforderung des an Stromgebühr zu viel Bezahlten innerhalb der Gebührenverjährungsfrist zulässig bleiben!

H. Straßenbeleuchtung.

Das EW. errichtet im Benehmen mit der Gemeinde nach beiliegendem Plane eine Straßenbeleuchtungsanlage mit .... ganznächtigen und .... halbnächtigen Lampen. Die Lampen sollen einzeln oder gemeinsam, von Hand oder selbsttätig schaltbar sein. Von den Gesamtkosten gemäß beiliegendem Kostenanschlag übernimmt das EW. .... RM und die Gemeinde .... RM. Spätere Erweiterungen der Beleuchtungsanlage sind nach besonderer Vereinbarung auszuführen.

Die Straßenbeleuchtungsanlage bleibt Eigentum des EW. [1], **das auch ihre Unterhaltung übernimmt. Die Bedienung der Beleuchtungsanlage und der Ersatz der Glühlampen und Schutzgläser obliegt der Gemeinde.**

Der Stromverbrauch für die Straßenbeleuchtung wird entweder nach Kilowattstunden, die durch einen Zähler gemessen werden, oder im Bausch verrechnet.

Beim Zählertarif ist die Beschaffung und der Betrieb des Zählers Sache des EW. Der Stammpreis der Kilowattstunde beträgt .... RM. Die Gemeinde gewährleistet dem EW. eine jährliche Mindestbenutzung von 2400 (bzw. 1200) Stunden je ganz- bzw. halbnächtige Lampe.

Beim Bauschtarif ist für die ganznächtige Lampe ein Stammpreis von .... RM/Jahr und für die halbnächtige Lampe von .... RM/Jahr zu zahlen.

Im übrigen gelten bei Zähler- und Bauschtarif sinngemäß die beiliegenden allgemeinen Anschlußbedingungen.

1. Die Frage der Ablösung durch die Gemeinde wird auf S. 115 behandelt.

J. Beginn der Lieferung elektrischer Arbeit.

Das EW. führt die Anlagen so rechtzeitig aus, daß die regelmäßige Stromlieferung spätestens am ... beginnen kann.

Sollte die regelmäßige Stromlieferung durch Verschulden des EW. trotz schriftlicher Mahnung durch die Gemeinde binnen zwei Jahren nach Unterzeichnung des Vertrages nicht erfolgen, so ist die Gemeinde berechtigt, vom Vertrage zurückzutreten.

K. Betriebsführung.

Das EW. verpflichtet sich, seine sämtlichen Stromlieferungseinrichtungen in dauernd betriebsfähigem Zustande zu erhalten und seinen Betrieb entsprechend den Vorschriften des VDE. zu führen.

Zur Durchsicht der Anlagen und zu Instandhaltungs- oder Erweiterungsarbeiten darf die Stromlieferung nach Verständigung der Gemeinde vorübergehend unterbrochen werden; doch sind hierfür tunlichst nur die Feiertage oder an Werktagen die Mittagspausen zu benutzen.

Sollte das EW. in Fällen höherer Gewalt, der auch Krieg, politische Umwälzungen, Aufstände, Arbeiterausstände[1]), Unglücksfälle und Naturereignisse gleichzuachten sind, oder durch behördlich angeordnete Einstellung oder Beschränkung des Betriebes trotz der dagegen angewandten Rechtsmittel an der Stromlieferung ganz oder teilweise verhindert sein, so hört die Verpflichtung hierzu in dem durch die Umstände begründeten Umfang solange auf, bis die Störungen und ihre Folgen beseitigt sind.

Die Gemeinde und die Abnehmer können in den vorgenannten Fällen eine Entschädigung nicht verlangen[2]). Das EW. hat jedoch auf jede Weise dafür zu sorgen, daß alle Unterbrechungen auf das tunlichst geringste Maß beschränkt bleiben.

Die Gemeinde kann den Vertrag schon vor seinem Ablauf durch eingeschriebene schriftliche Erklärung lösen[3]), wenn durch Verschulden des EW. der Betrieb eingestellt wird oder wenn das EW. trotz Aufforderung wesentlichen Vertragspflichten ohne genügenden Rechtfertigungsgrund nicht nachgekommen ist. In diesen Fällen darf die Gemeinde das Ortsnetz vorbehaltlich der Austragung der beiderseitigen Entschädigungsansprüche in Gebrauch nehmen.

Dem EW. steht dagegen innerhalb 4 Wochen das Einspruchsrecht an ein Schiedsgericht zu.

Anmerkungen:

1. Manche Verträge enthalten hinter dem Wort „Arbeiterausstände" den Zusatz „auch solche auf den Kohlenzechen".

2. Die Anschlußbedingungen weisen im amtlichen bayr. Entwurf noch die Bestimmung auf: „Eine Entschädigung findet in den Fällen des Absatzes 3 nur beim Stromtarif nach Bauschtarif statt, wobei für Betriebsunterbrechungen über 24 Stunden im Monat der entsprechende Teil des monatlichen Bauschbetrages rückvergütet wird."

3. Zur Frage des Ruhens der Lieferungspflicht des Unternehmens kommen übereinstimmend mit den Ausführungen in Anm. 2 zu lit. A dieses Abschnittes S. 89 in Betracht.

a) die Fälle der tatsächlichen unverschuldeten Unmöglichkeit der Erfüllung — in der Hauptsache beim Vorliegen höherer Gewalt,

b) Gründe in der Person des Abnehmers.

Im allgemeinen ist bereits oben der Vertrag über Lieferung elektr. Arbeit als ein gegenseitiger fortlaufend zu erfüllender Teillieferungsvertrag (Sukzessivvertrag) gekennzeichnet worden; dabei ist der Unternehmer in der Regel für einen Monat vorleistungspflichtig, der Abnehmer dauernd im vereinbarten Rahmen abnahmeberechtigt, abnahmepflichtig und gehalten, zu den bestimmten Zeitpunkten (allmonatlich) das fällige Entgelt pünktlich zu entrichten (§§ 320 ff. BGB.). Bei Nichterfüllung dieser Verpflichtungen des Abnehmers ist der Unternehmer zum dauernden oder zeitweiligen Rücktritt (Stromsperre) berechtigt. Hiebei kommt in Betracht:

α) Das Recht, eine Leistung zu verweigern oder zurückzuhalten, setzt in der Regel nicht vor der ersten Leistungssäumnis des Vertragsgegners ein, es sei denn, daß in den Vermögensverhältnissen des letzteren seit Vertragsabschluß eine wesentliche, den Anspruch auf die Gegenleistung gefährdende Verschlechterung erfolgt und Sicherheitsbestellung nicht zu erlangen ist (§ 321). Bei geringfügigen Rückständen kann eine Leistungsweigerung unter Umständen eine unverhältnismäßige Härte darstellen und gegen Treu und Glauben verstoßen (§ 320 Abs. 2).

β) Wenn beim Lieferungsvertrag der eine Teil mit der ihm obliegenden Leistung in Verzug gerät, so kann ihm der andere für die Nachholung eine angemessene Frist setzen mit der Erklärung, daß er nach Fristablauf die Annahme ablehnt; er kann demnach Schadensersatz wegen Nichterfüllung verlangen oder vom Vertrage zurücktreten; wenn er an der nachträglichen Lieferung kein Interesse mehr hat, bedarf es zur Ausübung des Rücktrittsrechtes einer Fristbestimmung nicht (§§ 325 f. BGB.).

γ) Zum wahlweise zulässigen Rücktrittsrecht kommt der Anspruch auf Schadensersatz hinzu, wenn ein Vertragsteil durch positive Schadenshandlung die geschuldete Leistung vereitelt oder durch die Art der Erfüllung sich als vertragsuntreu erweist so zwar, daß er gegen den Vertragszweck handelt; positive Vertragsverletzungen sind alle vom Vertragsschuldner zu vertretenden positiven Verstöße gegen Vertragspflichten, die den Zweck so gefährden, daß dem vertragstreuen Teil die Fortsetzung billigerweise nicht mehr zugemutet werden kann (Komment. der Reichsgerichtsräte zum BGB.).

Beim Teillieferungsgeschäft — d. i. der hier in Rede stehenden Vertragsform — kann der Abnehmer grundsätzlich jede einzelne Leistung als selbständige prüfen und wegen einer oder mehrerer verschuldet fehlerhaften Teillieferungen sowohl Schadensersatz verlangen, wie von der Vertragsfortsetzung zurücktreten; solche Verträge bedingen in höherem Maße das Vertrauen auf sorgfältige und pünktliche Erfüllung der wechselseitigen Verbindlichkeiten, als dies bei einfachen Verträgen der Fall zu sein pflegt. Es kommt nur darauf an, ob nach den Verhältnissen des Falles anzunehmen ist, daß auch die künftigen Teilleistungen vertragswidrig ausfallen werden (RGZ. 58 S. 420 f.).

δ) Die dem bayr. Entwurf eines Zustimmungsvertrages beigegebenen Anschlußbedingungen sehen die vertragsweise Festlegung der Sperrbefugnis des Unternehmers wie folgt vor:

„Das EW. ist berechtigt, unbeschadet seiner sonstigen Entschädigungsansprüche ohne richterliche Entscheidung oder Kündigung den Strom zu sperren:

1. wenn der Abnehmer seinen Zahlungsverpflichtungen trotz Mahnung nicht nachkommt oder für rückständige Zahlungen Gefahr in Verzug ist,
2. wenn an den Anlagen irgendwelche Änderungen oder Erweiterungen ohne Wissen und Genehmigung des EW. vorgenommen oder Zähler beschädigt, geöffnet und gekippt werden,
3. wenn die Anlage durch irgendwelche Ereignisse, sei es absichtlich oder unabsichtlich, eine Gefahr für die Betriebssicherheit bietet und die entsprechenden Verbesserungsvorschläge des EW. vom Abnehmer nicht berücksichtigt werden,
4. wenn der Strom zu anderen als den vertragsmäßig zugelassenen Zwecken verwendet wird oder wenn die betreffende Anlage außer von dem EW. und ohne seine Genehmigung noch auf andere Weise Strom erhält,

5. wenn Beamten oder Bediensteten des EW. der Zutritt zu den Zählern, Leitungen und Stromverbrauchsapparaten usw. verweigert oder unmöglich gemacht wird,
6. wenn der Abnehmer die Aufstellung der zur allgemeinen Leitungsführung des EW. erforderlichen Masten und Ständer verhindert, erschwert oder das Bestehen bereits vorhandener Leitungsmasten und Ständer gefährdet,
7. wenn den sonstigen in diesen Bedingungen enthaltenen Anordnungen trotz Mahnungen nicht Folge geleistet wird."

Diese Fälle entsprechen auch dem geltenden Gesetzesrecht und umfassen unter Ziff. 4 auch betrügerische Manipulationen und schuldhafte Entwendungen oder Schädigungen durch Entziehung elektr. Arbeit; sie könnten etwa noch ergänzt werden durch den Fall der Nichtleistung einer vereinbarten oder nach § 331 geforderten Sicherheit. Daß der Konkurs des Abnehmers unter Umständen (§ 17 KonkO.) zum Rücktritt berechtigt, wurde bereits auf S. 89 dargelegt.

L. Haftung für Schäden.

Das EW. haftet für allen Schaden, den es oder seine Angestellten oder die von ihm beauftragten Unternehmer bei der Ausführung und dem Betrieb seiner elektrischen Anlagen nachweislich verursachen [1]). Werden die Schäden trotz Mahnung nicht in angemessener Frist behoben, so darf die Gemeinde die erforderlichen Maßnahmen auf Kosten des EW. treffen.

Ebenso haftet die Gemeinde dem EW. für allen Schaden, den sie oder von ihm Beauftragte den Anlagen des EW. nachweislich zufügen [2]).

Anmerkungen:

1. Vereinbarung einer sogen. „Bestandshaftung"; im allgemeinen — also von Spezialgesetzen abgesehen — gilt der Rechtsgrundsatz „ohne Verschulden keine Haftung"; der Begriff der Haftpflicht ist vom Reichsgericht (RGZ. Bd. 52 S. 379) dahin normiert, daß jeder für Beschädigungen, die von seinen Sachen aus einem Dritten zugehen, insoweit zu haften hat, als er sie bei billiger Rücksichtnahme auf die Interessen des Dritten hätte verhüten sollen. Siehe auch 8. Hauptstück.

2. Korrespondierende Haftungsvereinbarung; in der Praxis wurde die Frage behandelt, ob der Gemeinde die Kenntnis der Lage aller in Gemeindewegen verlegten Kabel und damit auch ohne Vertrag der Ersatz von Schäden zugemutet werden kann, die bei ihren Tiefbauten solchen Leitungen zugefügt werden. Das Reichsgericht entschied dahin, daß diese Zumutung nur insoweit berechtigt ist, als der Gemeinde die Lage und Veränderung der Kabel vom Unternehmer angezeigt oder doch in einem polizeilichen Genehmigungsverfahren bekannt geworden ist (RG. 10. Juni 1926 Zeitschr. Elektr. Betrieb, Jahrgang 26 S. 177).

M. Vertragsdauer.

Die Dauer dieses Vertrages wird auf .... Jahre festgesetzt, gerechnet vom 1. Januar des auf die schriftlich festzulegende Inbetriebsetzung der Stromversorgung der Gemeinde folgenden Kalenderjahres.

Die Vertragsdauer verlängert sich jeweils um 5 Jahre, wenn der Vertrag nicht ein Jahr vor Ablauf von einer Seite mittels eingeschriebenen Briefes gekündigt wird[1].

Anmerkungen:

1. Vergl. auch lit. K Abs. 5.

Es entspricht dem Geiste des Rechtes, Verträge von unbeschränkter Dauer zu vermeiden: alle Vereinbarungen, nicht zuletzt jene in der Elektrizitätswirtschaft, sind das Produkt zeitlicher vorhersehbarer Bedürfnisse und Befriedigungsmöglichkeiten; sie verlieren (z. B. Straßenbeleuchtung mittels Öllampen oder Gas) ihren Sinn, wenn sich die Verhältnisse und die angewendeten Naturwissenschaften und Erkenntnisse grundstürzend ändern oder erweitern; darum sind auch unbefristete Verträge nach einer Entsch. des Reichsgerichts vom 27. März 1925, VI 2/25 zwar nicht sittenwidrig, aber doch aus wichtigen Gründen, die ihre Lösung bei veränderten wirtschaftlichen, technischen, persönlichen Verhältnissen und dergl. notwendig machen, als fristlos kündbar anzusehen.

N. Schlußbestimmungen.

Dieser Vertrag ist privatschriftlich in zwei Exemplaren ausgefertigt; Nebenabreden bestehen nicht. Zusätze und Änderungen sind nur gültig, wenn sie schriftlich niedergelegt und von den Vertragschließenden unterzeichnet sind.

Sollte wegen mangelnder Rechtsform etwa ein Teil dieses Vertrages nichtig sein, so soll er im übrigen nach dem Willen der Vertragschließenden gleichwohl im vollen Umfange zu Recht bestehen[1][2].

Etwa zwischen der Gemeinde und dem EW. vereinbarte Änderungen der Anschlußbedingungen sind auch für den Abnehmer bindend[3].

Anmerkungen:

1. Wegen der Zweckmäßigkeit dieses Zusatzes, der im Schema des Bayer. Zustimmungsvertrages nicht enthalten ist, siehe Seite 86.

2. Sonstige Schlußbestimmungen können sich auf die Übertragung der Vertragsrechte an Dritte, das Streitverfahren vor den ordentlichen Gerichten oder Schiedsgerichten, den Gerichtsstand und den Erfüllungsort beziehen.

3. Das Gleiche gilt von Entscheidungen, die in einem Streit des EW. mit der Gemeinde ordnungsmäßig herbeigeführt werden.

IV. Abschnitt.

Großabnehmerverträge.

A. Verträge mit privaten Großabnehmern.

Die Elektrizitätswerke schließen mit einzelnen Abnehmern für größere Energiebezüge — in der Regel nicht unter 100000 Kilowattstunden im Jahr — je nach Gelegenheit und Bedarf Sonderverträge ab, die einer eigenen Tarifierung unterliegen und zumeist einen Strombezug direkt von der Hochspannungsseite (also nicht mit der üblichen Gebrauchsspannung von 110 oder 220 Volt) vorsehen;

im letzteren Falle kann dem Abnehmer auferlegt werden, die erforderliche Hochspannungszuleitung mit Transformatorenanlage auf eigene Kosten herzustellen und zu unterhalten.

Vertragsskizze (Münchener Städtische Elektr.-Werke):

Der Großabnehmer (im folgenden Abnehmer) verpflichtet sich auf Vertragsdauer aus dem Hochspannungsnetz des Elektrizitätswerkes (im folgenden Vertragswerk) in jedem Jahre an elektr. Arbeit vorwiegend für Kraftzwecke 100000 KWh oder für Lichtzwecke 200000 KWh zu beziehen; er verpflichtet sich auf schriftliche Aufforderung des Vertragswerkes binnen .... Stunden oder in einer seinen Betriebsverhältnissen angemessenen Zeit seine eigenen Kraft- und Stromerzeugungsanlagen in Betrieb zu nehmen und außerdem die Stromentnahme aus dem Vertragswerk tunlichst zu beschränken. Diese Aufforderung wird nur dann gestellt, wenn das Vertragswerk wegen Verminderung der Leistungsfähigkeit seiner Wasserkraftanlagen (Niederwasser, Hochwasser, Eisgang) oder seiner sonstigen Anlagen oder aus anderen Gründen nicht in der Lage ist, den Gesamtbedarf seiner Abnehmer zu decken.

Solange das Vertragswerk den Bedarf des Abnehmers decken kann, ist der letztere verpflichtet, den Strombezug innerhalb seines Betriebes von eigenen und fremden Erzeugungsanlagen zu unterlassen.

Stromart: Hochspannungsdrehstrom;

Einrichtungen zum Strombezug: Lieferung und Herstellung bis zur Grundstücksgrenze entweder durch den Abnehmer oder auf dessen Kosten oder unter dessen Kostenanteilnahme durch das Vertragswerk — von der Grundstücksgrenze an auf Kosten des Abnehmers, in dessen Eigentum das Anschlußkabel auch nach Vertragsende bleibt. Die Zählermeßwandler werden vom Vertragswerk bereitgestellt.

Mindestbezug: Wird der vereinbarte Mindestbezug nicht erreicht, so ist der fehlende Rest am Ende des Rechnungsjahres mit dem

$$\text{Jahresdurchschnitts-Nettopreis} \frac{\text{Summe der Monatsrechnungsbeträge}}{\text{Jahresverbrauch in KWh}}$$

pro KWh zu bezahlen.

Wenn von Seite des Vertragswerks im Rechnungsjahr Einschränkungen des Strombezuges veranlaßt wurden, so entfällt die Zahlungspflicht für den der Einschränkungszeit entsprechenden Restteilbetrag.

Grundpreise für den Monatsbezug: abgestuft nach Bezugsgröße von 5000 zu 5000 KWh.

Wertbeständigkeitsklausel nach Dollarstand.

Rabatte: Auf die vorgenannten Staffelpreise werden gewährt Benutzungsdauerrabatte (verschieden für die Sommer- und Wintermonate) und Nacht-, Mittags- und Sonntagsstromrabatte.

Den Strompreisen ist die Stromentnahme bei einem Leistungsfaktor von 0,87 zugrunde gelegt. Der Abnehmer hat deshalb in seinem Interesse Vorkehrungen zu treffen, daß dieser Leistungsfaktor von $\cos \varphi = 0{,}87$ (30° Nacheilung) nicht unterschritten wird.

Für jede bei Unterschreitung dieses Leistungsfaktors vom Blind-KWh-Zähler angezeigte Blind-KWh hat der Abnehmer 20% des Nettopreises der Wirk-KWh zu bezahlen.

Bei Überschreitung des Leistungsfaktors 0,87 erhält der Abnehmer während der Vormittagsstunden 6—12 Uhr und der Nachmittagsstunden 14—22 Uhr mit Ausnahme von Samstag 12 bis Montag 6 Uhr für jede vom Blind-KWh-Zähler angezeigte Blind-KWh eine Vergütung von 10% des Nettopreises der Wirk-KWh. Diese Vergütung wird jedoch nur bis zu einer Blind-KWh-Menge von 60% der Wirk-KWh gewährt.

Die Zuschlagsberechnung und die Vergütung erfolgen wie die Rabattberechnung monatlich.

Kohlenklausel: Die festgesetzten Grundpreise gelten bei einem mittleren Kohlenpreis von 25 RM je Tonne, frei Bahnwagen Rangierbahnhof . . . . Der jeweilige Endbetrag einer Monatsrechnung ändert sich mit der Kohlenpreisgrundlage.

Messung und Berechnung des Strombezuges:

1. Die Messung der elektrischen Arbeit erfolgt hochspannungsseitig durch Elektrizitätszähler mit Leistungszeiger, welche von dem EW. gegen die jeweils in der Gemeindesatzung festgesetzte, monatliche Gebühr für einen Einfachtarifzähler bis 5 KW Anschlußwert geliefert und unterhalten werden. Der Leistungszeiger mißt die durchschnittliche Leistung in KW während 30 Minuten und verzeichnet die höchste dieser Messungen in jedem Monat.

2. Die Feststellung des Blindverbrauches erfolgt durch Blindverbrauchszähler, die bei Unterschreitung und Überschreitung des $\cos \varphi = 0{,}87$ die entnommenen Blind-KWh auf getrennten Zählwerken anzeigen und gegen die gleiche Gebühr wie die Zähler mit Leistungszeiger geliefert und unterhalten werden.

3. Die Feststellung des Nacht-, Mittags- und Sonntagsstromverbrauches erfolgt durch einen besonderen Zähler, der von dem EW. gegen die jeweils in der Gemeindesatzung festgesetzte monatliche Gebühr für einen Doppeltarifzähler bis 5 KW Anschlußwert geliefert und unterhalten wird.

4. Die Feststellung des Strombezuges und der Höchstleistung erfolgt durch monatliche Ablesung der Elektrizitätszähler. Bei dieser Ablesung wird der Leistungszeiger auf Null gestellt.

5. Sind mehrere Elektrizitätszähler zur Feststellung des Strombezuges nach Ziff. 1 vorhanden, so werden die Angaben der sämtlichen Zähler zum Zwecke der Feststellung des Mindestbezuges im Rechnungsjahre zusammengezählt.

6. Die Zahl der monatlichen Benützungsstunden der Höchstleistung ergibt sich aus

$$\frac{\text{Strombezug während eines Monats in KWh}}{\text{Höchstleistung in KW}} = \text{Benützungsstunden.}$$

7. Die Berechnung des Strombezuges und die Rabattberechnung erfolgen monatlich für die jeweils zusammengehörigen Zähler getrennt. Die Bezahlung des in Rechnung gestellten Strombezuges hat monatlich zu erfolgen.

8. Das Rechnungsjahr läuft vom 1. April bis 31. März.

Nach dem vorstehenden Vertragsschema bestimmt sich das Entgelt für die Elektrizitätslieferung nach den Grundsätzen eines Zählertarifs (vgl. S. 98) mit Benutzungsdauerrabatten; nun sei noch das Beispiel eines Grundgebührentarifs für Großabnehmer — Auszug aus den Lieferungsbedingungen der Berliner Städtischen Elektrizitätswerke A.-G. (BEWAG.) — gebracht.

„1. Als Entgelt für die Lieferung hochgespannter Elektrizität ist zu entrichten:

a) ein Leistungspreis von 7,20 RM je Monat und Kilowatt (KW) für die in Anspruch genommene und durch Leistungszeiger festgestellte Leistung. Der Leistungszeiger mißt die durchschnittliche Belastung in KW während der halben Stunde und verzeichnet in jedem Verrechnungszeitraum die höchste dieser Messungen.

b) Ein Arbeitspreis für jede entnommene und vom Hochspannungs-Elektrizitätsmesser (Kilowattstundenzähler) angezeigte Kilowattstunde (KWh) von 0,2 Pfg. je RM Brennstoffverrechnungspreis.

Der Brennstoffverrechnungspreis ergibt sich aus dem am Tage der Zählerablesung geltenden Tagespreis einer t (t = 1000 kg) Niederschlesischer Erbskohle frei Kesselhaus der BEWAG. und dem Preis von 1000 KWh Fernstrom laut letztergangener Rechnung der Elektrowerke Aktiengesellschaft. Für die Ermittlung des Brennstoffverrechnungspreises gilt $\frac{1}{3}$ als Kohlenstrom, $\frac{2}{3}$ als Fernstrom.

Bei Bezug elektr. Arbeit in den Nachtstunden werden — abgestuft nach dem prozentualen Anteil des Nachtverbrauches am Gesamtverbrauch — Nachlässe auf den Arbeitspreis gewährt.

Mit den Kosten für Aufstellung und Vorhaltung des zur getrennten Messung des Tag- und Nachtstromverbrauches erforderlichen Doppeltarifzählers wird der Abnehmer belastet.

Übergabestelle der hochgespannten Elektrizität ist der Leistungszeiger und Hochspannungs-Elektrizitätsmesser.

Sollten während der Dauer dieses Abkommens durch Reichs-, Staats- oder Gemeindebehörden Steuern oder Abgaben auf die Erzeugung, Fortleitung, Verwendung oder den Vertrieb der Elektrizität gelegt oder bestehende Steuern oder Abgaben erhöht werden, so ändert sich der Strompreis entsprechend.

2. Für die Dauer des Abkommens stellt die BEWAG. entsprechend dem Hochspannungsanschlußwert der Anlage eine Leistung zur Verfügung von

..... Kilovoltampere (KVA).

Der Abnehmer gewährleistet die Zahlung eines Mindestleistungspreises für .... KW, das ist für die Hälfte des Hochspannungsanschlußwertes bei $\cos \varphi = 0,8$, mindestens aber für 30 KW, gleichviel ob diese Leistung in Anspruch genommen wird oder nicht.

Wird während der Dauer des Abkommens eine Erhöhung des Hochspannungsanschlußwertes vorgenommen, so erfährt hiermit der Mindestleistungspreis eine Steigerung im entsprechenden Verhältnis."

Es folgt nun die Berücksichtigung des Leistungsfaktors bei der Berechnung des Arbeitspreises in ähnlicher Form wie bei dem zuerst gebrachten Beispiel des Münchener Großabnehmer-Vertrages.

Die Leistungsfaktor-Klausel des Großabnehmervertrages.

Diese — dem Nichtfachmanne weniger geläufig — sei in Folgendem kurz erläutert:

Der Großabnehmer kann in höherem Maße wie der Kleinkonsument auf die Wirtschaftlichkeit der Stromlieferung und damit auf die finanziellen Ergebnisse des Unternehmens einschneidend einwirken. Die Elektrizitätswerke sind deshalb dazu übergegangen, in ihren Tarifen alle Momente heranzuziehen, die für die Gestaltung ihrer Selbstkosten von Bedeutung sein können; sie berücksichtigen daher in ihren Großabnehmertarifen neben den Grund- oder Leistungsgebühren und den Arbeitsgebühren in neuerer Zeit fast regelmäßig auch den sogenannten Leistungsfaktor und die damit zusammenhängende Blindleistung.

Bereits im ersten Hauptstück (S. 6) ist dargelegt, daß beim Wechselstrom sowohl der Strom, als auch die Spannung in stets wiederkehrendem Wechsel die Richtung (bzw. das Vorzeichen) ändern. Der Zeitpunkt dieser periodischen Vorgänge (Phase) fällt nun in der Regel bei Strom und Spannung nicht zusammen, sondern ist — je nach den elektrischen Eigenschaften des Stromkreises (Induktivität und Kapazität) — mehr oder weniger im einen oder anderen Sinne verschoben (Phasenverschiebung)*). Man spricht dann von einem der Spannung nacheilenden oder voreilenden Strom. Die

*) Diese Phasenverschiebung zwischen Strom und Spannung ist nicht zu verwechseln mit der auf Seite 6 erwähnten Phasenverschiebung der Ströme untereinander bei einer mehrphasigen Anlage.

Phasenverschiebung hat zur Folge, daß die elektr. Leistung (Wirkleistung in KW) kleiner wird als das Produkt aus Strom und Spannung (Scheinleistung in KVA); dafür tritt eine andere Komponente auf: die sogenannte Blindleistung — in Wirklichkeit keine Leistung, sondern eine Art schwingender Energie, die weder in mechanische Arbeit noch in Wärme umgewandelt werden kann, gleichwohl aber Maschinen und Netz belastet.

Darnach ist bei Phasengleichheit die Wirkleistung gleich der Scheinleistung, bei maximaler Phasenverschiebung aber wird die Wirkleistung gleich Null. Das Verhältnis $\frac{\text{Wirkleistung}}{\text{Scheinleistung}}$ endlich wird mit „Leistungsfaktor" oder mathematisch gesprochen mit $\cos \varphi$ bezeichnet; der Leistungsfaktor ist bei Phasengleichheit 1, bei maximaler Phasenverschiebung 0; innerhalb dieser Grenzen bestimmen die Tarife den als normal bezeichneten und nach Möglichkeit einzuhaltenden Sollwert in der Regel um $\cos \varphi = 0{,}8$ herum; manche Tarife beziehen die Blindleistungsberechnung auf den in einem größeren Verteilungsnetz praktisch nicht erreichbaren Idealfall eines Leistungsfaktors $\cos \varphi = 1$.

Der Blindlastzähler ist dann so konstruiert, daß er z. B. bei $\cos \varphi = 0{,}87$ stillsteht. Unter 0,87 treibt er ein Zählwerk an, über 0,87 ein anderes; nach den Angaben des ersteren hat der Großabnehmer aufzuzahlen (in unserem Beispiel 20% des Nettopreises), nach den Angaben des letzteren erhält er die vorgesehene Vergütung (in unserem Beispiel 10%).

Das Werk verfolgt mit dieser Tarifpolitik der Strafen und Prämien die Absicht, den Abnehmer möglichst für die Einhaltung eines guten Leistungsfaktors zu interessieren — ein Erfolg, der von der Art und der Bedienung der Apparate (zu große und veraltete oder moderne, dem tatsächlichen Kraftbedarf entsprechende Motoren und Transformatoren) abhängt, die auf der Seite des Kunden angeschlossen sind. Ob eine Differenzierung der Prozentsätze, die im Falle der Unterschreitung des Leistungsfaktors an das Werk, im Falle der Überschreitung vom Werk an den Großabnehmer zu entrichten sind, der Billigkeit entspricht, — ist schon in Frage gezogen worden; rechtlich besteht aber kein Hindernis, eine solche Verschiedenheit zu vereinbaren.

B. Großabnehmerverträge mit Gemeinden.

a) Nach Ablauf der Vertragszeit steht es den Gemeinden frei, woher sie ihren weiteren Strombedarf decken und ob sie für die Versorgung ihrer Eingesessenen als Großabnehmer auftreten wollen.

Die Verträge enthalten in der Regel die Verpflichtung des Unternehmers nach Ablauf der vereinbarten Zeit die Leitungen, Gestänge und sonstigen Einrichtungen binnen einer bestimmten Frist wegzunehmen, sie sehen aber wohl auch die Berechtigung oder die Pflicht der Gemeinde vor, diese Versorgungs- und Verteilungsanlagen nach gewissen Bewertungs- und Bezahlungsgrundsätzen abzulösen. Derartige Festlegungen sind zweckmäßig, weil spätere Verhandlungen zwischen den Beteiligten unter dem Druck der befristeten Aufforderung zur Beseitigung zum Nachteil des Unternehmers leiden können. Der Fortbestand der durch den Gemeindebezirk führenden Leitungen ist dabei zu sichern.

b) Es kann aber auch eine schon im Laufe der Vertragszeit erfolgende Übernahme der Beleuchtungs- und sonstigen Anlagen vereinbart werden; ein Beispiel: die Gemeinde ist nach Ablauf des ... Vertragsjahres berechtigt, das Niederspannungsnetz unter Ausschluß der Hochspannungs- und Durchgangsleitungen, sowie der Transformatoren auf eigene Rechnung zu übernehmen; vereinbart wird eine Frist für vorhergehende Verständigung und die Art der Ablösung — Abschätzung durch eine paritätische Kommission unter Leitung eines Schiedsmannes, ferner die Berechnungsweise der Stromlieferung, der Sperrzeiten u. dgl.

c) Endlich ist es denkbar und nicht unzweckmäßig, daß die Gemeinden — wenn sie sich wegen Vertragsuntreue des Unternehmers zum Rücktritt veranlaßt sehen sollten — vertraglich festgelegt haben, daß sie das vorhandene Ortsnetz unbeschadet ihrer sonstigen Ersatzansprüche ablösen und schon vor der Durchführung der Ablösung sofort in Gebrauch nehmen dürfen.

Siebentes Hauptstück:

Der Strafrechtsschutz in der Elektrizitätswirtschaft*)

Die Elektrizität als ein mit unseren Sinnen nicht faßbares „Etwas" kann natürlich nicht den Schutz des menschlichen Rechtes genießen; desselben können nur Wirkungen und Erscheinungsformen teilhaftig werden, die wir erfassen und durch unsere Handlungen beeinflussen können; darnach sind rechtlich, insbesondere strafrechtlich neben der elektr. Arbeit vor allem die Anlagen, Leitungen und sonstigen Einrichtungen geschützt, deren wir uns zur Hervorbringung und Verwertung bedienen, darunter die den Regalbetrieben des Reiches (Bahn und Post) gewidmeten derartigen Anlagen, ferner das geistige Eigentum an einschlägigen Erfindungen.

Im übrigen besteht gegen Schädigungen und Gefährdungen unserer Rechtsgüter — Leben, Gesundheit, Eigentum, Besitz u. dgl.

*) Was im nachfolgenden die Strafandrohungen anlangt, so sind neben der hier gebrachten Fassung des Reichsstrafgesetzbuches die Bestimmungen des Gesetzes vom 21. Dez. 1921 über die Erweiterung des Anwendungsgebietes der Geldstrafen und zur Einschränkung der kurzen Freiheitsstrafen zu beachten.

— durch elektr. Beeinflussungen der allgemeine Schutz, den das Strafrecht gegenüber vorsätzlichen und fahrlässigen Delikten gewährt.

I. Abschnitt:

Strafrechtsschutz gegen die Entziehung elektr. Arbeit.

Wiederholt ist betont, daß nach der heutigen naturwissenschaftlichen Auffassung den uns geläufigen elektr. Erscheinungsformen die Eigenschaft eines raumausfüllenden Körpers mangelt; auch ist über den Entwicklungsgang der Rechtsanwendung im vorausgehenden Hauptstück 1. Abschnitt bereits das Wichtigste gesagt: darnach sind für rechtswidrige Eingriffe in die Verteilung elektr. Arbeit die Tatbestandsmerkmale des Diebstahls §§ 242 mit 245 und der Sachbeschädigung §§ 303 mit 305 RStGB. nicht gegeben; bis zu einer anderweitigen, im Vorentwurf des neuen Strafgesetzbuchs erwogenen, im letzten Entwurf wieder aufgegebenen Regelung muß daher das Spezialgesetz aushelfen, welches am 9. April 1900 erlassen, die Bestrafung der Entziehung elektrischer Arbeiten betrifft und die Materie in folgenden zwei Paragraphen regelt.

„§ 1. Wer einer elektrischen Anlage oder Einrichtung fremde elektrische Arbeit mittels eines Leiters entzieht, der zur ordnungsmäßigen Entnahme von Arbeit aus der Anlage oder Einrichtung nicht bestimmt ist, wird, wenn er die Handlung in der Absicht begeht, die elektr. Arbeit sich rechtswidrig zuzueignen, mit Gefängnis und mit Geldstrafe bis zu 1500 *RM* oder mit einer dieser Strafen bestraft.

Neben der Gefängnisstrafe kann auf Verlust der bürgerlichen Ehrenrechte erkannt werden.

Der Versuch ist strafbar.

§ 2. Wird die im § 1 bezeichnete Handlung in der Absicht begangen, einem anderen rechtswidrig Schaden zuzufügen, so ist auf Geldstrafe bis zu 1000 *RM* oder auf Gefängnis bis zu 2 Jahren zu erkennen.

Die Verfolgung tritt nur auf Antrag ein."

1. Zur Strafbarkeit der Entziehung ist demnach erforderlich, daß die Absicht des Täters gerichtet ist

entweder auf rechtswidrige Zueignung

oder auf rechtswidrige Schadenszufügung.

Im ersteren Falle ist der Versuch strafbar; in beiden Fällen muß aber zwischen dem bösen Willen des Täters und dem erstrebten Schadenserfolg als Tatbestandsmerkmal die Benutzung eines Leiters festzustellen sein, der nach dem Willen des verfügungsberechtigten Unternehmers nicht zur ordnungsmäßigen Entnahme von Arbeit bestimmt ist. Als Leiter ist jede zur Fortleitung des Stromes geeignete Vorrichtung zu erachten: zumeist wird ein Metalldraht, eventuell aber auch Kohle, leitende Flüssigkeit oder dgl. in Frage kommen. Die unmittelbare Berührung ist zur Erfüllung des Tatbestands der strafbaren Handlung nicht notwendig, vielmehr kann die Entziehung auch über einen Luftraum hinweg auf induktivem oder kapazitivem Wege bewerkstelligt werden.

Infolge dieser Beschränkung, bei der natürlich die Verteidigung einsetzt, läßt sich eine nicht geringe Zahl von Fällen konstruieren und ist auch in der Praxis tatsächlich zu verzeichnen, in denen der rechtswidrige Entzug und die rechtswidrige Schadenszufügung straflos ausgeht. Man ist sich in der technischen Fachwelt längst über die Unzweckmäßigkeit des Tatbestandsmerkmals „mittels eines Leiters, der zur ordnungsgemäßen Entnahme — nicht bestimmt ist" einig und fordert mit guten Gründen eine entsprechende Gesetzesänderung. Beispiele: wenn jemand in der ordnungsgemäß angeschlossenen Anlage eines anderen, die diesem gehörigen Glühlampen oder Motore einschaltet, um Licht und Kraft für sich zu verwenden oder bloß Schaden anzurichten, — so geht er straffrei aus, weil er sich nur der ordnungsgemäß zur Arbeitsentnahme bestimmten Leitungen bedient hat; gleiches gilt von unbefugter Stromabnahme unter Bewirkung eines Rückwärtslaufs des Zählers durch „Umpolen" (Vertauschen der Anschlüsse). Strafbar macht sich dagegen, wer in einer lediglich für die Kraftversorgung bestimmten Anlage eine Glühlampe einsetzt und mittels derselben Strom entzieht. Strafbar ist auch wer hohe Widerstände durch gute Leiter auswechselt, elektr. Strom nach Wasser oder Erde ableitet, einen Zähler durch Einschaltung einer Drahtleitung umgeht, Kurzschluß durch Einfügen eines Verbindungsstückes oder durch Verbindung vorhandener Leitungsdrähte bewirkt; hierher zählt auch der nicht ordnungsgemäß angemeldete Nebenanschluß eines Telephons u. dgl.

Geschädigt kann sowohl der Unternehmer sein, dessen Mehraufwand für die Stromerzeugung nicht honoriert wird, wie der Abnehmer, der gegebenenfalls über seinen Selbstverbrauch hinaus Stromgebühren bezahlen muß.

Als Spezialgesetz geht das Gesetz vom 9. April 1900 anderen Strafgesetzen, insbesondere auch den §§ 263, 303 ff. RStGB. vor; besondere täuschende Maßnahmen, die den Erfolg sichern sollen, sind daher nicht auch noch wegen Realkonkurrenz (§ 74 StGB.) z. B. mit Betrug zu beahnden. Idealkonkurrenz (§ 73 ebenda) bleibt je nach Lage des Falles denkbar.

Beim Mangel von Tatbestandsmerkmalen des Spezialgesetzes kann unter Umständen auch ein anderes Delikt, z. B. Urkundenfälschung im Falle des Ersatzes einer unbefugt entfernten Zählerplombierung in Frage kommen (vgl. RGSt. Bd. 35 S. 311 Bd. 14 S. 121).

2. Das Gesetz vom 9. April 1900 findet keine Anwendung auf die Wellen, welche von einer Sendestation in den Ätherraum ausgestrahlt und von da an der Verfügungsgewalt des Sendenden entzogen werden; sie sind vom Standpunkte des Rechtes aus als herrenlos anzusehen und können — ohne daß damit die Empfangsmöglichkeit für die Bestimmungsadresse verkümmert wird — auch von Dritten aufgefangen werden; eine dieses Auffangen nach Analogie eines Entwendungsdeliktes verfolgende Strafvorschrift ist dem derzeitigen deutschen Rechte fremd; eine Bestrafung kann nur insoweit eintreten, als das Halten von Empfangsstationen etwa verboten ist.

Eine Pflicht zur Wahrung des Telegraphengeheimnisses kommt für Neben- und „Schwarzempfänger" nicht in Frage.

II. Abschnitt:

Strafrechtsschutz gegen die Verletzung des Erfinderrechts.

Nach dem Patentgesetz[1]) vom 7. Dez. 1923 werden Patente für neue Erfindungen erteilt, welche eine gewerbliche Verwertung gestatten (§ 1); eine Erfindung gilt nicht als neu, wenn sie zur Zeit der erfolgten Anmeldung in öffentlichen Druckschriften aus den letzten hundert Jahren bereits derart beschrieben oder im Inland bereits so offenkundig benutzt ist, daß darnach die (selbständige) Benutzung durch andere Sachverständige möglich erscheint (§ 2).

Das Patent hat nach § 4 die Wirkung, daß der Patentinhaber ausschließlich befugt ist, gewerbsmäßig den Gegenstand der Erfindung herzustellen, in Verkehr zu bringen, feilzuhalten oder zu gebrauchen. Ist das Patent für ein Verfahren erteilt, so erstreckt sich die Wirkung auch auf die durch das Verfahren unmittelbar hergestellten Erzeugnisse. Diese Wirkung tritt aber gemäß § 5 gegenüber demjenigen Unternehmer nicht ein, welcher zur Zeit der Patentanmeldung bereits im Inland die Erfindung in Benutzung genommen oder die zur Benutzung erforderlichen Veranstaltungen getroffen hat. Dieser ist befugt, die Erfindung für die Bedürfnisse seines eigenen Betriebes in eigenen oder fremden Werkstätten auszunutzen; er kann diese Befugnis zusammen mit seinem Betriebe auch vererben oder veräußern. Erlöschen und Nichtigkeitserklärung des Patents siehe §§ 9 und 10 — Zwangslizenz und Zurücknahme aus öffentlichen Rücksichten § 11.

Nach § 36 wird, wer wissentlich den Bestimmungen der §§ 4 u. 5 zuwider eine Erfindung in Benutzung nimmt, mit Geldstrafe oder mit Gefängnis bis zu einem Jahre bestraft.

Die Strafverfolgung tritt nur auf Antrag ein; die Zurücknahme des Antrags ist zulässig.

Wird auf Strafe erkannt, so ist zugleich dem Verletzten die Befugnis zuzusprechen, die Verurteilung auf Kosten des Verurteilten

---

*) Näheres siehe Hahn, Patentgesetz, Gießen 1922.

öffentlich bekannt zu machen. Die Art der Bekanntmachung sowie die Frist zu derselben ist im Urteil zu bestimmen.

§ 37. Statt jeder aus diesem Gesetz entspringenden Entschädigung kann auf Verlangen des Beschädigten neben der Strafe auf eine an ihn zu erlegende Buße erkannt werden. Für diese Buße haften die zu derselben Verurteilten als Gesamtschuldner.

Eine erkannte Buße schließt die Geltendmachung eines weiteren Entschädigungsanspruches aus.

III. Abschnitt:

Strafrechtsschutz für die mit Elektrizität arbeitenden Regalbetriebe des Reiches.

A. Verstöße gegen das Regalitätsprinzip.

Öffentliche Fernmeldeanlagen des Reichs (Reichspost) sind alle Anstalten und Einrichtungen, die der Beförderung von Nachrichten von Ort zu Ort auf mechanischem Wege, also ohne Zwischenschaltung von Boten dienen; diese Nachrichtenübermittlung kann durch Telegraphie, Fernsprecher, Funkwesen, optische und akustische Zeichen oder sonstwie erfolgen; nach den Motiven zum Reichsgesetz vom 7. März 1908 zählt hieher jede Nachrichtenbeförderung, die dadurch bewirkt wird, „daß der an einem Orte zum sinnlichen Ausdruck gebrachte Gedanke an einem anderen Ort sinnlich wahrnehmbar wieder erzeugt wird".

Diese Fernmeldeanlagen unterstehen, wie im folgenden dargelegt wird, dem Reichspostregal.

1. Reichsgesetz vom 6. April 1892 über das Telegraphenwesen: Nach § 1 steht, abgesehen von den Ausnahmefällen der §§ 2 u. 3 ausschließlich dem Reiche die Berechtigung zu, Telegraphen- und Fernsprechanlagen zu betreiben.

Von den Ausnahmen ist für elektr. Unternehmungen Dritter die wichtigste (§ 3 Ziff. 3): es können ohne Genehmigung des Reiches errichtet und betrieben werden Telegraphen- und Telephonanlagen innerhalb der Grenzen eines Grundstücks und zwischen mehreren, einem Besitzer gehörigen oder zu einem Betriebe vereinigten Grundstücken, deren keines über 25 km in der Luftlinie vom andern entfernt ist, wenn diese Anlagen ausschließlich für den der Nutzung der Grundstücke dienenden unentgeltlichen Verkehr bestimmt sind. Derartige Telephon- und Telegraphenanlagen bedürfen der Genehmigung des Reiches, wenn sie ohne metallische Verbindungsleitungen Nachrichten vermitteln. Vorbehaltlich des Reichsaufsichtsrechtes führen die Landeszentralbehörden die Kontrolle über die Einhaltung der Gesetzesvorschriften (§§ 3 f.).

Bei deutschen Fahrzeugen für See- und Binnenschiffahrt fällt jede Art von Schiffstelegraphie — soweit nicht auf den Verkehr innerhalb des Fahrzeugs beschränkt — unter das Postregal (§§ 3a u. b). Die bis auf weiteres zulässigen Formen der Nachrichtenvermittlung siehe Bekanntmachung des Reichskanzlers vom 16. Juli 1908 (RGBl. S. 476).

Strafbestimmungen: Nach § 9 wird, wer vorsätzlich entgegen den Vorschriften des Telegraphengesetzes eine Telegraphen- oder Fernsprechanlage betreibt, mit Geldstrafe bis zu 1000 Mark oder mit Gefängnis bis zu sechs Monaten — und, wer den nach § 4 erlassenen Kontrollvorschriften zuwiderhandelt, gemäß § 10 mit Geldstrafe bis zu 150 Mark beahndet.

Nebenstrafen: Die nach § 11 zulässige Außerbetriebsetzung oder Beseitigung unbefugt erstellter oder betriebener Anlagen war keine Nebenstrafe; diese Bestimmung ist nunmehr durch eine Mußvorschrift (§ 4 der nachfolgend behandelten Funkverordnung) ersetzt, welche die Einziehung für das Reich (Telegraphenverwaltung) vorschreibt.

2. Der Funkverkehr — schon nach bisheriger Auffassung unter das Postregal fallend — ist ergänzend geregelt durch die Verordnung der Reichsregierung zum Schutze des Funkwesens vom 8. März 1924, in Kraft seit 19. März 1924; nach § 1 dürfen Sendeeinrichtungen und Empfangseinrichtungen jeder Art, die geeignet sind, Nachrichten, Zeichen, Bilder oder Töne auf elektrischem Wege ohne Verbindungsleitungen oder mit elektrischen, an einem Leiter geführten Schwingungen zu übermitteln oder zu empfangen (Funkanlagen), — soweit es sich nicht um Einrichtungen der Reichswehr handelt — nur mit Genehmigung der Reichstelegraphenverwaltung errichtet oder betrieben werden. Für die Genehmigung gelten die Vorschriften des § 2 des Gesetzes über das Telegraphenwesen vom 6. April 1892/7. März 1908 (Reichsgesetzbl. 1892 S. 467/1908 S. 79) mit der Maßgabe, daß ein Recht auf Erteilung der Genehmigung nicht besteht. Nach § 2 kann die Ausübung des Funkregalrechts für einzelne Strecken oder Bezirke an Privatunternehmer oder Gemeinden vom Reichskanzler oder den von ihm hierzu ermächtigten Behörden unter Bedingungen verliehen werden, die in der Verleihungsurkunde festzusetzen sind.

Strafbestimmungen:

a) nach § 2 FunkVO.: Wer vorsätzlich entgegen den Bestimmungen dieser Verordnung eine Funkanlage (§ 1) errichtet oder betreibt, wird mit Gefängnis bestraft. Der Versuch ist strafbar.

b) Amnestie- bzw. Übergangsvorschrift des § 3 FunkVO.: Wer eine elektrische Telegraphenanlage, die ohne metallische Verbindungsleitungen Nachrichten vermittelt (§§ 1, 3 Abs. 2 des Gesetzes über das Telegraphenwesen vom 6. April 1892/7. März 1908, Reichsgesetzbl.

1892 S. 467/1908 S. 79) oder eine Funkanlage im Sinne des § 1 dieser Verordnung ohne Genehmigung der Reichstelegraphenverwaltung errichtet hat oder sie ohne diese Genehmigung betreibt und binnen vier Wochen seit dem Inkrafttreten dieser Verordnung bei der Reichstelegraphenverwaltung die Genehmigung beantragt, bleibt straflos, soweit die nach § 9 des Gesetzes über das Telegraphenwesen oder nach § 2 dieser Verordnung strafbaren Handlungen vor der Stellung des Antrages begangen sind.

c) Nebenstrafen (Einziehung): Nach § 4 FunkVO. sind Gegenstände, die zur Begehung eines Vergehens gegen die Bestimmungen des § 9 des Gesetzes über das Telegraphenwesen vom 6. April 1892/7. März 1908 und des § 2 dieser Verordnung gebraucht oder bestimmt waren, — für das Reich (Reichstelegraphenverwaltung) einzuziehen, gleichviel wem diese Gegenstände gehören und ob gegen eine bestimmte Person ein Strafverfahren eingeleitet wird.

Die Einziehung ist durch Urteil auszusprechen. Mit der Rechtskraft des Urteils geht das Eigentum an den eingezogenen Gegenständen auf das Reich (Reichstelegraphenverwaltung) über. Rechte Dritter erlöschen. Für einen Rechtserwerb, der nach der Rechtskraft des Urteils eintritt, gelten die Vorschriften des bürgerlichen Rechtes zugunsten derer, die Rechte von einem Nichtberechtigten herleiten.

d) Erweiterung des polizeilichen Durchsuchungsrechtes gegenüber den Bestimmungen der Strafprozeßordnung: Nach § 5 FunkVO. können die Beamten der Staatsanwaltschaft und der Polizei Räume, in denen sich Funkanlagen (§ 1) befinden oder vermutet werden, zur Prüfung der Anlagen und zur Durchsuchung der Räume jederzeit betreten, wenn der Verdacht einer strafbaren Handlung nach § 2 besteht. Einer Anordnung der Durchsuchung durch den Richter bedarf es nicht. Die Bestimmungen der Strafprozeßordnung über die Durchsuchung von Räumen in militärischen Dienstgebäuden bleiben unberührt.

Beauftragte der Reichstelegraphenverwaltung sind berechtigt, sich an der Vornahme solcher Prüfungen und Durchsuchungen zu beteiligen.

e) Zwangsmaßregeln der Polizei: Nach § 6 FunkVO. hat die Polizei unbefugt errichtete oder unbefugt betriebene Telegraphenanlagen (§ 1 des Gesetzes über das Telegraphenwesen des Deutschen Reiches vom 6. April 1892/7. März 1908) sowie unbefugt errichtete oder unbefugt betriebene Funkanlagen (§ 1 dieser Verordnung) außer Betrieb zu setzen oder zu beseitigen. Einer vorherigen Androhung bedarf es nicht. Im übrigen gelten für die Anwendung polizeilicher Zwangsmittel sowie für die Rechtsmittel gegen diese die Vorschriften der Landesgesetzgebung. Wird die Genehmigung zur Errichtung oder zum Betrieb der Anlage nachträglich nachgesucht, so kann die Polizei mit Einwilligung der Reichstelegraphenverwaltung bis zur Entscheidung über den Antrag auf Genehmigung davon absehen, die Anlagen außer Betrieb zu setzen oder zu beseitigen.

Die Polizei kann alle oder einzelne Teile einer nach dem vorstehenden Absatz außer Betrieb gesetzten oder beseitigten Anlage in amtliche Verwahrung nehmen oder sonst sicherstellen. Die Beschlagnahme tritt außer Kraft, wenn im Rechtsmittelverfahren (Abs. I Satz 3) die Außerbetriebsetzung oder Beseitigung der Anlage rechtskräftig aufgehoben wird. Die Bestimmungen der Strafprozeßordnung über Beschlagnahme sowie des § 4 über Einziehung bleiben unberührt.

Die Bestimmungen der vorstehenden Absätze gelten auch für Anlagen, die genehmigt worden sind, jedoch binnen der von der Reichstelegraphenverwaltung bestimmten Frist nach Zurücknahme der Genehmigung nicht außer Betrieb gesetzt oder beseitigt sind.

B. Strafrechtsschutz für die Anlagen und Einrichtungen der Regalbetriebe.

Vorbemerkung: Im folgenden ist nur die Sprache von den gegen die Einrichtungen der Regalbetriebe in Betracht kommenden Sonderdelikten; der allgemeine Strafschutz, den das RStGB. jedem fremden Eigentum gewährt, wird im nächsten Abschnitt S. 125 ff. behandelt.

a) Vorsätzliche Störung einer öffentlichen Fernmeldeanlage § 317 RStGB., in der Fassung der Novelle vom 13. Mai 1891:

Wer vorsätzlich und rechtswidrig den Betrieb einer zu öffentlichen Zwecken dienenden Telegraphenanlage dadurch verhindert oder gefährdet, daß er Teile oder Zubehörungen derselben beschädigt oder Veränderungen daran vornimmt, wird mit Gefängnis von einem Monat bis zu drei Jahren bestraft.

Daß diesen Schutz auch Fernsprechanlagen und Funkanlagen — je unter der Voraussetzung der öffentlichen Zweckbestimmung — genießen, unterliegt nach dem Begriff der Telegraphenanlagen keinem Zweifel, ist übrigens für das Fernsprechwesen durch die Bestimmung des § 318a RStGB. und sonst auch durch das Telegraphengesetz vom 7. März 1908 und die FunkVO. vom 8. März 1924, welche Fernspruch- und Funkwesen unter das Telegraphenwesen subsummieren, auch ausdrücklich anerkannt.

b) Fahrlässige Störung einer öffentlichen Fernmeldeanlage § 318 RStGB., in der Fassung der Novelle vom 13. Mai 1891:

Wer fahrlässigerweise durch eine der vorbezeichneten Handlungen (§ 317) den Betrieb einer zu öffentlichen Zwecken dienenden Telegraphenanlage verhindert oder gefährdet, wird mit Gefängnis bis zu einem Jahre oder mit Geldstrafe bestraft.

Gleiche Strafe trifft die zur Beaufsichtigung und Bedienung der Telegraphenanlagen und ihrer Zubehörungen angestellten Personen, wenn sie durch Vernachlässigung der ihnen obliegenden Pflichten den Betrieb verhindern oder gefährden.

c) Nebenstrafen zu §§ 317 und 318 RStGB.:

Wird einer der in § 318 erwähnten Angestellten wegen einer nach § 318 strafbaren Handlung verurteilt, so kann er zugleich für unfähig zu einer Beschäftigung im öffentlichen Fernmeldedienste oder in bestimmten Zweigen dieses Dienstes gemäß § 319 RStGB. erklärt werden; er ist sodann nach § 320 ebenda von seinen Vorgesetzten aus diesem Dienste sofort nach Mitteilung des rechtskräftigen Erkenntnisses zu entfernen.

C. Strafrechtsschutz gegen die Gefährdung des Betriebszweckes der öffentlichen Fernmeldeanlagen:

a) Beamte einer öffentlichen Fernmeldeanlage („Telegraphenbeamte oder andere mit der Beaufsichtigung und Bedienung einer öffentlichen Zwecken dienenden Telegraphenanstalt betraute Personen"), welche die der Anstalt anvertrauten Depeschen verfälschen oder in anderen als den im Gesetze vorgesehenen Fällen eröffnen oder unterdrücken oder von ihrem Inhalt Dritte rechtswidrig benachrichtigen — insbesondere also das nach Art. 117 der neuen Reichsverfassung und nach § 8 des Telegraphengesetzes gewährleistete Post- und Fernmeldegeheimnis rechtswidrig verletzen oder einem andern wissentlich eine solche Handlung gestatten oder ihm dabei wissentlich Hilfe leisten, werden nach § 355 RStGB. mit Gefängnis bestraft. — Auch hier ist durch Novelle zum ursprünglichen Text des Gesetzes die öffentlichen Zwecken dienende Fernsprechanlage der öffentlichen Telegraphenanstalt gleichgestellt.

b) Nebenstrafe: Neben der nach § 355 erkannten Gefängnisstrafe kann auf Verlust der Fähigkeit zur Bekleidung öffentlicher Ämter auf die Dauer von einem bis zu fünf Jahren erkannt werden (§ 358 RStGB.).

D. Strafrechtsschutz für die elektrischen Einrichtungen der Reichsbahnen.

Hier kommen, soweit es sich um Fahrstromzuführung und Signalwesen handelt, die auch für andere Eisenbahnen gültigen Vorschriften der §§ 315, 316, 319 und 320 RStGB. in Frage.

a) Vorsätzliche Störung von Eisenbahnanlagen § 315 RStGB.: Wer vorsätzlich Eisenbahnanlagen, Beförderungsmittel oder sonstiges Zubehör derselben dergestalt beschädigt oder auf der Fahrbahn durch falsche Zeichen oder Signale oder auf andere Weise solche Hindernisse bereitet, daß dadurch der Transport in Gefahr gesetzt wird, ist mit Zuchthaus bis zu zehn Jahren zu bestrafen; ist durch die Handlung eine schwere Körperverletzung (§ 224) verursacht worden, so tritt Zuchthausstrafe nicht unter fünf Jahren und, wenn der Tod eines Menschen verursacht worden ist, — Zuchthausstrafe nicht unter zehn Jahren oder lebenslängliche Zuchthausstrafe ein.

b) Fahrlässige Störung von Eisenbahnanlagen § 316 RStGB.: Wer fahrlässigerweise durch eine der vorbezeichneten Handlungen den Transport auf einer Eisenbahn in Gefahr setzt, wird mit Gefängnis bis zu einem Jahre und, wenn durch die Handlung der Tod eines Menschen verursacht worden ist, mit Gefängnis von einem Monat bis zu drei Jahren bestraft.

Gleiche Strafe trifft die zur Leitung von Eisenbahnfahrten und zur Aufsicht über die Bahn und den Beförderungsbetrieb angestellten Personen, wenn sie durch Vernachlässigung der ihnen obliegenden Pflichten einen Transport in Gefahr setzen.

c) Nebenstrafen analog denen zu §§ 317 f. RStGB.; siehe Seite 124 und §§ 319 f.

IV. Abschnitt:

Strafrechtsschutz für sonstige elektrische Anlagen und Einrichtungen.

Abgesehen von den Eisenbahnen genießen die nicht den Reichsregalbetrieben dienenden, mit Elektrizität arbeitenden Anstalten und Einrichtungen nur den allgemeinen Strafrechtsschutz:

A. Gegen Beschädigung und Zerstörung der Anlagen.

1. Vorsätzliche und rechtswidrige Sachbeschädigung, strafbar auf Antrag; Verschärfung, wenn es sich um Gegenstände handelt, die bestimmt sind, dem öffentlichen Nutzen zu dienen, weitere Verschärfung, wenn die gänzliche oder teilweise Zerstörung eines Gebäudes, einer Brücke, eines Dammes, einer gebauten Straße oder eines Bauwerkes in Frage kommt, welche fremdes Eigentum sind §§ 303 mit 305 RStGB. Die einfache Sachbeschädigung ist Antragsdelikt; in allen Fällen ist auch der Versuch — bei § 303 auf Antrag — strafbar.

2. Gemeingefährliche Verbrechen und Vergehen nach §§ 306 mit 311; vorsätzliche Brandstiftung § 306 Ziff. 2 u. 3; Strafverschärfungen §§ 307 f.; fahrlässige Herbeiführung eines Brandes § 309 — freiwilliger Rücktritt § 310.

Die gänzliche oder teilweise Zerstörung einer Sache durch Gebrauch von Pulver oder anderen Sprengmitteln ist der Inbrandsetzung gleich zu achten (§ 311); vgl. hiezu das Reichsgesetz vom 9. Juni 1884 gegen den verbrecherischen und gemeingefährlichen

Gebrauch von Sprengstoffen; nach § 5 ebenda wird mit Zuchthaus bestraft, wer vorsätzlich durch Anwendung von Sprengstoffen Gefahr für das Eigentum, die Gesundheit oder das Leben eines anderen herbeiführt; Verschärfung im Fall der Tötung eines Menschen und im Falle des Komplotts (Dynamitverschwörung).

3. Gemeingefährliche Verbrechen und Vergehen nach §§ 313 f. und 321, 322 RStGB.:

Wer mit gemeiner Gefahr — d. i. in einer unbestimmten, beim Beginn der Tat nicht zu ermessenden Ausdehnung — für das Eigentum vorsätzlich eine Überschwemmung herbeiführt, wird mit Zuchthaus bestraft; war dabei die Absicht des Übeltäters nur auf den Schutz seines Eigentums gerichtet, so ist auf Gefängnis nicht unter einem Jahre zu erkennen (§ 313); wer fahrlässig mit gemeiner Gefahr für Leben und Eigentum eine Überschwemmung herbeiführt, wird mit Gefängnis bis zu einem Jahre und, wenn durch die Überschwemmung der Tod eines Menschen verursacht ist, mit Gefängnis von einem Monat bis zu drei Jahren bestraft (§ 314).

Wer vorsätzlich . . . Schleusen, Wehre, Deiche, Dämme oder andere Wasserbauten oder Brücken, Fähren, Wege oder Schutzwehre oder dem Bergwerksbetriebe dienende Vorrichtungen zur Wasserhaltung, Wetterführung oder zum Ein- und Ausfahren der Arbeiter zerstört oder beschädigt oder in schiffbaren Gewässern . . . das Fahrwasser stört und durch eine dieser Handlungen Gefahr für das Leben oder die Gesundheit anderer herbeiführt, wird mit Gefängnis nicht unter drei Monaten bestraft. Ist durch eine dieser Handlungen eine schwere Körperverletzung (§ 224) verursacht worden, so tritt Zuchthausstrafe bis zu fünf Jahren, und wenn der Tod eines Menschen verursacht worden ist, Zuchthausstrafe nicht unter fünf Jahren ein (§ 321).

Wer vorsätzlich ein zur Sicherung der Schiffahrt bestimmtes Feuerzeichen (Lichtzeichen) zerstört, wegschafft oder unbrauchbar macht, oder ein solches Feuerzeichen auslöscht, seiner Dienstpflicht zuwider nicht aufstellt oder ein falsches Zeichen, welches geeignet ist, die Schiffahrt unsicher zu machen, aufstellt.... wird mit Zuchthaus bis zu zehn Jahren bestraft. Ist durch die Handlung die Strandung eine Schiffes verursacht worden, so tritt Zuchthausstrafe nicht unter fünf Jahren, ist der Tod eines Menschen verursacht worden, Zuchthausstrafe nicht unter zehn Jahren oder lebenslängliche Zuchthausstrafe ein (§ 322).

Wegen der Unterlassung einer rechtzeitigen Anzeige an die durch das Vorhaben eines gemeingefährlichen Verbrechens bedrohten Personen, bzw. an die Behörden siehe §§ 6 und 13 Sprengstoffgesetz und § 139 RStGB.

4. Strafrechtsschutz gegen hochverräterische und landesverräterische Unternehmungen durch Schädigung elektrischer Anlagen und Einrichtungen: der Vollständig-

keit halber sei auf die §§ 86, 89 mit 93 RStGB. und die Möglichkeit verwiesen, im Kriegsfalle Anordnungen zum Schutze lebens- und kriegswichtiger Einrichtungen, Betriebe u. dgl. unter Strafandrohungen zu erlassen, insbesondere auch die allgemein gültigen zu verschärfen.

B. Strafrechtsschutz gegen Diebstahl und Hehlerei.

1. Diebstahl nach §§ 242 mit 244 RStGB.

Wer eine fremde bewegliche Sache — hierher zählt nicht die elektr. Arbeit siehe Seite 117 — einem anderen in der Absicht rechtswidriger Zueignung wegnimmt, wird wegen Diebstahls mit Gefängnis bestraft; der Versuch ist strafbar (§ 242).

Strafverschärfung auf Zuchthaus bis zu zehn Jahren, wenn aus einem Gebäude oder umschlossenen Raume mittels Einbruchs, Einsteigens oder Erbrechens von Behältnissen unter Anwendung falscher Schlüssel usw. gestohlen wird. Die sonstigen Qualifikationsmomente, die Rückfallsstrafen, mildernde Umstände u. dgl. siehe §§ 243, 244, das Vergehen der Unterschlagung §§ 246 ff.

2. Strafverschärfung gegen Leitungsdiebe und ihre Hehler — Metallverkehrsgesetz (unedle Metalle) vom 11. Juni 1923.

Wer einen Diebstahl an einem Gegenstand aus unedlem Metalle begeht, der zum öffentlichen Nutzen dient oder öffentlich aufgestellt ist, oder der einen Teil eines öffentlichen Gebäudes bildet oder in einem Gebäude zu dessen Ausstattung angebracht ist, wird wegen schweren Diebstahls (§ 243 RStGB.) bestraft. Das gleiche gilt für den Diebstahl von Maschinenbestandteilen und sonstigen Betriebsmitteln aus unedlem Metall, deren Wegnahme die gesicherte Fortführung des Betriebs erheblich gefährdet (§ 18).

Wer beim Betrieb eines Gewerbes des Metallverkehrs einen Gegenstand aus unedlem Metalle, von dem er aus Fahrlässigkeit nicht erkannt hat, daß er mittels einer strafbaren Handlung erlangt ist, verheimlicht, ankauft, zum Pfande nimmt oder sonst an sich nimmt oder zu seinem Absatz bei anderen mitwirkt, wird mit Gefängnis bis zu einem Jahre und mit Geldstrafe oder mit einer dieser Strafen bestraft (§ 19 und RStGB. §§ 258 ff.).

V. Abschnitt:

Strafrechtsschutz gegen die Verletzung von Rechtsgütern durch elektrische Anlagen und deren Benutzung.

Das Strafrecht sucht Leben, Gesundheit und Eigentum gegenüber den von elektr. Anlagen, Leitungen und Einrichtungen ausgehenden Verletzungen und Gefahren zu schützen, indem es vorsätzliche und fahrlässige Rechtswidrigkeiten ahndet. In der Regel werden — im Gegensatz zu den vorausgehenden Abschnitten — hier die fahrlässigen Delikte überwiegen.

Bei fahrlässigen Verstößen gegen die Integrität fremden Eigentums ist — abgesehen vom Falle der fahrlässigen Brandstiftung — eine Strafverfolgung ausgeschlossen.

A. Rechtswidrige Angriffe auf das Leben und die Gesundheit anderer.

1. Die vorsätzliche Tötung — Mord (§ 211), Totschlag (§ 212), Tötung in der Absicht bei Ausführung einer Straftat ein Hindernis zu beseitigen oder die Ergreifung auf frischer Tat zu vereiteln (§ 214) — ist wohl theoretisch je unter Verwendung elektr. Stromes denkbar — aber kaum praktisch und wird hier nur der Vollständigkeit halber gestreift. Hieher zählt auch die Brandstiftung, durch die der Tod eines Menschen verursacht wurde.

2. Die vorsätzliche Körperverletzung — körperliche Mißhandlung, Schädigung der Gesundheit — strafbar gemäß §§ 223 und 232 als Antragsdelikt; von Amts wegen zu verfolgen im Falle der Strafverschärfungen: gefährliche Körperverletzung (§ 223 a), schwere Folgen der Tat (§§ 224 und 225) — Körperverletzung mit Todesfolge.

Wegen der Auferlegung einer Buße für den Verletzten — sie ist zulässig bis zum Maximalbetrage von 6000 Mark und schließt die Geltendmachung weiterer Entschädigungsansprüche aus — siehe § 231. Einen strafbaren Versuch der Körperverletzung kennt das Strafgesetz nicht; eine Ausnahme besteht nur im Falle des § 225 insoferne, als das vollendete Delikt den auf den schweren Erfolg gerichteten Willen des Täters voraussetzt.

3. Die fahrlässige Tötung ist neben der fahrlässigen Körperverletzung bei elektr. Anlagen und Einrichtungen wohl die am häufigsten vorkommende strafbare Handlung; wer durch Fahrlässigkeit den Tod eines Menschen verursacht wird nach § 222 Abs. 1 RStGB. mit Gefängnis bis zu drei Jahren bestraft.

Strafverschärfung auf Gefängnisstrafe bis zu fünf Jahren tritt ein, wenn der Täter zu der Aufmerksamkeit, welche er außer acht ließ, vermöge seines Amtes, Berufs oder Gewerbes besonders verpflichtet war (§ 222 Abs. 2); unter „Amt, Beruf oder Gewerbe" versteht das Gesetz die vom Täter selbstgewählte Lebensstellung, ausgehend von der Erwägung, daß, wer einen bestimmten Beruf usw. erwählte, auch die besondere Pflicht hat, sich dessen Aufgaben mit einer besonderen Sorgfalt zu widmen. Hieher zählen alle Verstöße gegen bestehende Rechts-, Polizei- und Verwaltungsvorschriften, desgleichen gegen die auch nicht mit dem Charakter einer Rechtsnorm ausgestatteten Grund- und Spezialregeln der Elektrotechnik, in Sonderheit gegen die Vorschriften des VDE. Zum Tatbestand ist erforderlich, daß die Möglichkeit der durch die Handlung verursachten Folge eine so naheliegende war, daß der Täter sie bei entsprechender Sorgfalt und Umsicht erkennen konnte und demgemäß sein Tun und Lassen einrichten mußte.

4. Die fahrlässige Körperverletzung: Wer durch Fahrlässigkeit die Körperverletzung eines anderen verursacht, wird mit Geldstrafe bis zu neunhundert Mark oder mit Gefängnis bis zu zwei Jahren bestraft (§ 230 Abs. 1); war der Täter zu der Aufmerksamkeit, welche er außer acht ließ, vermöge seines Amtes, Berufes oder Gewerbes (vgl. oben Ziff. 3) besonders verpflichtet, so kann die Strafe auf drei Jahre Gefängnis erhöht werden (§ 230 Abs. 2). Die fahrlässige Körperverletzung nach § 230 Abs. 1 ist Antragsdelikt; Zuerkennung einer Buße, welche die Geltendmachung weiterer Entschädigungsansprüche ausschließt, wie oben unter Ziff. 3 (siehe § 231)[1]).

5. Gefährdungen durch Übertretung sicherheitspolizeilicher Vorschriften. Das Strafgesetzbuch enthält im XXIX. Abschnitt folgende einschlägige Bestimmungen:

a) wer nach einer öffentlichen Straße oder Wasserstraße oder nach Orten hinaus, wo Menschen zu verkehren pflegen, Sachen durch deren Umstürzen oder Herabfallen jemand beschädigt werden kann, ohne gehörige Befestigung aufstellt oder aufhängt (§ 366 Ziff. 8),

b) wer auf den vorgenannten Verkehrsflächen Gegenstände, durch die der freie Verkehr gehindert wird, aufstellt — oder liegen läßt (§ 366 Ziff. 9),

c) wer die zur Erhaltung der Sicherheit . . auf diesen Verkehrsflächen erlassenen Polizeiverordnungen übertritt — wird mit Geldstrafe bis zu 60 Mark oder mit Haft bis zu vierzehn Tagen bestraft.

Die Anordnungsbefugnisse der Sicherheits- und Gewerbepolizeibehörden, die sich auf diese und andere Gesetzesbestimmungen stützen und die erforderliche Sicherheit elektr. Anlagen gegenüber dem Publikum, den Feuerschutz, insbesondere auch die nötige Gefahrenverhütung für die in den Betrieben beschäftigten Arbeiter und Angestellten zum Ziele haben — sind in den verschiedenen Ländern verschieden geregelt. Dem Inhalte nach liegen diesen Anordnungen — in Preußen: Ministerium des Innern, der öffentl. Arbeiten, des

---

[1]) Beispiele aus der Praxis: ein Installateur, wegen eines Leitungsdefektes in einem Stalle zu Rate gezogen, entfernt sich nach Ortsbesichtigung, ohne die Leitung in Stand zu setzen oder die Behebung eines Fehlers für notwendig zu erklären; der Stall brennt ab; Urteil: sechs Wochen Gefängnis wegen fahrlässiger Brandstiftung aus § 306 RStGB. — Andere Fahrlässigkeitsdelikte: ungenügende Verwahrung des Zugangs zu einem Transformatorenhaus, verfrühtes Einschalten einer für Reparaturzwecke außer Strom gesetzten Leitung, ungenügende Revision von Leitungen nach Sturm oder Rauhreif, mangelhafte Sicherungen gegen das Erklettern von Leitungsmasten, Anschluß einer nicht überprüften und noch nicht abgenommenen Hausinstallation an das Starkstromnetz — ärztliche Kunstfehler in der Elektrotherapie.

Handels, in Bayern: Ministerium des Innern, ebenso in Württemberg, Baden, Sachsen — die Vorschriften des VDE. zugrunde — sei es nun, daß letztere im Anhang wiedergegeben und in den Entschließungen und Erlassen als Richtpunkte für die Behörden bezeichnet oder in den Text derartiger Anordnungen aufgenommen werden.

Die Übertretung solcher Bestimmungen wird strafrechtlich verfolgt; sie zieht außerdem zivilrechtliche Haftung nach sich.

Einschlägig ist hier das Preuß. Gesetz vom 8. Juli 1905 betr. die Kosten der Prüfung überwachungsbedürftiger Anlagen, zu welchen nach § 1 Ziff. 7 Elektrizitätsanlagen gerechnet sind; soweit solche nach Polizeiverordnungen der Oberpräsidenten, Regierungspräsidenten, Oberbergamts usw. vor Inbetriebnahme oder wiederholt während des Betriebes einer Prüfung durch Sachverständige unterstellt sind, kann in diesen Verordnungen den Unternehmern die Verpflichtung auferlegt werden, die hiezu erforderlichen Arbeitskräfte und Vorrichtungen bereit zu stellen und die Kosten der Prüfung zu tragen. Über die Art und den Umfang der in die Polizeiverordnungen aufzunehmenden Anlagen, sowie über die bei der Prüfung anzuwendenden Grundsätze erläßt das Ministerium allgem. Anordnungen (§ 2).

Von der amtlichen Prüfung ihrer Anlagen können durch den Minister für Handel und Gewerbe Mitglieder von einschlägigen Überwachungsvereinen widerruflich befreit werden, wenn sie nachweisen, daß sie die Prüfung mindestens in dem geforderten Umfange von amtlich beglaubigten Sachverständigen sorgfältig ausführen lassen; auch dem einzelnen Unternehmer der einem Überwachungsverein nicht angehört, kann diese Vergünstigung gewährt werden (§ 3).

Berechnung der Tarife für die Prüfung — Beitreibbarkeit der Kosten im Verwaltungszwangsverfahren, Nichtanwendbarkeit des Gesetzes auf Eisenbahnunternehmungen (§§ 4 mit 6).

Vgl. hieher die preußischen Ministerialerlasse vom 25. März 1908 über Einrichtung, Betrieb und Überwachung elektr. Starkstromanlagen (MBl. 212), vom 8. April 1909 MBl. S. 136) über Hochspannungsanlagen, vom 20. März 1900 (MBl. S. 194) über Mittelspannungen, vom 29. April 1909 (MBl. S. 136 und 167) betr. sicherheitspolizeiliche Anweisungen über neue Starkstromanlagen zum Schutze vorhandener Reichstelegraphen- und Fernsprechleitungen, dazu — anwendbar erklärt für Kleinbahnen — Erlaß vom 9. Mai 1910 (MBl. S. 154) u. a.

Für Bayern bemißt sich das Anordnungsrecht und die Zwangsbefugnis der Behörden nach Art. 1 mit 22 des Polizeistrafgesetzbuchs vom 26. Dez. 1871; in Art. 131 ebenda wird die Zuwiderhandlung gegen behördliche Prüfungs- und Kontrollvorschriften für Dampf- und andere sicherheitsgefährliche Maschinen und ihr Zubehör unter Strafdrohung gestellt. Die Ingebrauchnahme kann gegebenen Falles untersagt werden; vgl. auch Verfehlungen gegen Art. 156 Ziff. 2 ebenda.

Zum Schlusse sei hier des Arbeiterschutzes und der hierauf bezüglichen Vorschriften der §§ 120a mit 120g der Reichsgewerbeordnung gedacht; hervorzuheben ist hieraus:

Nach § 120a Abs. 1 ist der Gewerbeunternehmer verpflichtet, die Arbeitsräume Betriebsvorrichtungen, Maschinen und Gerätschaften so einzurichten und zu unterhalten und den Betrieb so zu regeln, daß die Arbeiter gegen Gefahren für Leben und Gesundheit soweit geschützt sind, wie die Natur des Betriebes es gestattet. Ebenso sind diejenigen Vorrichtungen herzustellen, welche zum Schutze der Arbeiter gegen gefährliche Berührungen mit Maschinen und Maschinenteilen oder gegen andere in der Natur der Betriebswerkstätte oder des Betriebes liegende Gefahren, namentlich auch gegen die Gefahren, die aus Fabrikbränden erwachsen können, — erforderlich sind. Auch sind die zur Sicherung eines gefahrlosen Betriebes erforderlichen Vorschriften über die Ordnung des Betriebs und das Verhalten der Arbeiter zu erlassen (§ 120a Abs. 3 und 4).

Durch Beschluß des Bundesrats — nun der Reichsregierung — können Vorschriften darüber erlassen werden, welchen Anforderungen in bestimmten Arten von Anlagen zur Durchführung der in den §§ 120a bis 120c enthaltenen Grundsätze zu genügen ist. In diese Bestimmungen können auch Anordnungen über das Verhalten des Arbeiters im Betriebe zum Schutze von Leben und Gesundheit aufgenommen werden. — Soweit solche Vorschriften durch Beschluß des Bundesrates (Reichsregierung) nicht erlassen sind, können dieselben durch Anordnung der Landeszentralbehörden oder durch Polizeiverordnungen der zuständigen Polizeibehörden erlassen werden. Vorher ist den Vorständen der beteiligten Berufsgenossenschaften oder Berufsgenossenschaftssektionen Gelegenheit zu einer gutachtlichen Äußerung zu geben; auf diese finden die Bestimmungen des § 113 Abs. 2 ,4 und des § 115 Abs. 4 Satz 1 des Gewerbeunfall-Versicherungsgesetzes (RGBl. 1900 S. 573, 585) Anwendung (§§ 120d, 120e).

Die Zuwiderhandlung wird gemäß § 147 Ziff. 4 mit Geldstrafe bis zu 300 Mark, im Unvermögensfalle mit Haft bestraft.

Die gleiche Strafe trifft endlich denjenigen, der eine Wasser- oder Wärmekraftanlage, für die gemäß §§ 16 und 24 eine besondere Genehmigung erforderlich ist, ohne diese Genehmigung errichtet oder die wesentlichen Genehmigungsbedingungen nicht innehält oder ohne Genehmigung Veränderungen oder Verlegungen u. dgl. vornimmt.

B. Vorsätzliche, rechtswidrige Beschädigung oder Zerstörung fremder Sachen nach §§ 303 mit 305 RStGB.

Hier kann auf den vorausgehenden Abschnitt verwiesen werden; eine fahrlässige Sachbeschädigung kommt als strafbare Handlung nur unter der Spezialdeliktsform der fahrlässigen Brandstiftung in Betracht.

C. Vorsätzliche und fahrlässige Verwendung unrichtiger Zähler.

Nach dem Gesetz vom 1. Juni 1898 betr. das elektr. Maßwesen — kann der Unternehmer eines Elektrizitätswerkes oder einer Verteilungsanlage — bei Gesellschaften der Vorstand —, wenn er bei der gewerbsmäßigen Abgabe elektr. Arbeit Meßgeräte verwenden läßt, die nach den Lieferungsbedingungen zur Bestimmung der Vergütung dienen sollen, dann mit Geld- oder Haftstrafe belegt werden, wenn diese Meßgeräte nicht den Vorschriften des Gesetzes entsprechen oder unrichtig funktionieren; dabei macht es keinen Unterschied, ob die Handlung fahrlässig oder vorsätzlich erfolgt ist; im letzteren Falle spielt nach Umständen auch ein Betrugsdelikt herein. Als Nebenstrafe kann die Einziehung der vorschriftswidrigen Meßgeräte verfügt werden (§§ 6, 12).

Gegen die Strafverfolgung wird sich der Unternehmer durch sorgfältige Beachtung seiner Revisionspflichten schützen müssen.

Anhang zum siebenten Hauptstück:

Der Strafrechtsschutz nach dem Entwurf eines Allgemeinen Deutschen Strafgesetzbuches.

In dem zur Zeit den gesetzgebenden Körperschaften des deutschen Reichs und Österreichs gleichzeitig vorliegenden Entwurf von 1927 eines allgemeinen Deutschen Strafgesetzbuchs werden verschiedene Materien, die in den vorausgehenden Abschnitten an der Hand des jetzt geltenden Strafrechts erörtert wurden, neu behandelt und zeitgemäß gestaltet. Ein kurzer Überblick will hieraus folgendes hervorheben:

a) Die Entziehung elektr. Arbeit: Das Gesetz vom 9. April 1900 (vgl. S. 117) soll — entgegen dem Vorentwurf, welcher die in einer elektr. Anlage oder Einrichtung enthaltene Energie als bewegliche Sache behandeln wollte — nun nicht in dem neuen Strafgesetzbuch aufgehen, sondern als Spezialgesetz bestehen bleiben; nach der Begründung u. a auch deshalb, „weil die Möglichkeiten der Verwendung elektr. Arbeit ständigen Änderungen unterworfen sind und das auf die Dauer berechnete Strafgesetzbuch durch die Einarbeitung der Entwendungsbestimmungen mit Vorschriften belastet würde, die mit den technischen Fortschritten fortlaufend in Einklang gebracht werden müßten.

Daß die jetzige Fassung des Gesetzes vom 9. April 1900 ungenügend ist — mag sie an welchem Platze der Gesetzgebung immer sich finden — wurde oben bereits dargelegt.

b) Gemeingefährliche Handlungen:

Der Entwurf verzeichnet unter diesem Abschnitt die Brandstiftung, die Herbeiführung von Explosionen, Überschwemmungen und Strandungen, sodann die Störung der Sicherheit des Eisenbahn-, Schiffahrts- und Luftverkehrs. Bestraft (Zuchthaus) soll werden, wer durch Beschädigen, Zerstören oder Beseitigen von Anlagen, Beförderungsmitteln oder Gegenständen, die diesem Verkehr dienen,... durch falsche Zeichen oder auf ähnliche Weise die Betriebssicherheit stört und dadurch Gefahr für Leib oder Leben oder in bedeutendem Umfang für fremdes Eigentum herbeiführt. Angestellte, die bei Wahrnehmung des Dienstes (unter gleichem Taterfolg) ihre Pflichten verletzen, werden ebenso bestraft.

Ein analoger Strafrechtsschutz wird im Entwurf auch der Sicherheit des Straßenverkehrs und des Betriebs von Straßenbahnen gewidmet.

c) Beschädigung von Wasserbauten, Wasserhaltungsanlagen, Schutzvorrichtungen gegen Naturereignisse, Starkstromleitungen oder Anlagen zur Erfassung von Naturkräften:

Wer solche Anlagen beschädigt, zerstört oder beseitigt und dadurch Gefahren der unter b bezeichneten Art herbeiführt, wird mit Gefängnis bestraft.

d) Störung der Betriebssicherheit in gewerblichen und anderen Betrieben: bestraft wird ebenso, wer in Fabriken, Bergwerken oder anderen Betrieben oder an Maschinen eine dem Schutze des Lebens oder der Gesundheit dienende Vorrichtung beschädigt, zerstört, beseitigt oder sonst unbrauchbar macht, außer Tätigkeit setzt oder vorschriftswidrig nicht oder nicht richtig anbringt oder nicht oder nicht richtig gebraucht und dadurch eine Gefahr für Menschenleben oder die Gefahr einer schweren Körperverletzung herbeiführt.

Strafverschärfung in den Fällen b mit d bei besonders schweren Fällen und bei Todesfolgen. — Strafermäßigung bei Fahrlässigkeitsdelikten.

e) Verhinderung eines lebenswichtigen Betriebes:

Wer den Betrieb einer dem öffentlichen Verkehr dienenden Eisenbahn, Straßenbahn, Schwebebahn, ... Schiffahrts- und Luftfahrtsunternehmung, eines Schiffs- oder Flughafens, der Post, eines zur öffentlichen Versorgung mit Wasser, Licht, Wärme oder Kraft dienenden Werkes, einer dem Schutze gegen Feuersgefahr dienenden öffentlichen Einrichtung oder einer staatlichen Anstalt der Landesverteidigung dadurch verhindert oder stört, daß er Bestandteile oder Zubehör beschädigt, zerstört, beseitigt, verändert oder außer Tätigkeit setzt, wird mit Gefängnis, in besonders schweren Fällen mit Zuchthaus bestraft.

f) Verhinderung des Betriebs einer Telegraphenanlage:

Ebenso wie im Falle e — bei Fahrlässigkeit milder — wird bestraft, wer den Betrieb einer öffentlichen Zwecken dienenden Telegraphen-, Fernsprech-, Funk- oder Rohrpostanlage dadurch verhindert oder gefährdet, daß er Bestandteile oder Zubehör beschädigt, zerstört, beseitigt oder verändert.

g) Schwerer Diebstahl, Diebstahl an Betriebsmitteln:

Die Bestimmungen des Metallverkehrsgesetzes (unedle Metalle) vom 11. Juni 1923 — vgl. S. 127 — wurden in den Entwurf übernommen und dahin umgestaltet, daß wegen schweren Diebstahls bestraft wird, wer einen Maschinenbestandteil oder ein anderes Betriebsmittel stiehlt, deren Wegnahme die gesicherte Fortführung des Betriebs erheblich gefährdet,

dann: wer eine Sache stiehlt, die zum öffentlichen Nutzen dient.

Strafdrohung: Gefängnis, in besonders schweren Fällen Zuchthaus.

Die Bestimmungen unter e mit g bezielen insbesondere den Strafrechtsschutz gegen Sabotagehandlungen und gegen Entwendungen, die über den Vermögensverlust für den Bestohlenen hinaus die Allgemeinheit schädigen. Das geltende Recht ermöglicht bereits in weitem Umfange ein strafrechtliches Einschreiten; die Strafbarkeit ist indessen z. Zt. nur für einige lebenswichtige Betriebe — Telegraphen-, Fernsprech- und Rohrpostanlagen — in besonderen Vorschriften ausgesprochen, während sie für andere Betriebe nur aus den allgemeinen Bestimmungen über Sachbeschädigung entnommen werden kann (aus der amtl. Begründung des Entwurfs).

Achtes Hauptstück:

Der Schutz durch das Bürgerliche Recht.

Die Rechtsverhältnisse der zwischen den öffentlichen Korporationen und den Unternehmern abgeschlossenen Verträge, das Recht der Leitungen und Leitungswege, sowie die Rechtsbeziehungen zu den Abnehmern von elektr. Arbeit sind bereits in den vorausgehenden Abschnitten soweit erörtert, daß sich die noch folgenden Darlegungen auf die Haftungsverbindlichkeiten des Unternehmers und seiner Angestellten, sowie den Schutz beschränken können, welchen das Privatrecht für den Bestand und Betrieb der Elektrizitätsunternehmungen gewährt.

I. Abschnitt:

Die Haftungsverbindlichkeiten des Unternehmers.

Vorbemerkung:

1. Die gewerbsmäßige Erzeugung und Verteilung elektr. Arbeit kann beim Mangel des Warencharakters der Produktion nicht als Handelsgewerbe im Sinne des § 1 Abs. 2 HGB. angesprochen werden, wohl aber sind die Voraussetzungen des § 2 gegeben; außerdem ist den Aktiengesellschaften, Kommanditgesellschaften auf Aktien und den Gesellschaften mit beschränkter Haftung schlechthin der Kaufmannscharakter beigelegt, und für sie die Eintragung ins Handelsregister gefordert (§§ 195 ff., 320 HGB., § 7 des Gesetzes vom 20. Mai 1898).

Unternehmen des Reiches, der Länder oder eines inländischen Kommunalverbandes brauchen gemäß § 36 HGB. nicht ins Handelsregister eingetragen zu werden, sie sind auch nicht zu Rechnungsabschlüssen nach den Vorschriften der §§ 39 mit 42 ebenda verpflichtet.

2. Der Betrieb eines Elektrizitätswerkes ist nach Entscheidung des Reichsgerichts (RG. 67 S. 229 ff.) einem Fabrikbetrieb im Sinne des Reichshaftpflichtgesetzes vom 7. Juni 1871/8. Juli 1923 (RGBl. 1923 I S. 615) gleichzuachten; darnach wird „unter Anwendung von Arbeitsmethoden und Hilfsmitteln, die den im fabrikmäßigen Betriebe üblichen entsprechen, im elektrischen Strom ein Erzeugnis gewonnen", das — wenn auch nicht Körper — „für den wirtschaftlichen Güteraustausch geeignet ist, indem es in ähnlicher Weise wie flüssige und gasförmige Stoffe entweder in besonderen transportablen Gefäßen (Akkumulatoren) oder — was durchaus überwiegt — durch feste Leitungsanlagen denen, die den Strom zu Trieb-, Beleuchtungs- und sonstigen Zwecken brauchen, in einer ihren Bedürfnissen entsprechenden Menge — gemessen nach einem gesetzlich besonders geregelten Maßsystem zugeführt und von

ihnen durch den ordnungsgemäßen Gebrauch verbraucht wird. Die Besonderheit, die diesem wirtschaftlichen Gut, das tatsächlich der Gegenstand zahlloser Lieferungsverträge ist und im Verkehr durchaus als Ware behandelt wird, verglichen mit anderen Erzeugnissen gewerblicher Arbeit, zukommt, rechtfertigt es keineswegs, Anstalten, in denen es gewerbsmäßig erzeugt wird, den Charakter einer Fabrik im Sinne unserer Gesetze, insbesondere des § 2 des Haftpflichtgesetzes, abzusprechen." Vgl. S. 84.

3. Zunächst gilt der Grundsatz, daß jeder für seine eigenen Handlungen einzustehen hat: wer eine Rechtsvorschrift oder eine Vertragsverpflichtung verletzt, handelt rechtswidrig und wird vom Rechte gezwungen, die Folgen dieser Verletzung wieder gut zu machen.

Darüber hinaus kann das Gesetz anordnen, daß die an und für sich gefährliche Natur eines Betriebes — Eisenbahn, Fabrik, Autohaltung u. dgl. unter bestimmten Voraussetzungen und in bestimmtem Umfange den Unternehmer haftbar macht, ohne daß ihn an dem entstandenen Schaden ein Verschulden trifft[1]); endlich enthält das Gesetz Bestimmungen, ob und inwieweit ein Unternehmer für die Tätigkeit der Organe haftet, deren er sich in seinem Geschäfte bedienen muß.

A. Haftung aus eigenen unerlaubten Handlungen.

Hier kommen solche des Unternehmers, wie seiner Organe in Betracht:

Wer vorsätzlich oder fahrlässig das Leben, den Körper, die Gesundheit, . . . das Eigentum oder ein sonstiges Recht eines anderen widerrechtlich oder unter schuldhaftem Verstoß gegen ein Schutzgesetz verletzt, ist dem anderen zum Ersatz des daraus entstehenden Schadens nach § 823 BGB. verpflichtet.

Als unerlaubte Handlung im Sinne des BGB. gilt außer den mit Strafe bedrohten Mißtaten (vgl. VII. Hauptstück) jede sonstige Handlung, welche Verpflichtungen verletzt, die entsprechend dem Rechtsziel alle Güter zu schützen und so das Gemeinschaftsleben zu fördern, dem Einzelnen gegenüber dem Nebenmenschen obliegen. Hieher zählt z. B. auch die nach RStGB. nicht verfolgbare fahrlässige Sachbeschädigung.

---

[1]) Vergl. hiezu Art. 105 und 218 Einf. Ges. zum BGB., wonach landesgesetzliche Vorschriften unberührt bleiben, bzw. durch Landesgesetz geändert werden können, nach welchen der Unternehmer eines Eisenbahnbetriebs oder eines anderen mit gemeiner Gefahr verbundenen Betriebes für den aus dem Betriebe entstehenden Schaden in weiterem Umfange, als nach den Bestimmungen des BGB. verantwortlich ist. Preußen, Bayern, Württemberg, Hessen und andere Länder haben solche Landesgesetze; sie beziehen sich durchweg auf die Haftung für Sachschäden im Eisenbahnbetrieb. Ähnliche bleiben insoweit und solange die Reichsgesetzgebung nicht eingreift, auch für andere gefährliche Betriebe, z. B. elektr. Kraftübertragung, denkbar.

Fahrlässig im Sinne des BGB. handelt, wer die im Verkehr erforderliche Sorgfalt außer acht läßt (§ 276). In anderer Formulierung präzisiert das Reichsgericht in RG. Bd. 52 S. 379 die Haftungsverbindlichkeit dahin, daß nach geltendem Rechte jeder für Beschädigungen aufzukommen hat, die — von seinen Sachen ausgehend — bei billiger Rücksichtnahme auf die Interessen eines anderen hätten verhütet werden müssen; der Umfang dieser Rücksicht soll immer nach Maßgabe der im Verkehr üblichen Sorgfalt beurteilt werden; auch kommt es dabei auf die rechtlichen und tatsächlichen Beziehungen zwischen dem Besitzer der Sache und dem Dritten an.

Den Umfang der Sachschadenhaftung auf Grund unerlaubter Handlungen siehe §§ 848 mit 853, wegen der Tötung oder Verletzung von Personen §§ 842 mit 847 BGB.

Die besonderen Bestimmungen der §§ 836 mit 838 BGB. regeln noch die Ersatzpflicht des Eigentümers, Vorbesitzers und Nutzungsberechtigten in Ansehung eines Gebäudes oder eines mit einem Grundstücke verbundenen Werkes für den Fall, daß durch den Einsturz oder die Ablösung von Teilen ein Personen- oder Sachschaden verursacht wird.

Sonderrechtlich ist die Verletzung von Patenten geregelt: Wer wissentlich oder aus grober Fahrlässigkeit den Bestimmungen der §§ 4 u. 5 des Patentgesetzes vom 7. Dez. 1923 zuwider eine Erfindung in Benutzung nimmt, ist dem Verletzten zur Entschädigung verpflichtet. Handelt es sich um eine Erfindung, welche ein Verfahren zur Herstellung eines neuen Stoffes zum Gegenstand hat, so gilt bis zum Beweise des Gegenteils jeder Stoff von gleicher Beschaffenheit als nach dem patentierten Verfahren hergestellt.

B. Haftung aus unerlaubten Handlungen anderer.

1. Der Geschäftsherr — Unternehmer —, der einen anderen zu einer Verrichtung bestellt, ist zum Ersatze des Schadens verpflichtet, den der andere in Ausführung der Verrichtung einem Dritten zufügt, es sei denn, daß der Geschäftsherr bei Auswahl der bestellten Person und — sofern er Vorrichtungen oder Gerätschaften zu beschaffen oder die Ausführung der Verrichtung zu leiten hat — bei der Beschaffung oder Leitung, die im Verkehr erforderliche Sorgfalt beobachtet hat, oder daß der Schaden auch unter der Voraussetzung der Anwendung dieser Sorgfalt entstanden sein würde (§ 831 BGB.).

2. Nach § 31 BGB. ist ein Verein — hieher zählen juristische Personen des Privatrechts, Vereinigungen nach Handelsrecht wie Aktiengesellschaften, Aktienkommanditgesellschaften, Erwerbs- und Wirtschaftsgenossenschaften, Gesellschaften mit beschr. Haftung — für den Schaden verantwortlich, den der Vorstand, ein Mitglied des Vorstandes oder ein anderer verfassungsmäßig (nach Statut oder

Gesellschaftsvertrag) berufener Vertreter durch eine in Ausführung der ihm zustehenden Verrichtungen begangene, zum Schadensersatz verpflichtende — demnach unerlaubte — Handlung einem Dritten zufügt.

Diese Vorschrift findet nach § 89 BGB. auch auf den Fiskus und Körperschaften des öffentlichen Rechts entsprechende Anwendung.

3. Die Beamtenhaftung und die Haftung für Beamte aus unerlaubten Handlungen.

Verletzt ein öffentlicher Beamter (Reichsbeamter, unmittelbarer oder mittelbarer Beamter eines Landes, einer Gemeinde) vorsätzlich oder fahrlässig die ihm gegenüber einem Dritten obliegende Amtspflicht, so hat er dem Dritten den daraus entstehenden Schaden und zwar ohne Beschränkung auf die in § 823 BGB. vorgesehenen Schadenszufügungen zu ersetzen; fällt ihm nur Fahrlässigkeit zur Last, so kann er nur dann in Anspruch genommen werden, wenn der Verletzte nicht auf andere Weise Ersatz zu erlangen vermag (§ 839 BGB.). Die Ersatzpflicht entfällt bei Unterlassung des Gebrauchs von Rechtsmitteln; siehe Abs. 3 a. a. O.

Zu den Beamten im Sinne dieser Gesetzesvorschrift zählen neben den mit der Ausübung öffentlicher Gewalt betrauten auch jene, die in den Unternehmerbetrieben der genannten öffentlichen Rechtssubjekte — Eisenbahnen, Bergwerken, Elektrizitätswerken u. dgl. — beschäftigt sind.

Gemäß Art. 77 des EinfG. z. BGB. bemißt sich die Frage, ob und inwieweit der Staat (Länder), die Gemeinden und andere Kommunalverbände für den von ihren Beamten in Ausübung der anvertrauten öffentlichen Gewalt zugefügten Schaden haften, nach landesgesetzlichen Vorschriften.

Die Haftung des Reiches für seine Beamten ist geregelt durch Gesetz vom 22. Mai 1900 (RGBl. S. 798); Reichsbeamter im Sinne des Reichsbeamtengesetzes (RGBl. 1907 S. 245) ist jeder Beamte, welcher entweder vom Reichspräsidenten angestellt oder nach Vorschrift der Reichsverfassung verpflichtet ist, den Anordnungen des Reichspräsidenten Folge zu leisten.

Die Haftung des Preußischen Staates und der Preußischen Kommunalverbände für die unmittelbaren Staats- bzw. die Kommunalbeamten ist geregelt durch das Preußische Gesetz vom 1. Aug. 1909 (GS. 691),

die Haftung des Bayerischen Staates und der Bayerischen Gemeinden oder sonstigen Kommunalverbände durch Art. 60 des Bayerischen AusfGes. z. BGB. vom 9. Juni 1899; hiernach trifft dem Dritten gegenüber die in § 839 BGB. bestimmte Verantwortlichkeit den Staat, die Gemeinde oder den Kommunalverband, in dessen Diensten der Beamte steht.

Außerdem ist die Haftungspflicht für Beamten geregelt:

in Württemberg durch AusfG. z. BGB. Art. 202 mit 204,

in Baden durch desgl. Art. 5;

in Sachsen besteht eine gewohnheitsrechtliche Haftung des Staates und der Gemeinde für Ansprüche aus Verschulden der Beamten (begangen in Wahrung öffentlich-rechtlicher Befugnisse).

Der dem Verletzten gegenüber ersatzpflichtige öffentliche Dienstherr hat natürlich gegen seinen pflichtwidrig handelnden Beamten Regreßansprüche nach Maßgabe der reichs- bzw. landesgesetzlichen Regelungen.

4. Haftung des Unternehmers (Fabrikherren) für die gegen Personen gerichteten unerlaubten Handlungen der Betriebsangestellten.

Nach § 2 des Reichshaftpflichtgesetzes in der Fassung vom 8. Juli 1923 haftet der Fabrikherr („wer eine Fabrik betreibt"), wenn ein Bevollmächtigter oder ein Repräsentant oder eine zur Leitung oder Beaufsichtigung des Betriebes oder der Arbeit angenommene Person durch ein Verschulden in Ausführung der Dienstverrichtungen den Tod oder die Körperverletzung eines Menschen herbeigeführt hat, für den dadurch verursachten Schaden.

Die Haftpflicht umfaßt im Falle der Tötung die Kosten der versuchten Heilung sowie den Vermögensnachteil, den der Getötete dadurch erlitten hat, daß während der Krankheit seine Erwerbsfähigkeit aufgehoben oder gemindert, seine Bedürfnisse vermehrt waren, und den Ersatz der Beerdigungskosten an den zur Beerdigung Verpflichteten.

Dazu kommen die Ansprüche des dem Getöteten gegenüber Alimentationsberechtigten, auch des nasciturus (§ 3).

Die Haftpflicht umfaßt im Falle der Körperverletzung die Kosten der Heilung, den durch die bewirkte Erwerbsbeschränkung bedingten Verdienstentgang und die Vermehrung der Bedürfnisse des Verletzten (§ 3a).

Beschränkung der Höhe der Ersatzleistung im Falle einer durch den Betriebsunternehmer bewirkten und mindestens zu ein Drittel bezahlten Versicherung siehe § 4.

Der Unternehmer ist nicht berechtigt, sich durch Vertragsabschlüsse, Reglements und besondere Übereinkunft im voraus der Haftpflicht zu entziehen (§ 5).

Zahlung einer Geldrente, Leistung einer Sicherheit hiefür siehe § 7, Beschränkung der Höhe der Leistung § 7a, Verjährung § 9. Nach § 9 bleiben die gesetzlichen Vorschriften unberührt, nach denen außer den im Haftpflichtgesetze vorgesehenen Fällen der Unternehmer einer in § 2 bezeichneten Anlage oder eine andere Person wegen eines eigenen Verschuldens für den bei dem Betriebe der Anlage durch Tötung oder Körperverletzung eines Menschen entstandenen Schaden haftet.

5. Konkurrenz der Haftung mehrerer Personen.

Wenn Mehrere durch eine gemeinschaftlich begangene unerlaubte Handlung einen Schaden verursachen, so ist jeder für den Schaden verantwortlich; gleiches gilt, wenn sich bei Beteiligung Mehrerer nicht ermitteln läßt, wessen Handlung den Schaden herbeigeführt hat. Anstifter und Gehülfen haften gleich Mittätern (§ 830).

Sind aus einer — nicht gemeinschaftlich begangenen — unerlaubten Handlung für den verursachten Schaden Mehrere nebeneinander verantwortlich, so haften sie als Gesamtschuldner d. h. jeder hat dem Beschädigten gegenüber für den ganzen Schaden aufzukommen; sie werden das Verhältnis untereinander nach § 426 regeln müssen.

Ist neben dem nach § 831 für die unerlaubte Handlung seines Gehülfen oder Angestellten schadensersatzpflichtigen Geschäftsherrn (Unternehmer) auch der mit der Verrichtung betraut gewesene Schadensstifter als schuldhaft handelnd für den eingetretenen Erfolg verantwortlich, so steht seinem Geschäftsherrn gegen ihn ein voller Rückgriffsanspruch offen.

Wer nach §§ 836 mit 838 für die durch Einsturz eines Gebäudes oder eines mit einem Grundstück verbundenen Werkes oder die Ablösung von Teilen solcher verursachten Personal- und Sachschäden aufzukommen hat, dem steht gegen den etwa für den Schaden verantwortlichen Dritten gleichfalls voller Regreßanspruch zu (vgl. § 840).

C. Haftung des Unternehmers aus Schuldverhältnissen.

Ein Schuldverhältnis ist der im Recht begründete Anspruch einer Person gegen eine andere auf eine durch letztere zu erfüllende Leistung; das Schuldverhältnis wird entweder rechtsgeschäftlich durch Vertrag begründet oder durch Vorgänge, an welche das Gesetz unmittelbare Haftungen knüpft (z. B. Delikte). Der gleiche Tatbestand kann Haftungen aus Delikten und Rechtsgeschäften begründen. In der Folge ist nur von letzteren die Rede.

Die auf Vertrag beruhenden Schuldverhältnisse können im Rahmen dieses Buches nur gestreift werden; sie sind, soweit hier einschlägig, im BGB. geregelt:

§§ 241 mit 292 von der Verpflichtung zur Leistung,
§§ 293 mit 304 vom Annahmeverzug des Gläubigers,
§§ 305 mit 319 vom Inhalt des Vertrages,
§§ 320 mit 327 vom gegenseitigen Vertrage,
§§ 651 mit 661 vom Werkvertrag.

Hier kommen hauptsächlich in Frage:

1. Der Umfang der Haftpflicht bestimmt sich bei gegenseitigen Verträgen nach der Vereinbarung; daß der Wille der Par-

teien bei Auslegung des Wortlauts zu erforschen und maßgebend ist, wurde bereits S. 86 dargelegt.

Eine Haftung wegen Vorsatzes kann rechtswirksam zum voraus nicht ausgeschlossen werden, eine Beschränkung der Fahrlässigkeitshaftung auf einen bestimmten Umfang ist dagegen zulässig. Beim Mangel einer anderweitigen Festlegung hat der Schuldner, und beim gegenseitigen Vertrag jeder Teil, Vorsatz und Fahrlässigkeit zu vertreten (§ 274).

Bei Haftung für Schadensersatz ist jener Zustand herzustellen, der bestehen würde, wenn der zum Ersatz verpflichtende Umstand nicht eingetreten wäre; der Gläubiger kann — wenn wegen Verletzung einer Person oder wegen Beschädigung einer Sache Schadensersatz zu leisten ist, statt der Herstellung den dazu erforderlichen Geldbetrag verlangen, auch dem Pflichtigen zur Herstellung eine angemessene Frist mit der Erklärung bestimmen, daß er nach deren Ablauf die Herstellung ablehne; nach Fristablauf kann er nur mehr Ersatz in Geld fordern.

Die Geldentschädigung tritt auch an Stelle der nicht mehr möglichen Leistung (§§ 249 mit 251).

Beispiel: Anspruch einer Gemeinde auf Wiederherstellung des für eine Kabellegung vom Unternehmer benutzten Straßengrundes.

2. Das konkurrierende Verschulden: Hat bei der Entstehung eines Schadens ein Verschulden des Beschädigten mitgewirkt, so hängt die Verpflichtung zum Ersatze sowie der Umfang des zu leistenden Ersatzes von den Umständen, insbesondere davon ab, inwieweit der Schaden vorwiegend von dem einen oder dem andern Teil verursacht worden ist.

Dies gilt auch dann, wenn sich das Verschulden des Beschädigten darauf beschränkt, daß er unterlassen hat, den Schuldner auf die Gefahr eines ungewöhnlich hohen Schadens aufmerksam zu machen, die der Schuldner weder kannte noch kennen mußte oder daß er unterlassen hat, den Schaden abzuwenden oder zu mindern; das Verschulden einer Hilfsperson, deren sich der Beschädigte bei der Erfüllung bedient hat, gilt gleich einem eigenen Verschulden des Beschädigten (§§ 254, 278).

Beispiel: Ein zehnjähriger Knabe erkletterte einen nach Vorschrift nicht genügend verwahrten Leitungsmast und wurde getötet; das Gericht nahm beiderseitiges Verschulden an und bewilligte im Urteil nur die Hälfte des klägerischen Anspruchs (§§ 823, 254 BGB. und § 2 des Haftpflichtgesetzes).

3. Haftung des Schuldners für Vertreter und Erfüllungsgehülfen: Der Schuldner hat ein Verschulden seines gesetzlichen Vertreters und der Personen, deren er sich zur Erfüllung seiner Verbindlichkeiten bedient (Erfüllungsgehülfen) in gleichem

Umfange, wie eigenes Verschulden zu vertreten; die Haftung des Schuldners für den Vorsatz seines Vertreters bzw. Erfüllungsgehülfen kann im voraus ausgeschlossen werden (§ 278).

Der Haftung des Geschäftsherrn aus unerlaubten Handlungen seiner Vertreter und Angestellten (§ 831 BGB.) ist bereits oben unter B 1 Erwähnung geschehen.

II. Abschnitt:

Privatrechtsschutz für den Bestand und Betrieb elektr. Unternehmungen.

A. Die Gewerbepolizei-Genehmigung (§§ 25 f. RGewO.).

Sie gewährleistet für die besonderer Konzession bedürfenden Dampfkessel- und Wasserkraft-Anlagen (§§ 16, 24 ebenda) insolange den Dauerbestand, als in der Lage und Beschaffenheit der Betriebsstätte dieser Unternehmungen keine Veränderung vorgenommen wird; es kann — wenn nicht besondere privatrechtliche Vereinbarungen in Mitte liegen — nicht aus dem Gesichtspunkte der Eigentumsbeeinträchtigung aus §§ 905 f. BGB. auf Einstellung des genehmigten Gewerbebetriebes geklagt werden, vielmehr nur auf Herstellung von Einrichtungen, welche die benachteiligende Einwirkung ausschließen oder auf ein erträgliches Maß herabsetzen. Sind solche Einrichtungen untunlich oder mit einem gehörigen Gewerbebetrieb — wegen technischer und wirtschaftlich praktischer Unmöglichkeiten — unvereinbar, so bleibt dem geschädigten Nachbarn nur der Klagsanspruch auf Schadloshaltung. Vgl. Preußisches Wassergesetz S. 59.

B. Schutz des Unternehmens gegen Beeinträchtigungen.

In Betracht kommen Eigentumsbeeinträchtigungen

a) durch Vorenthaltung oder Entziehung des Besitzes,

b) auf andere Weise § 1004 BGB.

1. Besitzesstörung und Besitzentziehung: Wer dem Besitzer ohne dessen Willen und ohne gesetzlich gewährte Befugnis den Besitz entzieht oder ihn im Besitze stört, handelt widerrechtlich (verbotene Eigenmacht [§ 858]). Der verbotenen Eigenmacht darf sich der Besitzer mit Gewalt erwehren; eine ihm auf solche Weise weggenommene Sache darf er dem auf frischer Tat betroffenen oder verfolgten Täter mit Gewalt wieder abnehmen (§ 859). Zur gleichen Handlung ist der Besitzdiener d. h. derjenige berechtigt, der die tatsächliche Gewalt für den Besitzer in dessen Haushalt, Erwerbsgeschäft oder in einem ähnlichen Verhältnis ausübt, vermöge dessen er den sich auf die Sache beziehenden Weisungen seines Arbeitgebers, Geschäftsherrn usw. Folge zu leisten hat (§§ 860, 855).

Der rechtmäßige Besitzer kann mit der Besitzklage wegen Besitzentziehung die Wiedereinräumung des Besitzes von demjenigen verlangen, welcher ihm gegenüber fehlerhaft, d. i. auf Grund verbotener Eigenmacht besitzt (§§ 861, 858 Abs. 2).

Der rechtmäßige Besitzer kann, wenn er durch verbotene Eigenmacht im Besitze gestört wird, mit der Klage wegen Besitzstörung vom Störer die Beseitigung der Störung verlangen; sind weitere Störungen zu befürchten, so kann er auf Unterlassung weiterer Störungen klagen (§ 862).

Einwendungen gegen die erwähnten Klagen sind nur insoweit zulässig, als der Beklagte behauptet und dartun will, daß die von ihm bewirkte Entziehung oder Störung des Besitzes nicht verbotene Eigenmacht sei (§ 863). — Einjährige Klagefrist (§ 864). Verfolgungsrecht des Besitzers bei Verschleppung der Sache auf ein anderes Grundstück und Rechte des Besitzes auf Grund Nießbrauchs, Pacht, Miete u. dgl. — mittelbarer Besitz — siehe §§ 868 ff.

2. Wird das Eigentum in anderer Weise als durch Entziehung oder Vorenthaltung des Besitzes gestört, so kann der Eigentümer — er mag besitzender oder nichtbesitzender, Alleineigentümer oder Miteigentümer sein — von dem Störer die Beeinträchtigung der Störung verlangen (§ 1004 Satz 1); er kann auch Schadensersatz verlangen, wenn die Störung eine verschuldete war (§ 823).

Sind weitere Beeinträchtigungen zu besorgen, d. h. liegt nach bereits erfolgter Störung unter den Verhältnissen des Falles die Gefahr weiterer Beeinträchtigung nahe, so kann der Eigentümer gegen den Störenfried auf Unterlassung klagen (siehe § 1004 Satz 2). Das Urteil wird auf Verbot weiterer Störung unter Auferlegung einer Ungehorsamsstrafe für jeden Fall der Zuwiderhandlung nach § 890 ZPO., eventuell auch Sicherheitsleistung gegen weitere Schadenszufügung lauten.

Diese Klage — Unterlassungsklage, im römischen Recht actio negatoria oder bloß negatoria genannt — ist ausgeschlossen, wenn der Eigentümer zur Duldung verpflichtet ist (§ 1004 Abs. 2); diese Verpflichtung besteht gegenüber genehmigungspflichtigen und genehmigten gewerblichen Anlagen (RGewO. §§ 16, 24 f.) und den Eigentumsbeschränkungen nach §§ 904 mit 906 BGB., von welch letzteren bereits im 4. Hauptstück I. Abschnitt S. 53 gehandelt worden ist; er ist ferner zur Duldung verpflichtet auf Grund rechtsgeschäftlicher Bindung, z. B. Einräumung einer Dienstbarkeit, eines Nießbrauches, eines Erbbaurechts.

III. Abschnitt:

Privatrechtsschutz Dritter gegenüber dem Unternehmen.

Die bisher erörterten Rechtsbestimmungen wirken nicht bloß für die Elektrizitätsunternehmungen, sondern sie begreifen auch gegenüber solchen den bürgerlichen Rechtsschutz Dritter in sich; nur zweier Einzelheiten sei noch besonders gedacht:

A. Bestimmungen der §§ 907ff. BGB. über gefahrdrohende Unternehmungen auf Nachbargrundstücken.

B. Schädigungen, die von sogenannten vagabundierenden Strömen ausgehen können.

Zu A: Gefahrdrohende Unternehmungen auf Nachbargrundstücken. Der Eigentümer eines Grundstückes kann verlangen, daß auf den Nachbargrundstücken nicht Anlagen hergestellt oder gehalten werden, von denen mit Sicherheit vorauszusehen ist, daß ihr Bestand oder ihre Benutzung eine unzulässige Einwirkung auf sein Grundstück zur Folge hat. Genügt eine Anlage den landesgesetzlichen Vorschriften, die einen besonderen Grenzabstand oder sonstige Schutzmaßregeln vorschreiben, so kann die Beseitigung der Anlage erst verlangt werden, wenn die unzulässige Einwirkung tatsächlich hervortritt (§ 907).

Droht einem Grundstück die Gefahr, daß es durch den Einsturz eines Gebäudes oder eines anderen Werkes, das mit einem Nachbargrundstück verbunden ist — hierher zählen auch Telegraphen- und elektr. Stromleitungen — oder durch die Ablösung von Teilen des Gebäudes oder des Werkes beschädigt wird, so kann der Eigentümer von demjenigen, der nach § 836 Abs. 1 oder den §§ 837, 838 für den eintretenden Schaden verantwortlich sein würde, die zur Abwendung der Gefahr erforderlichen Vorkehrungen verlangen (§ 908).

Ein Grundstück darf ohne genügende anderweitige Befestigung nicht so weit vertieft werden, daß das Nachbargrundstück die erforderliche Stütze verliert (§ 909).

Zu B.: Schädigungen durch vagabundierende Ströme. Vagabundierende Ströme sind Ströme, welche von dem ihnen durch die Technik angewiesenen Weg abweichen; wie im ersten Hauptstück dargelegt, wird der elektr. Strom, der unter Spannungsabfall elektr. Arbeit abgegeben hat, mittels eines gewissen ihm verbliebenen Spannungsrestes wieder zu seinem Ausgangspunkt zurückgeführt; in manchen Fällen, besonders beim Betrieb von elektrischen, an Schienen gebundenen Fahrzeugen wird die Erde, bzw. der mit der Erde in leitender Verbindung stehende Schienenweg als Rückleiter benutzt. Der vorzugsweise für Straßen- und Kleinbahnen verwendete Gleichstrom hat nun die Eigenschaft, beim Durchgang durch Flüssigkeiten chemische Wirkungen auszulösen und u. a. Metalle anzugreifen (Elektrolyse); trotz der üblichen Verbindungen der Schienenstöße läßt es sich beim Mangel einer Isolierung gegenüber der Erde nicht völlig hintanhalten, daß der Strom in den Erdkörper eintritt und die dort verlegten Gas- und Wasserrohre anfrißt — durch „Korrosion" beschädigt. Die so entstehenden Verluste sind bedeutend; die Möglichkeiten abzuhelfen bestehen u. a. neben gutleitenden Schienenstoßverbindungen in der Schaffung besonderer Stromrückleitungen aus Kupfer mit ausreichendem Querschnitt — Maßnahmen, die zum Teil sehr kostspielig sind.

Zwar soll jeder für die von seinen Anlagen ausgehenden Schädigungen insoweit aufkommen, als er sie bei billiger Rücksichtnahme auf die Interessen des Anderen verhüten müßte, doch ist der Umfang immer nach der im Verkehr üblichen Sorgfalt zu beurteilen; es darf dabei nicht außer acht bleiben, daß radikal abhelfende Mittel für einen Straßenbahnbetrieb unter Umständen wegen der außerordentlichen Kostspieligkeit überhaupt nicht mehr tragbar wären; jedenfalls ging das Reichsgericht in den Gründen seiner Entscheidung (RG. 52, 379) nicht so weit, das Kleinbahnunternehmen bis zur wirtschaftlichen Unmöglichkeit zu belasten. Ausschlaggebend für die Klagsabweisung blieb übrigens die Tatsache, daß das Straßenbahnunternehmen bereits konzessionsgemäß gebaut und betrieben war, als sich die klägerische Gasversorgungsanstalt um den gleichen Gemeindeweg bewarb und die Benutzung von der Gemeindebehörde zugebilligt erhielt; darnach hätte diese Anstalt von vorneherein mit der ihren Leitungen drohenden Gefahr rechnen und entweder eine andere Leitungstrasse wählen oder entsprechende Sicherheitsvorkehrungen treffen müssen.

Im übrigen läßt das Urteil keinen Zweifel, daß ein Straßenbahnunternehmen, das eine bereits mit Gas- oder Wasserleitung belegte Verkehrsfläche in Benutzung nimmt, für den technisch und wirtschaftlich noch möglichen Schutz ausreichend sorgen muß, wenn es sich nicht aus fahrlässigem, wo nicht gar vorsätzlichem Handeln schadenersatzpflichtig machen will.

In den neuesten VDE.-Vorschriften werden, wo das Schienennetz allein zur Bewirkung einer Rückleitung ohne Überschreitung der noch zulässigen Spannung von 2,5 Volt nicht genügt — besondere Rückleitungen und ein möglichstes Hochhalten des Widerstandes zwischen Schienennetz und Erde, eventuell auch Isolation empfohlen.

Neuntes Hauptstück:

Leitungszusammenschlüsse und Verkoppelung von Elektrizitätswerken — Grenzüberschreitungen.

Die Entwicklung der Technik und Wirtschaft macht an den Grenzen der Staaten und Länder — mögen sie natürliche oder willkürliche, vereinbarte oder erzwungene sein — nicht Halt: das Flugzeug, der drahtlose Fernmeldedienst setzen über diese Linien weg; auch die Stromgewinnung und Stromverteilung kann an ihnen nicht dauernd eine Schranke finden. Ist doch gerade die elektrische Großwirtwirtschaft, wie keine zweite Vermittlerin wertvollen Austausches, berufen, örtliche und zeitliche Bedarfsschwankungen zu überbrücken und auszugleichen: den Kraftbedarf des Industriegebiets am Tage, den Lichtbedarf der Großstadt am Abend, die für die chemischen Werke erforderliche Energie in der Nacht, die Wasserklemme und den Wasserreichtum der Flüsse in den verschiedenen Zeiten des Jahres, den Reichtum einzelner Gebiete an Erzeugungsmitteln (wie Kohlenlager, hydraulische Schätze) und den Mangel anderer Gegenden eines stärkeren Konsums. — Unter normalen Verhältnissen werden solche Grenzüberschreitungen jedenfalls vom Standpunkte einer gesunden Volkswirtschaft nicht abgedrosselt oder unterbunden werden dürfen. Für unruhige und besonders außenpolitisch gespannte Zeiten freilich muß bei den Abschlüssen neben der staatlichen Selbständigkeit und einem entsprechenden Äquivalent für die Werteverschiebungen immer die Möglichkeit im Auge behalten werden, derartige zwischenstaatliche und internationale Abkommen über die Stromausfuhr rasch lösen und auf die Einfuhr ohne allzustarke Rückschläge gegen den eigenen Bedarf verzichten zu können. Die notwendigste Versorgung aus eigener Bezugsquelle muß demnach immer ausreichend gesichert bleiben.

Die Vereinbarungen über den Zusammenschluß von Werken vollziehen sich bei Grenzüberschreitungen und beim gemeinsamen Ausbau von Grenzwasserkräften teils in Form von Staatsverträgen, teils durch unmittelbare, unter Mitwirkung oder doch unter Beeinflussung der beteiligten Regierungen erfolgende Abschlüsse zwischen den beiderseitigen Großerzeugern und Großverteilern.

Als Beispiele letzterer Art können genannt werden: die Verbindungen, die im südlichen Deutschland zwischen dem Bayernwerk, der württembergischen und badischen Landesversorgung nach der Pfalz, nach Hessen und Preußen (Kraftwerk Oberweser A.-G.) gebaut sind, ferner der Zusammenschluß mit dem Sachsenwerk, die Zusammenschlüsse im Rheinland und Westfalen, die Verbindung des dortigen Elektrizitätswerks in Essen durch eine im Dezember 1926 nach Rheinau geführte 220 KV-Leitung mit den badischen Anlagen —, der im April 1926 zwischen dem Badenwerk und der Schweizerischen Kraftübertragungs-A.-G. in Bern vereinbarte Stromaustausch, wonach in den Sommermonaten Wasserkraftüberschüsse der Schweiz in den Dienst der badischen Landesversorgung gestellt und in wasserärmeren Monaten an die Schweiz Strom geliefert werden soll. Hierher zählt auch eine für die gleiche Spannung berechnete und in Vorbereitung begriffene Verbindung vom Goldenbergwerke bei Köln nach den Wasserkraftanlagen des Vorarlbergs, — auch der Abschluß des Bayernwerkes mit der „Nordtiroler Wasserkraft A.-G." wegen Strombezuges aus dem Achenseewerk mittels einer 125 KV-Leitung von Jenbach über Innsbruck—Zirl—Scharnitz—Reichsgrenze.

Durch das letztere Abkommen können auch die Schwierigkeiten als beseitigt gelten, die sich zwischen Österreich und Bayern wegen der Absperrung der Walchen, eines im natürlichen Gefälle vom Achensee der Isar zuströmenden Abflusses, und der Zuleitung ihrer Wassermenge zum genannten Nordtiroler Werk eine Zeitlang zu ergeben schienen. — Hier sei auch der Projekte gedacht, von Norwegen — wie nach Dänemark — so auch dem deutschen Reichsgebiete Strom zuzuführen.

Auch direkte Verhandlungen eines Unternehmers mit der Regierung eines anderen Staates kommen mitunter in Frage, so der Abschluß der Rheinisch-Westfälischen Elektrizitätswerke mit den Tiroler Landesbehörden wegen des Ausbaus des oberen Inn, der Pitztaler und Ötztaler Ache und der Ausfuhr erzeugter Stromüberschußmengen nach Deutschland (vgl. Zeitschrift „Elektrotechnik und Maschinenbau" 1927 Heft 35).

Als Beispiele zwischenstaatlicher und internationaler Regelungen in Form von Staatsverträgen seien erwähnt:

a) die Staatsverträge zwischen Bayern und Württemberg vom 4. Juni 1917 (Bayer. GVBl. S. 489) über die Ausnützung des Grenzflusses Iller oder zwischen den Regierungen von Baden und der Schweiz über Wasserkraftanlagen am Rhein auf den gemeinsamen Strecken bei Rheinfelden, Laufenburg, Wylen-Augst in den Jahren 1904, 1906 und 1907 (siehe auch die Abkommen vom 20. Dez. 1890 und 7. September 1893 in Wiemers Kommentar zum Bad. WaG. S. 65 f.);

b) die Bestimmung in Art. 69 des Versailler Vertrages, wonach die auf deutschem Gebiete gelegenen Elektrizitätszentralen verpflichtet sind, die vom Reiche abgetrennten Gebiete von Elsaß-Lothringen, die sie vordem mit Elektrizität versorgten, sowie alle Betriebe, deren Ausbeutung von Frankreich an Deutschland vorläufig oder endgültig übergeht, — auf 10 Jahre in der Höhe des Verbrauches zu versorgen, welcher den am 11. Nov. 1918 gültigen Abschlüssen und Verträgen entspricht. Dabei ist der damals geltende Tarif anzuwenden; er darf jedenfalls nicht höher sein als derjenige, nach dem die deutschen Kunden der genannten Werke zahlen.

c) Hieher ist weiter die Bestimmung des Art. 358 des gleichen Vertrages zu rechnen: darnach hat sich Frankreich für den ganzen Lauf des Rheines innerhalb seiner neuen Grenzen das ausschließliche Recht auf die durch Stromregulierung erzeugbare Wasserkraft mit dem Vorbehalte gesichert, daß die Hälfte des Wertes der tatsächlich gewonnenen Kraft an Deutschland vergütet wird. Die Vergütung hat entweder in Geld oder in Kraft zu erfolgen. Der errechnete Betrag wird unter Berücksichtigung der auf die Kraftgewinnung entstehenden Kosten durch Schiedsspruch bestimmt, wenn eine Vereinbarung nicht zustande kommt.

d) Endlich sind noch die Verhandlungen des Elektrizitätsausschusses des Völkerbundes zu erwähnen, der sich im November 1923 mit der Formulierung von Grundsätzen für den Transittransport und die Ausfuhr elektr. Kraft, sowie für die Ausnutzung von Wasserkräften befaßt hat, an denen mehrere Staaten beteiligt sind. Diese Grundsätze — abgedruckt in ETZ. Jahrgang 1924 S. 305 — sind jüngst von Österreich anerkannt worden (Bundesgesetzbl. 1927 Nr. 54 und 55). Der Ausschuß hat auch die engere Fühlungnahme der nationalen und internationalen Organisationen für die Übertragung von Elektrizität und die Gründung einer Informationszentrale für Elektrizitätsfragen angeregt.

Der Kampf um das Sozialisierungsgesetz ist nicht beendet, neigt aber allem Anschein dem Ende zu. Bereits auf S. 51 wurde dargelegt, daß heute die Versorgung des ganzen Reichsgebietes mit Elektrizität genügend gesichert erscheint, und daß es sich nunmehr in der Hauptsache darum handelt, möglichst wirtschaftlich zu arbeiten und eine Verzettelung der Kräfte und damit eine Verschwendung von Nationalvermögen zu verhüten. Aus diesem Gesichtspunkte haben die „Vereinigung der Elektrizitätswerke" neben anderen Sachverständigen-Vertretungen und der Elektrizitätsbeirat selbst die Anlage eines Höchstspannungsnetzes zur Verbindung der sich immer mehr in Großkraftwerken konzentrierenden Versorgungsanlagen für notwendig erachtet, und Ministerialdirektor Jaques hat auf der Tagung des Beirats im Jahre 1926 zusammenfassend erklärt, daß diese Leitungen sich über das ganze Reichsgebiet von Land zu Land und bis zum Zusammenschluß mit dem benachbarten Ausland erstrecken müssen, ferner daß die Planung einheitlich sein und die Gesamtentwicklung im Reiche ins Auge fassen muß, ohne die Belange der Länder zu vernachlässigen und die privatwirtschaftlichen Interessen der Unternehmer zu verkümmern.

Zur Erstellung eines solchen Planes hat sich auf Ersuchen der Reichsregierung der Schöpfer des Bayernwerks, Geheimrat Dr. Oskar v. Miller-München, bereit finden lassen; als Grundlage dienen ihm u. a. die in Durchführung begriffenen Erhebungen, die einen Gesamtüberblick über die künftige Elektrizitätsversorgung Deutschlands erbringen werden. Als weiterer Generalsachverständiger ist vom Reich Geheimrat F. Block-Berlin gewonnen worden.

Es besteht die Annahme, daß diese Arbeit zu einer dem Zusammenschluß der bayerischen Werke ähnlichen technisch-wirtschaftlichen Gründung — etwa einer „Reichswerke A.-G." führen wird. Mitglieder dieser Gesellschaft würden alle großen Elektrizitätsunternehmungen werden; Aufgabe wäre der Bau und Betrieb, die Kontrolle und Bewirtschaftung des über das ganze Reichsgebiet erstreckten Höchstspannungsnetzes; die Genehmigung zum Bau würde einer aus den Repräsentanten des Reiches und der Länder gebildeten, von einem Sachverständigen-Beirat unterstützten, unabhängigen Instanz vorbehalten, die nur nach volkswirtschaftlichen Gesichtspunkten entscheidet.

Auf solche Weise wäre das praktisch nicht zur Ausführung gelangte Sozialisierungsgesetz auch formell abgetan und außer Kraft zu setzen, damit aber auch der Gedanke verwirklicht, dem im Vorjahre Reichswirtschaftsminister Dr. Curtius Ausdruck verliehen hat mit den Worten:

„In der Elektrizitätswirtschaft sind Vereinbarungen besser als Gesetze."

Sachregister

(Die Zahlen bedeuten die Seiten).

F.

G.

Betr. Das Deutsche Elektrizitätsrecht
von Dr. A. und L. Steinhauser.

Nachtrag und Berichtigung.

Das Gesetz vom 3. Dezember 1927 betr. die Abänderung des Gesetzes über das Telegraphenwesen, die Aufhebung der Funkverordnung vom 8. März 1924 und die Neugestaltung der gesamten Materie in dem Gesetze über die Fernmeldeanlagen (VO. des Reichspostministers vom 14. Januar 1928 (RGBl. I 8) macht Nachträge und Ergänzungen notwendig, die in Folgendem gegeben werden:

a) **Seite 75** Zeile 22 mit 20 von unten lies: „im § 23 des Gesetzes über Fernmeldeanlagen in der Fassung der VO. vom 14. Januar 1928".
Zeile 14 von unten streiche „§ 12".
Zeile 10 von unten lies „§ 24".
Zeile 9 mit 7 von unten streiche „unter möglichster bis § 202 GVG.)".

b) **Seite 80** Zeile 2 von oben lies: „maß-gebend sind das Telegraphenwegegesetz und § 23 des Gesetzes über Fernmeldeanlagen".

c) **Seite 119** Zeile 11 und 12 von oben sind zu streichen.

d) **Seite 120 ff.** ersetze den „III. Abschnitt A Verstöße gegen das Regalitätsprinzip" durch die anliegende Neufassung (Beilage A).

e) **Seite 123** statt Zeile 15 mit 8 von unten, lies: „Dieser Schutz gilt auch für Fernsprechanlagen und Funkanlagen vgl. § 318a RStGB. und im Gesetz über Fernmeldeanlagen insbesondere § 19".

f) **Seite 124** Zeile 22 von oben lies: „nach § 10 des Gesetzes über Fernmeldeanlagen",
nach Zeile 12 von unten schalte die Beilage B ein.

Berichtigung.

g) Seite XI Zeile 11 von unten lies: „7. Juni 1891 (RGBl. 207)".

h) Seite 62 erster Abschnitt lies: „Telegraphenwegegesetz vom 18. Dezember 1899".

Beilage A zum Nachtrag Steinhauser D. Elektrizitätsrecht (Neufassung für S. 120 mit 123).

III. Abschnitt.

Strafrechtsschutz für die mit Elektrizität arbeitenden Regalbetriebe des Reiches.

A. Das Regalitätsprinzip der Reichspost und Verstöße gegen dasselbe.

I. Postregal:

a) Nach dem Reichsgesetz über Fernmeldeanlagen, vordem Reichsgesetz vom 6. April 1892 über das Telegraphenwesen, abgeändert durch Gesetz vom 3. Dezember 1927 und unter dem neuen Betreff durch VO. des Reichspostministers vom 14. Januar 1928 (RGBl. I 8) publiziert, — unterliegen Fernmeldeanlagen einem Reichsregal, d. h. das Recht, sie zu errichten und zu betreiben, steht ausschließlich dem Reiche zu.

Als Fernmeldeanlagen gelten Telegraphenanlagen für die Vermittlung von Nachrichten, Fernsprechanlagen und Funkanlagen; unter den letzteren sind begriffen elektrische Sendeeinrichtungen sowie elektrische Empfangseinrichtungen, bei denen die Übermittlung oder der Empfang von Nachrichten, Zeichen, Bildern oder Tönen ohne Verbindungsleitungen oder unter Verwendung elektrischer an einem Leiter entlang geführten Schwingungen stattfinden kann (§ 1 Abs. I).

Dieses Regalrecht wird — abgesehen von Anlagen zur Verteidigung des Reiches — vom Reichspostminister ausgeübt (§ 1 Abs. 2).

b) Die Befugnis zur Errichtung und zum Betrieb einzelner Fernmeldeanlagen kann für bestimmte Strecken oder Bezirke verliehen werden (§ 2); die Verleihung sowie die Festsetzung der Bedingungen hiefür liegt in der Hand des Reichspostministers oder der von ihm ermächtigten Behörden. Anspruch auf Verleihung besteht für Fernmeldeanlagen, welche von Elektrizitätsunternehmungen zur öffentlichen Licht- und Kraftversorgung größerer Gebietsteile oder von Gemeinden zum Zwecke ihres Betriebes verwendet werden sollen, es sei denn, daß Interessen der Reichspost der Willigung entgegenstehen. Auf Funkanlagen erstreckt sich dieser Anspruch nicht.

c) Ohne Verleihung können nach § 3 je mit Ausnahme von Funkanlagen errichtet und betrieben werden:

1. Fernmeldeanlagen, die ausschließlich dem inneren Dienste von Behörden der Länder, Gemeinden oder Gemeindeverbände sowie von Deichkorporationen, Siel- und Entwässerungsverbänden gewidmet sind;
2. Fernmeldeanlagen, welche von Transportanstalten auf ihren Linien ausschließlich zu Zwecken ihres Betriebs oder für die Vermittlung von Nachrichten innerhalb der bisherigen Grenzen benutzt werden;
3. Fernmeldeanlagen — jedoch mit Ausschluß von Funkanlagen —
   α) innerhalb der Grenzen eines Grundstückes,
   β) zwischen mehreren einem Besitzer gehörigen oder zu einem Betrieb vereinigten Grundstücken, deren keines von dem anderen über 25 km in der Luftlinie entfernt ist, wenn diese Anlagen ausschließlich für den der Benutzung der Grundstücke entsprechenden unentgeltlichen Verkehr bestimmt sind. Die Entscheidung, ob die Voraussetzungen der lit. c Ziff. 1 mit 3 vorliegen, ist dem Rechtsweg vor den ordentlichen Gerichten vorbehalten.

d) Nach § 4 dürfen auf deutschen Fahrzeugen für Seefahrt, Binnenschiffahrt oder Luftfahrt Fernmeldeanlagen, die nicht ausschließlich zum Verkehr innerhalb des Fahrzeugs bestimmt sind, nicht ohne Verleihung errichtet und betrieben werden.

Für den Betrieb von Fernmeldeanlagen auf fremden Fahrzeugen für Seefahrt, Binnenschiffahrt oder Luftfahrt, die sich im Deutschen Hoheitsgebiet aufhalten, trifft der Reichspostminister die erforderlichen Anordnungen (§ 5).

e) Dem Reichspostregal entspricht das Recht der Allgemeinheit auf Benutzung der öffentlichen Fernmeldeanlagen für Telegramm- und Fernsprechverkehr und auf Anschluß an das Lokalnetz der für den Ortsverkehr an einem Orte eingerichteten Fernmeldeanlagen (§§ 7 und 8). Vorrechte und Ausschließungen sind nur aus Gründen des öffentlichen Interesses zulässig.

f) Das Recht der Überwachung: nach § 6 unterliegen die auf Grund einer Verleihung errichteten und betriebenen Anlagen der Überwachung wegen der Einhaltung der Verleihungsbedingungen; das gleiche gilt bei den nach § 3 in Betracht kommenden Anlagen wegen der Einhaltung der für die Errichtung und den Betrieb bestehenden gesetzlichen Grenzen (§ 6 Abs. II).

Die Vollzugsvorschriften erläßt der Reichspostminister im Einvernehmen mit dem Reichsrat.

g) Das Durchsuchungsrecht siehe unter der folgenden Ziff. II.

II. Strafbestimmungen.

§ 15 Abs. I. Wer vorsätzlich entgegen den Vorschriften des G. über Fernmeldeanlagen eine Fernmeldeanlage errichtet oder betreibt, wird mit Gefängnis oder mit Geldstrafe bestraft. Der Versuch ist strafbar.

Abs. II. Mit Gefängnis oder mit Geldstrafe wird bestraft, wer vorsätzlich

a) genehmigungspflichtige Fernmeldeanlagen unter Verletzung von Verleihungsbedingungen errichtet, ändert oder betreibt,

b) nach Fortfall der Verleihung die zur Beseitigung der Anlage getroffenen Anordnungen der Deutschen Reichspost innerhalb der von ihr bestimmten Frist nicht befolgt.

Abs. III. Wer eine der im Abs. I und Abs. II bezeichneten Handlungen fahrlässig begeht, wird mit Geldstrafe bestraft.

Abs. IV. In den Fällen der Abs. II und III wird die Tat nur auf Antrag der Deutschen Reichspost verfolgt.

§ 16 Abs. I. Wer vorsätzlich die Überwachung von Fernmeldeanlagen (§ 6) verhindert oder stört oder eine in Ausübung dieser Überwachung verlangte Auskunft nicht oder nicht richtig erteilt, wird mit Gefängnis oder mit Geldstrafe bestraft. Der Versuch ist strafbar.

Abs. II. Wer die Tat fahrlässig begeht, wird mit Geldstrafe bestraft.

Abs. III. Die Tat wird nur auf Antrag der Deutschen Reichspost oder der mit der Überwachung beauftragten Behörden verfolgt.

§ 17. Wer vorsätzlich ein Notzeichen mißbraucht, das für Funkanlagen bei Not oder Gefahr in der Seefahrt, Binnenschiffahrt, Luftfahrt oder bei Eisenbahnen des öffentlichen Verkehrs vorgesehen ist, wird mit Gefängnis bestraft.

§ 19 Abs. I. Wer in der Absicht, den Betrieb einer Funkanlage zu verhindern oder zu stören, elektrische Arbeit verwendet oder für die Anlage bestimmte elektrische Arbeit entzieht[1]), wird mit Gefängnis oder mit Geldstrafe bestraft, wenn die Verhinderung oder Störung eingetreten ist.

Abs. II. Dient die Funkanlage nicht öffentlichen Zwecken, so wird die Tat nur auf Antrag verfolgt. Der Antrag kann zurückgenommen werden.

N e b e n s t r a f e n (E i n z i e h u n g): Gegenstände, die zur Verübung eines vorsätzlichen Vergehens gegen § 15 gebraucht oder bestimmt waren, k ö n n e n gemäß § 20 eingezogen werden, gleich-

---

[1]) Die unstatthafte Verwendung elektrischer Arbeit kann nach den Gesetzesmotiven durch Aussenden elektrischer Wellen oder dadurch geschehen, daß für den Betrieb der störenden Anlage elektrischer Energie derart gebraucht wird, daß sie auf die Fernmeldeanlagen z. B. im Wege der Induktion hindernd oder störend einwirkt. Die Entziehung elektr. Arbeit aus einer fremden Anlage setzt voraus, daß entweder die Energie schon vor dem Übergang in die Anlage abgefangen oder aus der Anlage selbst z. B. durch eine heimliche Ableitung von der fremden Hochantenne — strafbar übrigens auch nach Gesetz vom 9. IV. 1900 — weggezogen wird.

viel, wem sie gehören; bei fahrlässigen Vergehen ist die Einziehung nur zulässig, wenn die Gegenstände dem Täter oder einem Teilnehmer gehören. Die Einziehung muß ausgesprochen werden, wenn die Tat vorsätzlich begangen ist und eine Funkanlage betrifft und wenn, die Gegenstände dem Täter oder einem Teilnehmer gehören. Kann keine bestimmte Person verfolgt oder verurteilt werden, so kann auf Einziehung selbständig erkannt werden, wenn im Übrigen die Voraussetzungen hierfür vorliegen.

Durchsuchungsrecht: In Erweiterung des polizeilichen Durchsuchungsrechts nach Maßgabe der Strafprozeßordnung ist die Durchsuchung der Wohnung, der Geschäftsräume und des befriedeten Besitztums zur Nachtzeit stets zulässig, wenn sich in den Räumen oder auf dem Besitztum eine Funkanlage befindet und der begründete Verdacht besteht, daß bei ihrer Errichtung oder ihrem Betrieb eine nach § 15 strafbare Handlung begangen wird oder begangen ist. Beauftragte der Deutschen Reichspost sind berechtigt, sich an Durchsuchungen zu beteiligen, die zur Verfolgung einer nach § 15 strafbaren Handlung vorgenommen werden (§ 21).

Zwangsmaßregeln der Polizei: Nach § 22 hat die Polizei unbefugt errichtete, geänderte oder unbefugt betriebene Fernmeldeanlagen außer Betrieb zu setzen oder zu beseitigen. Einer vorherigen Androhung bedarf es nicht. Im Übrigen gelten für die Anwendung polizeilicher Zwangsmittel sowie für die Rechtsmittel gegen sie die Vorschriften der Landesgesetzgebung. Wird die Verleihung des Rechts zur Errichtung, Änderung oder zum Betrieb der Anlage nachträglich nachgesucht, so kann die Polizei mit Einwilligung der Deutschen Reichspost bis zur Entscheidung über den Antrag auf Verleihung davon absehen, die Anlagen außer Betrieb zu setzen oder zu beseitigen.

Die Polizei kann alle oder einzelne Teile einer nach dem vorstehenden Absatz außer Betrieb gesetzten oder beseitigten Anlage in amtliche Verwahrung nehmen oder sonst sicherstellen. Die Bestimmungen der Strafprozeßordnung über die Beschlagnahme sowie des vorerörterten § 20 des Fernmeldeanlagen-G. über die Einziehung bleiben unberührt.

Eine Anlage kann nach den Bestimmungen der vorausgehenden beiden Absätze auch dann außer Betrieb gesetzt oder beseitigt werden, wenn nach Fortfall der Verleihung die zur Beseitigung getroffenen Anordnungen der Deutschen Reichspost innerhalb der von ihr bestimmten Frist nicht befolgt werden.

Beilage B zum Nachtrag Steinhauser D. Elektrizitätsrecht (Einschaltung nach Cb auf S. 124).

c) Nach § 10 des Gesetzes über die Fernmeldeanlagen sind die im Dienste der Deutschen Reichspost stehenden Personen vorbehaltlich der durch Reichsgesetz festgestellten Ausnahmen (z. B. für strafgerichtliche Untersuchungen, Beschlagnahme von Telegrammen — §§ 12 mit 14) zur Wahrung des Telegraphen- und Fernsprechgeheimnisses verpflichtet. Unter den Schutz dieses Geheimnisses fallen auch Mitteilungen, die auf den für den öffentlichen Verkehr bestimmten Funkanlagen der Deutschen Reichspost befördert oder zur Beförderung auf ihnen aufgegeben worden sind. Der Schutz erstreckt sich auch auf die näheren Umstände des Fernmeldeverkehrs, insbesondere darauf, ob und zwischen welchen Personen ein Fernmeldeverkehr stattgefunden hat.

Diese Bestimmungen gelten entsprechend für Personen, die eine für den öffentlichen Verkehr bestimmte, nicht der Deutschen Reichspost gehörende Fernmeldeanlage bedienen oder beaufsichtigen.

Ausnahme zugunsten des Führers eines Fahrzeugs für See- oder Luftfahrt, bezw. seines Stellvertreters für an Bord befindliche Fernmeldeanlagen siehe § 10 Abs. 3.

d) Werden durch eine Funkanlage, die von anderen als Behörden, also insbesondere von Rundfunkteilnehmern betrieben wird, Nachrichten empfangen, die von einer öffentlichen Zwecken dienenden Fernmeldeanlage übermittelt werden und für die Funkanlage nicht bestimmt sind, so dürfen nach § 11 der Inhalt der Nachrichten, sowie die Tatsache ihres Empfanges auch von Personen, für die eine Pflicht zur Geheimhaltung nicht schon nach § 10 besteht, anderen nicht mitgeteilt werden. Die Vorschrift des § 10 Abs. 3 gilt entsprechend.

Bemerkt wird, daß der Rundfunkteilnehmer auf Grund der ihm erteilten Genehmigung zur Aufnahme des Rundfunks, der „Nachrichten an alle", sowie der Wellen der Versuchsender berechtigt ist; hinsichtlich dieser Nachrichten besteht natürlich eine Geheimhaltungspflicht weder für den legitimen Teilnehmer noch für den Schwarzhörer.

Nach § 18 wird, wer vorsätzlich in anderen, als im Fernmeldeanlagen-G. vorgesehenen Fällen entgegen § 11 Mitteilungen macht, soweit nicht andere Vorschriften eine schwerere Strafe androhen, mit Gefängnis oder mit Geldstrafe bestraft.

Kolibri 360 GmbH
Ferdinand-Jühlke-Straße 7
99095 Erfurt, Deutschland
produktsicherheit@kolibri360.de